Earnings Quality and
Corporate Governance
Theory and Empirical Research

利益の質と
コーポレート・ガバナンス

理論と実証

中島真澄 [著]

東京 白桃書房 神田

序　文

　本書の目的は，利益の質（earnings quality）における内部統制報告制度の経済的影響を実証的に解明することである。利益の質は，「財務報告の質の要約的指標（a summary indicator）で，各利益の質評価尺度で測定される多面的な概念」と定義する。利益の質という概念は，財務分析領域では用いられてきた概念であるが，一般的にも着目されるようになったのは2000年代初頭に起こった会計不正事件がきっかけである。財務報告の質を高め，証券市場における投資者の信頼性を回復させるために導入された内部統制報告制度は果たして利益の質改良という目的を達成することができたのか。会計学は社会科学の1つであり，会計制度の結果として起こった経済現象について科学的にその決定要因を検討し，会計制度による影響を分析して既存の会計制度改善に向けてフィードバックしていくことは不可欠なことである。そのため，本書では，財務分析のフレームワークにおいて，利益の質の決定要因と考えられる裁量行動と企業属性に焦点を合わせて仮説を展開し，利益の質に反映される内部統制報告規制の影響を利益の質評価尺度に基づいて包括的に検証する。そして，財務報告の質の要約的指標として内部統制報告規制の経済的帰結に関する証拠を提示する。

本書の特徴

　本書の特徴として以下の3つを示すことができる。まず，第1に，利益の質概念を体系的に解明し，利益の質評価尺度で包括的に分析している点を指摘できる。米国を中心に利益の質に関する理論的アプローチや，利益の質の包括的な実証分析研究はそれぞれ蓄積されている。一方，わが国では利益の質についての理論的かつ規範的アプローチは蓄積されているが，利益の質について理論的枠組みのなかで包括的な実証分析を実施した研究はまだ根づいていない。そのため，本書では，利益の質概念を分析する視点に基づいて体系化したうえで，財務分析視点に

依拠して利益の質を包括的に測定し，財務報告の質の要約的指標を提示する。特に，本書では，利益の質改善を目的に導入された内部統制報告規制―その制度の経済的帰結として利益の質の変化に分析の主眼を置いている。本書で導出されるインプリケーションは，利益の質に関する実証研究にたいする１つの展開として寄与できる。

本書の第２の特徴は，裁量行動研究の一展開として会計的裁量行動と実体的裁量行動の両者に着目し，各裁量行動の目的を解明した点である。これまで裁量行動に関する実証研究は日米において豊富な蓄積があるが，実体的裁量行動に焦点を合わせた研究は内部統制報告制度の導入以降の2006年ごろに始まったばかりである。本書は，内部統制報告規制による経済的帰結に主眼を置いているため，実体的裁量行動と会計的裁量行動との関係にも焦点を合わせることを意識した。そのため，本書では，会計的裁量行動と実体的裁量行動それぞれについてその背後にある経営者の動機も考慮した仮説を構築した。また，本書では，各裁量行動尺度の推定には既存の方法論を採用しているが，SOX法適用前後における裁量行動の変化は，複数の利益の質評価尺度を用いた横断的な観察という独自な手法で分析している。その結果，各裁量行動が機会主義目的か情報提供目的かを把握することに成功した。こうした同時的横断的分析を通して経営者の裁量行動目的を解明した点は裁量行動研究に資することであろう。

本書の第３の特徴としては，SEC基準適用企業データを用いて行った本検証が，米国内部統制報告規制にたいしては米国市場における外国（ADR）企業としての１つの証拠として，日本版内部統制報告制度にたいしてはパイロット・スタディとして寄与することを指摘できる。内部統制報告制度の経済的帰結に関する日本からの実証研究は，国際的にもまだそれほど構築されていない。本書において，SEC基準適用を通して米国会計基準，米国の規制環境など，企業を取り巻く環境の条件を同じにして分析することによって，内部統制についての共通点や日本独自の行動を発見することができる。一方で，SEC基準適用日本企業は，米国株式市場上場を通してより厳格な米国会計基準に準拠し透明性の高い情報を開示し，結果的に，日本における上場企業とは異なる特徴を有している可能性も高い。本書は，SEC基準適用自体がガバナンス機能として働いているかどうか

に関する予備的な検証結果を示すことが可能であろう。こうして，本書における SEC 基準適用日本企業を分析対象とした結果は，ADR 企業としての日本企業の行動，日本の上場企業とは異なる SEC 基準適用企業の特徴を明らかにすることによって内部統制報告規制の議論に寄与することができると思われる。

「利益の質（Earnings Quality）」のとらえ方

　本書は，「利益の質」を広く啓蒙する目的も有している。「利益の質」概念は，会計・監査の研究者の方には周知の概念ではあるが，「利益の質」に馴染みがなかった方には，「利益の質は，ダイヤモンドの質のようなものである」ととらえていただければ幸甚である。ダイヤモンドについて，ある人は質的特徴から評価したいと思うし，ある人は現在価値で評価したいと思う。また，ある人はルビーとの比較で評価したいと考えるかもしれない。どのダイヤモンドの評価視点を選択するかによってダイヤモンドを評価する尺度もおのずと異なってくる。質的特徴の視点をとった場合は，透明性，色，輝きやカットの仕方などが評価尺度となる。そしてさまざまなダイヤモンドの質評価尺度で算出した要約的指標がダイヤモンドの質となる。利益の質も，ダイヤモンドの質と同様，まず利益の質を分析する視点を定め，その分析視点に依拠した利益の質評価尺度を用いて要約的指標を導出する。─本書では，財務分析視点に依拠した利益の質評価尺度を用いて算出した要約的指標を利益の質とする。

謝辞

　本書は，著者が南山大学に提出した博士論文（論文博士）に基づいて加筆・修正したものである。本博士論文を，著書として上梓することができたのは，多くの先生方から賜ったご指導，ご支援のおかげである。南山大学大学院ビジネス研究科論文博士学位審査委員会の主査である赤壁弘康先生，副査の澤木勝茂先生，同じく副査の白木俊彦先生，調査委員の斎藤孝一先生から，多くの示唆に富んだコメントおよび有益なご提言を賜った。改めてお礼申し上げる。とりわけ，学外委員の吉田和生先生（名古屋市立大学）には実証分析について方法や解釈など研究段階で細やかなご指導を賜った。記して心より感謝申し上げる。

南山大学大学院経営学研究科博士課程の指導教授である，恩師鎌田信夫先生には学究人生を歩み始めてから長きにわたり親身なご指導を賜った。深く感謝申し上げたい。先生から賜った学恩に報いるにはまだまだ不十分な著書ではあるが，今後も精進を続けることをお誓い申し上げるとともに，先生のご健勝を心よりお祈り申し上げる。

　『財務会計の機能―理論と実証―』（2000）の著者で実証研究者の第一人者である須田一幸先生（早稲田大学）には，科学研究費補助金研究「内部統制・ガバナンス研究会」に参加させていただく機会を賜り，サーベイ調査とその調査結果に基づいた実証分析という最先端のアーカバイル研究についてご指導を賜ることができた。毎回の研究会において須田先生には学術的内容だけではなく，志の高い研究を真摯に粘り強く構築していく研究理念の真髄を学ばせていただくことができた。本書の草稿にもご教示いただき，本書は須田先生からいただいたご指導の賜物である。この場をお借りして心より感謝申し上げる。また，毎回当該研究会ではメンバーの佐々木隆志先生（一橋大学），奥田真也先生（大阪学院大学），中村亮介先生（帝京大学）から有益なご教示を賜りお礼申し上げる。

　本書は，以下の日米における学会報告を骨子としている。第3回2009年現代ディスクロージャー学会研究カンファレンス（名古屋市），2009年度米国会計研究学会年次大会（The 2009 Annual Meeting of American Accounting Association, AAA）（ニューヨーク市），日本経営分析学会第26回年次大会（東洋大学），2010年度米国会計研究学会南東部部会（The 2010 Southeast Regional American Accounting Association, SEAAA）（アラバマ州モービル市），日本会計研究学会第68回大会（関西学院大学）。当該学会において司会あるいは討論者の労をおとりくださった，坂上学先生（法政大学），木村史彦先生（東北大学），増子敦仁先生（東洋大学），一ノ宮士郎先生（専修大学），コメントを賜った柴　健次先生（関西大学），丹羽達先生（新日本有限責任監査法人），円谷昭一先生（埼玉大学），匿名のレフェリーの先生方に感謝申し上げる。

　また，本書における直接的な章として構成されていないが，他にも多くの先生方から貴重なコメントを賜ったことが本書改善につながっている。青木雅明先生（東北大学），上埜進先生（甲南大学），榎本正博先生（東北大学），大下丈平先生

（九州大学），音川和久先生（神戸大学），上總康行先生（京都大学），小林直樹氏（東北大学大学院），高田敏文先生（東北大学），竹原　均先生（早稲田大学），藤本雅彦先生（東北大学），保坂和男先生（東北学院大学）に記して感謝申し上げる。

菅野英孝理事長先生（福島学院大学）には現在の研究環境を賜り，これまで頂戴した温かいご指導，ご支援，ご激励に心よりお礼申し上げる。

「利益の質」概念をいち早くご提唱された，日本を代表するキャッシュ・フロー論者である佐藤倫正先生（名古屋大学），会計・監査・ガバナンスの第一人者であり，日本の内部統制報告制度を先導されてきた八田進二先生（青山学院大学）にも大学院時代から今日にいたるまで研究会や学会等でご指導を賜り，先生方から受けたご教導に対し改めて感謝申し上げたい。

拓殖大学に非常勤講師として勤務させていただいたとき以来，岡本治雄先生には今日まで共同著作や学位論文についてご教示を賜り，お礼申し上げたい。

Since I came to the U.S., I have had many meetings with wonderful researchers. I wish to thank the following: Dr.Jeffrey Barker (Vice-President of Converse College) invited me to be a visiting scholar and appointed me to an adjunct professor at Converse College. Dr. David A. Ziebart (University of Kentucky) who has provided suggestions and comments on my papers as well as becoming a coauthor of some other projects. Dr. Richard H. Fern (Eastern Kentucky University), Dr. Douglas K. Barney (Indiana University), and Dr. Natalie T. Churyk (Northern Illinois University) reviewed my papers and gave me valuable comments and suggestions on my dissertation. Mrs. Shannon M. Wardlow (Converse College) assisted in proofreading and data acquisition.

他にも学会報告，著作等において多くの先生方のご支援を頂戴した。青木茂男先生（茨城キリスト教大学），青淵正幸先生（立教大学），氏原茂樹先生（流通経済大学），岡部孝好先生（同志社大学），木村敏夫先生（流通科学大学），木本圭一先生（関西学院大学），Clemence Garcia 先生（明治学院大学），黒川行治先生（慶應義塾大学），白田佳子先生（筑波大学），鈴木昭一先生（拓殖大学），高橋正子先生（慶應義塾大学），竹森一正先生（中部大学），中野　誠先生（一橋大学），仁川栄寿先生（中部大学），野村健太郎先生（愛知工業大学），平松一夫先生（関西学院大学），

丸山由喜先生（拓殖大学），森　久先生（明治大学），八重倉孝先生（法政大学），山地範明先生（関西学院大学）のご指導に感謝申し上げる。

かつての勤務先である高山短期大学では西村勝志先生（愛媛大学），秋本敏男先生（東洋大学）にお世話になった。南山大学大学院時代には，故大雄令純先生にもご指導を賜った。ご冥福をお祈りしたい。南山大学大学院博士課程在籍中から向伊知郎先生（愛知学院大学），小西範幸先生（青山学院大学）には研究過程の節々でご助言およびご激励を賜った。改めて感謝申し上げる。

本書で使用したデータの入力作業には友人および妹の協力を得た。また，日経メディアマーケティング㈱の古山　徹氏，村上賢治氏，石橋潤一氏にデータについてご尽力を賜った。お礼申し上げる。

本書が提示した発見事項は僅少に過ぎないが，議論を生み出すきっかけにしていただけたら著者としてはこのうえなく幸せである。本書は，審査を経た博士論文に基づいているが，加筆修正過程において思わぬ過誤が生じているかもしれない。先学諸先生ならびに読者諸賢のご叱正およびご教示をお願い申し上げ，今後さらに精進を積んでまいりたい。

末筆ながら，本書出版を快くお引き受けくださった㈱白桃書房社長，大矢栄一郎氏に心より感謝申し上げる。

なお，本研究は平成21-23年度科学研究費補助金（基盤研究C一般21530472）の助成を受けている。記して感謝申し上げる。

最後に私事で恐縮であるが，在米研究中に他界してしまった義父と実父に本書上梓を報告し冥福を祈りたい。そして，長きにわたって私の研究生活を支えてくれた母と家族に心から感謝したい。

2011年3月

中島　真澄

目 次

序文　i
略語一覧　xvi

序　章　問題の提示と構成 ………………………………………… 1

1　本書の目的 …………………………………………………………… 1
2　本書の意義 …………………………………………………………… 6
 2.1　利益の質分析視点の体系化をふまえた包括的な実証分析　6
 2.2　会計的裁量行動と実体的裁量行動の関係や
   経営者の動機を意識した分析　7
 2.3　内部統制報告制度にたいするフィードバック　8
3　本書の構成 ………………………………………………………… 10

第1章　利益の質分析視点と利益の質評価尺度 ………… 17

1.1　本章の目的 ………………………………………………………… 17
1.2　利益の質分析視点 ………………………………………………… 17
 1.2.1　財務分析に基づく視点　19
 1.2.2　意思決定支援機能および契約支援機能に基づく視点　21
 1.2.3　FASB概念フレームワークの質的特徴に基づく視点　22
 1.2.4　会計利益情報とキャッシュ・フロー情報の
    有用性に基づく視点　25
1.3　利益の質評価尺度 ………………………………………………… 27

- 1.3.1 会計ベースの利益の質評価尺度と市場ベースの利益の質評価尺度　27
- 1.3.2 利益の質に関する初期的概念　28
- 1.3.3 会計発生高の質（accruals quality）　29
- 1.3.4 裁量的発生高（discretionary accruals）　31
- 1.3.5 持続性（persistence）　32
- 1.3.6 予測可能性（predictability）　33
- 1.3.7 平準化（smoothness）　35
- 1.3.8 価値関連性（value relevance）　36

1.4　本書のモチベーション　40
―SOX法適用が企業属性ファクター・裁量ファクターに与える影響―

1.5　本章の要約　43

第2章　内部統制報告制度の宣誓書規定　51

2.1　本章の目的　51

2.2　宣誓書規定がSOX法に織り込まれた理由　53

2.3　各宣誓書規定の概要　54
- 2.3.1 第302条宣誓書　55
- 2.3.2 第404条宣誓書　56
- 2.3.3 第906条宣誓書　56

2.4　宣誓書規定が経営者に与える影響　58

2.5　本章の要約　59

付録資料　内部統制報告制度の概要　60

第3章　先行研究レヴュー ……………………………………… 71

3.1　本章の目的 ……………………………………………………… 71
3.2　内部統制と財務報告の質に関する研究 ………………………… 73
　3.2.1　財務報告の質における内部統制報告制度の影響研究　73
　3.2.2　内部統制の不備と財務報告の質との関連性研究　76
3.3　利益の質評価尺度に関する先行研究 …………………………… 86
　3.3.1　会計発生高の質に関する研究　87
　3.3.2　裁量的発生高に関する研究　97
　3.3.3　持続性に関する研究　99
　3.3.4　予測可能性に関する研究　100
　3.3.5　平準化に関する研究　105
3.4　本章の要約 ……………………………………………………… 107

第4章　利益の質評価尺度としての会計発生高の質と持続性 ……………………………………… 113

4.1　本章の目的 ……………………………………………………… 113
4.2　会計発生高の質推定モデル …………………………………… 114
　4.2.1　Dechow and Dichev（2002）モデル　115
　4.2.2　Jones（1991）モデル　119
　4.2.3　McNichols（2002）モデル　120
4.3　仮説展開 ………………………………………………………… 121
4.4　リサーチ・デザイン …………………………………………… 128
　4.4.1　モデル　128

4.4.2　企業属性ファクターモデル　　129
　　　4.4.3　サンプルデータ，基本統計量と相関　　131
4.5　実証分析の結果 …………………………………………………… 134
　　　4.5.1　回帰分析　　134
　　　4.5.2　会計発生高の質および企業属性の基本統計量の相関　　135
　　　4.5.3　仮説1の検定結果：
　　　　　　会計発生高の質と企業属性との関連性　　136
　　　4.5.4　仮説2の検定結果：
　　　　　　会計発生高の質と利益の各持続性との関連性　　139
　　　4.5.5　仮説3の検定結果：利益の持続性と会計発生高の大きさ　　141
4.6　本章の要約 ………………………………………………………… 141

第5章　会計的裁量行動，実体的裁量行動と内部統制報告制度の分析 ………… 145

5.1　本章の目的 ………………………………………………………… 145
5.2　会計的裁量行動と実体的裁量行動 ………………………………… 147
5.3　仮説展開 …………………………………………………………… 149
　　　5.3.1　SOX法適用が裁量行動に及ぼす影響　　150
　　　5.3.2　赤字回避あるいは減益回避という証券市場にたいする
　　　　　　インセンティブ　　154
　　　5.3.3　ガバナンス規律あるいはインセンティブとしての
　　　　　　負債レバレッジ　　155
5.4　データとリサーチ・デザイン ……………………………………… 158
　　　5.4.1　データとサンプル　　158
　　　5.4.2　分析期間　　159

5.4.3 仮説検定モデル　**159**

5.5　裁量行動尺度　**161**

5.5.1 会計的裁量行動尺度　**161**

5.5.2 実体的裁量行動尺度　**162**

5.5.3 裁量行動尺度の基本統計量　**164**

5.6　実証分析の結果　**164**

5.6.1 仮説1の検定結果：内部統制報告制度適用前後における裁量行動の変化　**164**

5.6.2 仮説2の検定結果：SOX法適用以降における株式市場インセンティブと裁量行動　**171**

5.6.3 仮説3の検定結果：SOX法適用以降における負債のガバナンス規律と裁量行動　**172**

5.7　本章の要約　**174**

第6章　キャッシュ・フロー予測における内部統制報告制度の影響　**181**

6.1　本章の目的　**181**

6.2　仮説展開　**182**

6.3　リサーチ・デザイン　**185**

6.3.1 キャッシュ・フロー予測モデル　**185**

6.3.2 会計発生高の質の推定　**186**

6.3.3 裁量行動尺度　**187**

6.3.4 検定方法　**187**

6.3.5 サンプルデータと基本統計量　**188**

6.4 実証分析の結果 …… 190
   6.4.1 仮説 1 の検定結果：SOX 法適用前後における
         キャッシュ・フローの予測誤差の変化 **190**
   6.4.2 仮説 2 の検定結果：予測誤差の決定要因に関する
         SOX 法適用前後における変化 **192**

6.5. 本章の要約 …… 197

第 7 章 会計発生高の質の決定要因分析 …… 201

7.1 本章の目的 …… 201

7.2 会計発生高の質の決定要因に関する先行研究 …… 202

7.3 仮説展開 …… 203

7.4 リサーチ・デザイン …… 208
   7.4.1 会計発生高の質の推定 **208**
   7.4.2 仮説検定モデル **209**
   7.4.3 サンプルデータと基本統計量 **210**

7.5 実証分析の結果 …… 217
   7.5.1 仮説 1 の検定結果：内部統制報告制度適用前後における
         会計発生高の質の変化 **217**
   7.5.2 仮説 2 の検定結果：会計発生高の質の決定要因 **219**

7.6 本章の要約 …… 228

終 章 結論と課題 …… 233

1 本書の概要 …… 233

2 本書の総括 …………………………………………………… 234
3 本書の貢献 …………………………………………………… 241
　3.1　利益の質研究における意義　**241**
　3.2　裁量行動研究における意義　**242**
　3.3　内部統制報告制度にたいする意義　**243**
4 今後の研究課題 ……………………………………………… 244
　4.1　日本企業における内部統制報告制度の有効性に関する検証　**245**
　4.2　結果の頑強性を高める必要性　**246**
　4.3　裁量行動研究の発展的研究　**247**
　4.4　会計発生高の質および裁量的発生高の推定モデル　**247**
　4.5　総合的利益の質評価モデルの構築　**248**
5 提言 …………………………………………………………… 249

参考文献　　**252**

図表目次

図表序-1	内部統制報告制度と利益の質との関係に基づく本書を構成する各章の相互関係	
図表1-1	利益の質分析視点と財務報告の質（利益の質）	
図表1-2	株価と発生主義利益間の関係	
図表1-3	株価収益率	
図表1-4	利益の各構成要素にたいする株価収益率（PER）の適用	
図表1-5	本書のモチベーション1（第5章）	
図表1-6	本書のモチベーション2（第6章・第7章）	
図表2-1	内部統制報告制度の目的に関する考え方	
図表2-2	第302条と第906条の主要な特徴の比較	
図表2-3	「重大な欠陥」の決定基準	
図表2-4	内部統制に関する基準書の内容についての日米比較	
図表3-1	サンプル企業が開示した重大な欠陥の種類	
図表3-2	サンプル企業が開示した勘定別の重大な欠陥の数	
図表3-3	内部統制の不備の種類と企業規模	
図表3-4	内部統制と財務報告の質に関する先行研究	
図表3-5	利益の質分析に関する視点（perspective）研究	
図表3-6	各利益の質評価尺度に関する先行研究	
図表4-1	収益・費用の認識とキャッシュ・フローの受取り・支払いの期間的対応関係	
図表4-2	損益計算書とキャッシュ・フロー計算書項目の持続性	
図表4-3	当期利益への将来利益の回帰結果	
図表4-4	当期会計発生高および営業活動によるキャッシュ・フローへの将来利益の回帰結果	
図表4-5	利益の持続性にたいする会計発生高の質の情報内容と会計発生高の大きさ	
図表4-6	基本統計量（観測数431）	
図表4-7	相関係数（観測数431）	
図表4-8	会計発生高の回帰分析	
図表4-9	基本統計量（観測数429）	
図表4-10	相関係数（観測数429）	
図表4-11	回帰分析	

図表 4 -12	会計発生高の質と企業属性との関連性	
図表 4 -13	回帰分析	
図表 4 -14	会計発生高の質と利益の持続性についての分析結果（観測数：各企業ごと17）	
図表 4 -15	相関係数	
図表 5 - 1	会計不正と裁量行動（会計的裁量行動と実体的裁量行動）の分類	
図表 5 - 2	分析期間と関連する会計不正と会計規制	
図表 5 - 3	基本統計量（観測数256）	
図表 5 - 4	相関係数（観測数256）	
図表 5 - 5	各裁量行動の時系列推移（2001-2008年）	
図表 5 - 6	各裁量行動（絶対値）の時系列推移（2001-2008年）	
図表 5 - 7	内部統制報告制度適用前後における各裁量行動の基本統計量	
図表 5 - 8	裁量行動の決定要因分析	
図表 6 - 1	基本統計量（観測数256）	
図表 6 - 2	各モデルの平均絶対誤差率（MAPE）の推移	
図表 6 - 3	各モデルの予測誤差の基本統計量	
図表 6 - 4	予測誤差と会計発生高の質との相関係数（観測数244）	
図表 6 - 5	予測誤差と会計発生高の質との関連性	
図表 6 - 6	予測誤差（MAPEni）と裁量行動	
図表 6 - 7	予測誤差と裁量行動との相関係数（観測数256）	
図表 7 - 1	基本統計量（観測数256）	
図表 7 - 2	相関係数（観測数256）	
図表 7 - 3	相関係数（観測数256）	
図表 7 - 4	Dechow and Dichev（2002）およびMcNichols（2002）モデルを用いて推定した会計発生高の質の時系列推移	
図表 7 - 5	母平均差分析	
図表 7 - 6	会計発生高の決定要因分析	

略語一覧

略語	正式名称	日本語訳
AAER	Accounting and Auditing Enforcement Release	会計と監査に関する執行措置通牒
ADR	American Depositary Receipt	米国預託証券
ASBJ	The Accounting Standard Board of Japan	企業会計基準委員会
AS2	Auditing Standard No. 2	監査基準書第2号
AS5	Auditing Standard No. 5	監査基準書第5号
OCF	Operating Cash Flows, or Cash Flows from Operations	営業活動によるキャッシュ・フロー
CEO	Chief Executive Officer	最高経営責任者
CFO	Chief Financial Officer	最高財務責任者
COSO	the Committee of Sponsoring Organizations of the Treadway Commission	トレッドウェイ委員会支援組織委員会
ED	Exposure Draft	公開草案
EPS	Earnings Per Share	一株あたり利益
FASF	Financial Accounting Standard Foundation	財務会計基準機構
FASB	Financial Accounting Standard Board	財務会計審議会
GAAP	Generally Accepted Accounting Principles	一般に認められた会計原則
J-SOX	Japanese Version of Sarbanes-Oxley Act	日本版企業改革法
PCAOB	Public Company Accounting Oversight Board	公開会社会計監視委員会
SD	Standard Deviation	標準偏差
SEC	Securities and Exchange Commission	米国証券取引委員会
SFAC1	Statement of Financial Accounting Concepts No. 1	概念フレームワーク第1号
SFAC2	Statement of Financial Accounting Concepts No. 2	概念フレームワーク第2号
SOX	Sarbanes-Oxley Act of 2002	米国企業改革法

序章

問題の提示と構成

1　本書の目的

　本書の目的は，利益の質（earnings quality）における内部統制報告制度[1]の影響を解明することである。本書では，利益の質を「財務報告の質の要約的指標（a summary indicator）で，各利益の質評価尺度で測定される多面的な概念」と定義する。すなわち，本書では，利益の質評価尺度をすべて網羅した総合的指標（overall indicator）を提示するのではなく，財務分析の視点[2]に依拠して各利益の質評価尺度に焦点を合わせて包括的に導出した成果を財務報告の質の要約的指標として示すことにする。具体的には，本書では，これまで提唱されてきた利益の質を評価する視点や利益の質評価尺度に関する理論的な検討をふまえて，利益の質の評価尺度である，裁量的発生高，キャッシュ・フロー予測精度，および会計発生高の質が内部統制報告制度によってどのように変化したのか，そしてその変化の決定要因は何かについて実証分析を実施するものである。一連の会計不正事件を契機に，財務報告の信頼性回復を目的に導入された内部統制報告制度が，SEC基準適用日本企業（監査人・監査報酬問題委員会 2008, p.4）[3]の財務報告の質にたいしてどのような変化をもたらしたのであろうか。内部統制報告制度は，

財務報告の質改善という目的を果たすことができたのであろうか。これを本書の研究課題とする。

現在の制度会計は発生主義会計をとっており，経営者は期間損益計算を行うために一般に認められた会計原則（Generally Accepted Accounting Principles, GAAP）のなかから1つの会計手続きを選択している。すなわち，発生主義会計には，経営者による判断および見積もりが含まれている。須田（2000, p.217）は，弾力性のある会計基準を設定する意義を次の2つの点から論じている。1つは，「GAAPで認められた枠内で経営者が会計手続きを弾力的に選択することにより，非裁量的要素には反映されない企業価値に関連した有用な情報を提供することが可能になるからである」という情報提供的意義である。

もう1つは，「一般に認められた会計原則は，あらゆる業種に属するすべての企業の会計行動の指針であるから，1つの会計事実の処理に際して，妥当と認められる数種類の手続きや方法を認めている。企業はその業種，規模その他の特性に照らして，それらのなかからいずれかを選択・適用できその会計的判断が尊重されている。これを経済自由の原則という。企業実態を示す期間損益計算は，経営者によってのみ可能であり経営者に実態を反映した期間損益計算を委ねるべきである」（須田 2007, pp.17-19）という，実態反映的損益計算の意義である。

こうした2つの意義を有する発生主義会計に依拠して算出される会計利益は，米国財務会計基準審議会（FASB）概念フレームワーク第1号（SFAC1）で「財務報告の主要な焦点は，利益およびその構成要素によって提供される企業業績に関する情報である」（FASB 1987, para.43 CON1-13）と明示されているように，財務報告における中心的概念である。それでは，経営者は，何を財務報告における中心概念とみているのだろうか。Graham et al.（2005）が，米国上場企業の最高財務責任者（CFO）を対象にサーベイ調査を実施したところ，257社中159社のCFOが外部関係者にたいして最も重要な財務概念は，利益（収益36社，営業活動によるキャッシュ・フロー36社）であると回答していた[4]。須田・花枝（2008）が日本の上場企業を対象に同様のサーベイ調査を実施しているが，274社の経営者が経常利益（売上高が143社，当期純利益100社）を財務報告の重要な業績指標であると回答している[5]。この日米のサーベイ調査結果から，経営者が利益概念を

財務報告における最も重要な指標としてみていることが窺える。

　FASB は一貫して会計利益を財務報告の中心に位置づけ，SFAC1 において「発生主義会計に基づいた利益情報は，一般に，現金の受領や支出による財務的影響についての情報よりも，現在および将来のプラスのキャッシュ・フローを創出する能力についてのすぐれた業績指標を提供している」と明示しその主張はゆるぎない（FASB 1987, highlight）。しかしながら，財務会計領域では，「将来業績のすぐれた評価指標」が会計利益情報であるのかキャッシュ・フロー情報であるのかについて1980年代後半から研究者間で議論の対象となり，実証研究も構築されてきた。それは，会計利益には見積もりに伴う判断や機会主義的な裁量行動が施されており，信頼性の観点からキャッシュ・フロー情報のほうが会計利益情報よりは相対的に有用性が高いという主張があり，当該2つの情報の有用性に関して実証研究で明らかにする必要があったためである。2000年初頭になると，実証研究結果は，会計利益情報の優位性に収斂する。

　こうした理論的にも実証的にも会計利益情報の優位性が明らかにされるころ，くしくも，1998年に，米国証券取引委員会（Securities and Exchange Commission, SEC）会長 A. Levitt（SEC 1998）は，経営者が行き過ぎた裁量行動を行うことによって，利益の質が低下傾向にある財務環境に懸念を示し，経営者，監査人，アナリストなどの関係者に透明性および信頼性の高い財務報告システム構築に再度精力を注ぐように警告していた。上で示した意義により発生主義会計には経営者に裁量行動が認められているが，経営者がこの裁量行動の容認を不当に用いれば，GAAP 違反すなわち粉飾決算につながる。Levitt 氏の警告もむなしく，裁量行動を不当に使用した結果がエンロン社，ワールド・コム社による会計不正だったのである。

　利益の質は，1980年代後半から2000年ごろまでは財務アナリストの観点から展開されてきたトピックであった。しかし，2000年代初頭の一連の会計不正事件やそれを契機に制定された内部統制報告制度という一連の歴史的事実によって会計関係者だけではなく，規制当局，実務界，研究学会全体に影響を与え，会計利益を質的な観点からみるようにさせたといっても過言ではないだろう。

　質の高い利益のために，会計手続きの統一化を図る会計規制によって機会主義

的な会計手続き選択を阻止するのではなく，「弾力性のある会計基準のもとで情報伝達的会計手続きを残したまま」(須田 2000, p.417)，機会主義的な裁量行動を抑制することが期待される。すなわち，須田(2007, p.20)が「粉飾決算の防止に必要なのは，画一的な会計基準ではなく，適切なコーポレート・ガバナンスと整備された内部統制システムである」と論じているように，利益の質にたいして信頼性を確保するために必要なのはコーポレート・ガバナンスと内部統制システムであると議論されるようになったわけである。すなわち，発生主義会計を通し，企業と投資者間における情報の非対称性を緩和可能な，効率的会計手続きと情報提供的会計手続きを維持しつつ機会主義的会計手続きを抑制させる手段としての内部統制報告制度が実際に導入されたのである。

こうした社会的背景から，会計利益は，企業評価と関連させるだけではなく質的側面から議論されるようになり，利益の質についての定義や評価方法について検討されるようになった。しかしながら，依然として利益の質の定義についてはコンセンサスが得られていない[6]。そこで，まず，本書で示す「利益の質」の定義をおさえておきたい。本章の冒頭で示したように，利益の質は，財務報告の質の要約的指標であり，各利益の質評価尺度で測定される多面的な概念とする[7]。そして本書における「利益の質」は，Dechow and Schrand (2004) およびFrancis et al. (2008c) に依拠して，(1)当期の営業業績を反映させているかどうか，(2)将来の営業業績のすぐれた指標となっているかどうか，(3)企業価値を正確に反映しているかどうかで測定する。すなわち，(1)持続性が高くボラティリティが低い場合，(2)キャッシュ・フローとの関連性が強い場合，(3)価値関連性が高い場合に，利益の質は高いとする，財務分析の視点から検討する。

Francis et al. (2008c)[8]によれば，利益の質は，ビジネスモデルや営業環境が反映される「企業属性ファクター」と，財務報告過程が反映される「財務報告過程ファクター(裁量ファクター)」の2つのファクターによって影響を受ける[9]。企業属性ファクターは，ビジネスモデルや営業環境に基づくものであり，一方，裁量ファクターは，(1)判断や見積もりを含む経営者の財務報告上の意思決定，(2)財務報告を支援するのに用いられる情報システムの質，(3)内部監査や外部監査を含むモニタリング，(4)取締役会，報酬契約，株式所有構造を含むガバナンス，(5)

規制当局による精査（SEC 規制および SEC による強制法），(6) GAAP など会計基準の財務報告過程に関連するものである。

　利益の質に影響を及ぼす裁量ファクターとしては経営者によって行われる会計手続き選択があげられる。GAAP を逸脱する利益操作（earnings manipulation）[10]は当然質にも影響を与えるし，GAAP 範囲内の裁量行動（earnings management）でも，会計手続きが経営者による機会主義的裁量行動によって実施されるのか情報提供的裁量行動によるのかによっても質は変化する。視点を変えてみると，裁量行動には，会計発生高にたいする「会計的裁量行動（accruals management）」と，キャッシュ・フローに影響を与える「実体的裁量行動（real management）」があるが，この会計的裁量行動，実体的裁量行動によっても質は変化する可能性がある。

　会計手続きを選択する際経営者によって行われる判断および見積もりも利益の質に影響を及ぼす。会計発生高にたいする会計手続き選択や見積もりが，非目的適合的なキャッシュ・フローのボラティリティ（volatility）[11]や負の自己回帰性（negative serial correlation）を削減してシグナリング目的を果たすのであれば（Beaver 2002），すぐれた予測指標となり利益の質は高まる。一方，目的適合的なキャッシュ・フローの変動を隠蔽することによって会計発生高にたいして経営者が機会主義的な裁量行動を実施すれば，ノイズとなって利益の質は減じてしまうのである（Dechow and Schrand 2004, p. 7）。

　さらに，取引の複雑性や企業環境の予測可能性などの企業属性に関連して（Dechow and Dichev 2002；Palepu et al. 2000）発生する予測誤差によっても，会計発生高の質は減じることもある。このように，利益の質は裁量ファクターだけではなく企業属性ファクターにも影響を受けることが予想できる。そして，本書では，企業属性ファクターと裁量ファクターに影響を受ける利益の質についてさまざまな評価尺度で分析する。すなわち，内部統制報告制度によって財務報告の質としての利益の質がどのように変化したのかを利益の質評価尺度である裁量的発生高，キャッシュ・フロー予測精度，会計発生高の質に焦点を合わせて検証する。

2 本書の意義

2.1 利益の質分析視点の体系化をふまえた包括的な実証分析

　本書は，これまで多くの概念で示されてきた利益の質を幾つかの視点に基づいて体系的に解明し，そうした系統立てた理論的考察をふまえて，財務分析視点という1つのフレームワークのなかで利益の質をさまざまな利益の質評価尺度で包括的に分析する。米国においては利益の質に関しては系統立てた理論的アプローチの研究や，利益の質評価尺度で包括的に分析した研究がそれぞれ蓄積されているが，利益の質に関する理論的アプローチをふまえた包括的な実証分析研究はそれほど蓄積されていない。一方，わが国では利益の質についての理論的かつ規範的アプローチは蓄積されているが，利益の質について理論的枠組みのなかで包括的な実証分析を実施した研究はまだ根づいていない。そのため，本書では，利益の質概念を分析する視点に基づいて体系化したうえで，財務分析アプローチに依拠して利益の質を複数の利益の質評価尺度で測定し，財務報告の質の要約的指標である利益の質に関する包括的な証拠を提示する。

　特に，本書では，利益の質が着目されたきっかけである会計不正，利益の質改善を目的に導入された内部統制報告制度―こうした社会的背景と，その経済的帰結として利益の質の変化を分析することを主眼に置くことによって，利益の質に関する理論的アプローチに基づく実証分析の先行研究とは差別化を図っている。具体的には，本書では，財務分析視点に基づいて利益の質評価尺度として裁量的発生高，キャッシュ・フロー予測精度，会計発生高の質における内部統制報告制度による影響を析出する。

　本書で使用したモデルや分析手法は，米国の実証研究の方法論に基づいている。そのため，本書では，利益の質における内部統制報告制度による影響を検証する前提として，SEC基準適用日本企業データを用いた分析結果が米国の先行研究

結果，すなわち，会計発生高の質と企業属性との関連性（Dechow and Dichev 2002；McNichols 2002），会計発生高の質と持続性（Dechow and Dichev 2002），SOX法適用前後における裁量行動の変化（Cohen et al. 2008）の研究結果と比較可能な証拠を提示する。

また，内部統制報告制度の経済的影響を把握するのに，先行研究における議論に加えてメインバンク制など日本独特のビジネス環境を織り込んだ仮説展開を行い，各利益の質評価尺度を横断的に用いて近年における発見事項を議論することによって独自の仮説を導出している。既存のモデルや分析手法を用いることによって先行研究との整合性をふまえたうえで，積極的に日本独自の会計環境を取り入れた仮説の検証は，本書独自の実証的証拠として世界への発信事項とすることができるであろう。さらに，裁量行動の変化について各利益の質評価尺度を用いた横断的観察手法は，本書が利益の質に関する包括的な実証分析であるために可能となった手法であり，分析の結果のみならずこの手法も本書における意義となることであろう。

こうして内部統制報告規制という制度が経営者の裁量行動に変化をもたらし，利益の質に反映されることを包括的に実証分析を実施することによって導出されるインプリケーションは，実証研究にたいする1つの展開として寄与できる。

2.2 会計的裁量行動と実体的裁量行動の関係や経営者の動機を意識した分析

これまで裁量行動，特に会計的裁量行動に関する実証研究は日米両国において豊富な蓄積があるが，実体的裁量行動に焦点を合わせた研究は内部統制報告制度の導入以降の2006年ごろから構築され始めている。本書では，特に内部統制報告規制による経営者の裁量行動に反映される経済的帰結に主眼を置いているので，実体的裁量行動と会計的裁量行動との関係にも焦点を合わせた仮説展開を意識した。特に，この実体的裁量行動と会計的裁量行動の相互互換的関係の可能性については日本における独自の会計環境を積極的に取り入れ，日本からの経験的証拠の提示を試みる。

また，本書では，会計的裁量行動や実体的裁量行動尺度の推定には既存の方法

論を採用しているが，SOX 法適用以降の裁量行動の変化が，他の利益の質評価尺度であるキャッシュ・フロー予測精度，会計発生高の質に及ぼす副次的な影響の証拠を観察する。さらに，利益の質評価尺度を用いた同時的横断的分析を通して，経営者の裁量行動が機会主義的目的，情報提供的目的のどちらを反映しているのかを問うている。これまでは裁量行動に情報提供的裁量行動が存在するかどうかを問う方法としては，会計発生高または裁量的発生高と株価変動の関係を調査していた[12]。本書では，裁量行動の目的が機会主義的か情報提供的かを把握するのに，会計発生高の質と予測誤差との関係に基づいて分析する。

これまでの裁量行動研究は，経営者の会計的裁量行動，特に機会主義的裁量行動に焦点を合わせて分析したものが多く構築されている。本書は，経営者の裁量行動を会計的裁量行動と実体的裁量行動とを区別して考察したうえで，会計的裁量行動，実体的裁量行動のそれぞれが機会主義的目的か情報提供的目的かを解明する。すなわち，本書は，裁量行動の変化における内部統制報告規制による影響という表層的な証拠を示すだけではなく，経営者の裁量行動目的にまで踏み込んだ内部統制報告規制の経済的帰結についての証拠を提示するという意味で有意義なことであろう。

2.3　内部統制報告制度にたいするフィードバック

本書における研究は，財務報告の質における内部統制報告制度の影響についてSEC 基準適用企業データを用いて行った検証である。SEC 基準適用日本企業は，米国株式市場に上場する早期登録の外国会社の 1 つとして2006年 7 月15日以降終了する会計年度から適用されることになった（SEC 2006)[13]。SEC 基準適用日本企業をサンプルとした本書の研究は，SOX 法適用による ADR 企業の会計情報の質の変化研究についての 1 つの証拠として提示することができる。国際的にもADR 企業としての内部統制報告規制による影響に関する証拠はそれほど多く蓄積されていない。そのため，本書では，これまで ADR 企業をサンプルとした研究で用いられていない利益の質評価尺度を含めることを意識して検証した。こうして本書において，SEC 基準適用を通して米国会計基準，米国の規制環境など，

企業を取り巻く環境の条件を同じにして分析することによって，内部統制やガバナンスについての日本独自の行動を発見することができる。日本には独自の企業環境があり，米国上場企業や他の米国 ADR 企業とは国際的な差異があるかもしれない。財務報告の質における内部統制報告規制の影響に関する実証研究にたいして日本からの実証結果の発信とすることができる。

　一方で，SEC 基準適用日本企業には，SEC 基準に準拠させるため結果的に，日本における上場企業とは異なる特徴がある可能性も高い。監査人・監査報酬問題委員会（2008）は，SEC 基準適用日本企業の監査報酬額が非常に高いことから日本の上場企業の分析とは別に分析を行う必要性を示唆している。日本企業は，Leuz et al.（2003）の国際的分類によると，未発達の証券市場をもつ利害関係者志向の経済，所有者集中型経済，弱い投資者保護，強い法的強制力，訴訟リスクが低いという特徴を有している。弱い投資者保護，低訴訟リスクという特徴を有する日本企業であるが，米国株式市場上場を通して SEC による規制および投資者による精査，米国の法的環境，訴訟社会への準拠，米国会計基準に準拠した高水準の開示基準（Coffee 1999）を受け入れることになる。すなわち，米国株式市場への上場は，より厳格な米国会計基準に準拠することを意味し，透明性の高い情報開示が要請され，米国上場自体がコーポレート・ガバナンス機構として働く（Coffee 1999, p.24；Machuga and Teitel 2007, p.40）ことが予想される。したがって，本書における分析において，日本独自の会計環境を織り込んだ仮説が支持されない可能性も予想できる。本書は，SEC 基準適用自体がガバナンス機能として働いているかどうかに関する予備的な検証結果を示すことが可能であろう。

　日本においても，2008年4月に内部統制報告制度（日本版 SOX 法，J-SOX 法）[14]が施行され，上場企業は，2008年4月1日以後開始する事業年度から財務報告に係る内部統制の経営者による評価と公認会計士による監査が義務づけられることになった。本書によって SEC 基準適用日本企業を日米の中間的企業と位置づけ日本版内部統制報告制度に関する実証分析のパイロット・スタディとして一定の意義がある。現在，内部統制報告規制については，内部統制システム構築の便益以上に準拠に伴う文書作成費用が過大になるという問題が指摘されている。まず，本書によって，内部統制報告が与えた財務報告の質が向上したかどうかの

証拠を提示するので，内部統制規制のコスト・ベネフィットに関する議論に寄与できる。また，本書が，内部統制と会計発生高の質や企業属性との間に直接的関連性に関する証拠を提示することは，投資者や規制者による企業評価において有益な情報となることであろう。こうして，本書において，日本上場企業に先がけてSOX法適用という内部統制報告制度を経験したSEC基準適用日本企業を分析対象として，ADR企業としての日本企業の行動，日本の上場企業とは異なるSEC基準適用企業の特徴を明らかにすることは有益と思われる。

3　本書の構成

　本書は9つの章から構成されており，構成は次のとおりである。本書は，まず序章で，本書の研究課題と構成を提示する。利益の質については定義などまだコンセンサスが得られていない。そこで，第1章では，まず利益の質を評価する幾つかの視点を考察する。次に本書のアプローチである財務分析の視点に依拠して，利益の質評価尺度を理論的に検討する。さらに，本書の研究課題である，「財務報告の質における内部統制報告制度の影響」がどのような動機づけによって着想に至ったのかという本書のモチベーションを示す。

　内部統制報告制度を規定するのは米国では米国企業改革法（Sarbanes-Oxley Act of 2002，SOX法）であるが，特に，企業の財務報告に直接関連するのは，SOX法のなかの宣誓書規定である。そこで，第2章では，経営者の行動に影響を及ぼすと思われる，SOX法に織り込まれた3つの宣誓書制度の内容に焦点を合わせて検討する。

　第3章では，「財務報告の質における内部統制報告制度の影響」に関連する先行研究を調査する。まず内部統制報告制度と利益の質評価尺度との関連性について検証した先行研究を検討して，これまで明らかになった事項および問題点を整理する。また，利益の質評価尺度自体に焦点を合わせて，各研究がどのように利益の質を定義し，利益の質評価尺度を用いて検討しているかを調査する。

　第4章では，第5章から第7章で行う実証分析の前提として，SEC基準適用

日本企業データを用いて，わが国における会計発生高の質，持続性の分析結果が米国の先行研究結果と整合するかどうか確認する。第4章では，(1)会計発生高の質を Jones（1991），Dechow and Dichev（2002）および McNichols（2002）の3つのモデルを用いて会計発生高の質を測定する。(2)見積もり誤差は，企業属性に起因すると仮定して，会計発生高の質を決定している企業属性を明らかにする。(3)利益の質の評価尺度の1つである持続性（persistence）に焦点を合わせて，会計発生高の質は持続性との関連性を有するのか，持続性は会計発生高の大きさに依拠しているかについて検証する。

　第5章から第7章は，本書の研究課題を取り組む実証研究である。すなわち，利益の質評価尺度として，裁量的発生高，キャッシュ・フロー予測精度，会計発生高の質に焦点を合わせて内部統制報告制度の影響についての証拠を提示する。第5章は，利益の質評価尺度の1つである裁量的発生高を財務報告の質とした1つめの実証研究である。すなわち，裁量的発生高に反映される会計的裁量行動，キャッシュ・フローに反映される実体的裁量行動が内部統制報告制度によってどのように変化したかを検証するとともに，SOX法適用以降，減益回避や赤字回避という証券市場にたいするインセンティブ（証券市場インセンティブ）は，会計的裁量行動および実体的裁量行動にどのように影響を与えているのか，負債レバレッジは，会計的裁量行動および実体的裁量行動にどのように影響を与えているのかを分析する。会計的裁量行動尺度には DeAngelo（1986）モデルおよび Jones（1991）モデルを用いて推定された裁量的発生高，実体的裁量行動尺度には Roychowdhury（2006）および Cohen et al.（2008）に基づいた異常営業活動によるキャッシュ・フロー，異常製造費用，異常裁量的支出を用いて SOX法適用前後における各裁量行動の変化を調査する。

　第6章は，財務報告の質を利益の質評価尺度の1つであるキャッシュ・フロー予測精度に焦点を合わせて検証した実証研究である。すなわち，利益の質評価尺度をキャッシュ・フロー予測精度と定め，キャッシュ・フロー予測精度が SOX法適用前後において変化したかどうかを検証し，SOX法適用前後におけるキャッシュ・フロー予測精度の決定要因の変化を解明する。すなわち，SOX法適用前後において，予測誤差と会計発生高の質，裁量的発生高，経営者の裁量行動と

の関連性はどのように変化したのかを検証する。「裁量的発生高が意図的な裁量行動を反映するものならば，裁量的発生高の将来キャッシュ・フロー予測能力は会計発生高の質に反映されてくる。一方で，裁量的発生高が将来業績に関する私的情報を反映させるために用いられる場合，裁量的発生高のキャッシュ・フロー予測能力は会計発生高の質によって影響を受けない」（Bissessur 2008）に依拠して，予測誤差と会計発生高の質との関連性を参考にしながら，予測誤差と裁量的発生高との関連性，予測誤差と会計的裁量行動や実体的裁量行動との関連性を横断的に検証する。

第7章は，利益の質評価尺度の1つである会計発生高の質を財務報告の質とした3つめの実証研究である。すなわち，会計発生高の質における内部統制報告制度による影響を検証するとともに，会計発生高の質の決定要因を検証する。SOX法適用前後における会計発生高の質の変化については，時系列推移プロット，母平均差分析および多変量回帰分析から分析する。特に，Dechow and Dichev（2002）モデルによる会計発生高の質と，McNichols（2002）モデルによる会計発生高の質を比較して検討することによってSOX法適用前後で，企業属性，裁量行動などの具体的な会計発生高の質の決定要因がどのように変化したかが明らかになる。特に，会計発生高の質を独立変数とした多変量回帰分析では，どの決定要因が会計発生高の質と有意な関連性をもっているのかを検証することによって裁量行動に機会主義的目的が反映されているのか，情報提供的目的が反映されているのかも明らかにすることができる。

終章では，各章における分析結果をまとめ，本書を総括している。さらに，今後の検討課題を示している。

以上で述べてきた本書の構成を図表序-1で示している。第5章から第7章が本書の中心となる実証研究であり，図表序-1はこの3つの分析が本書のフレームワーク全体においてどのような位置づけとなっているのかを提示している。

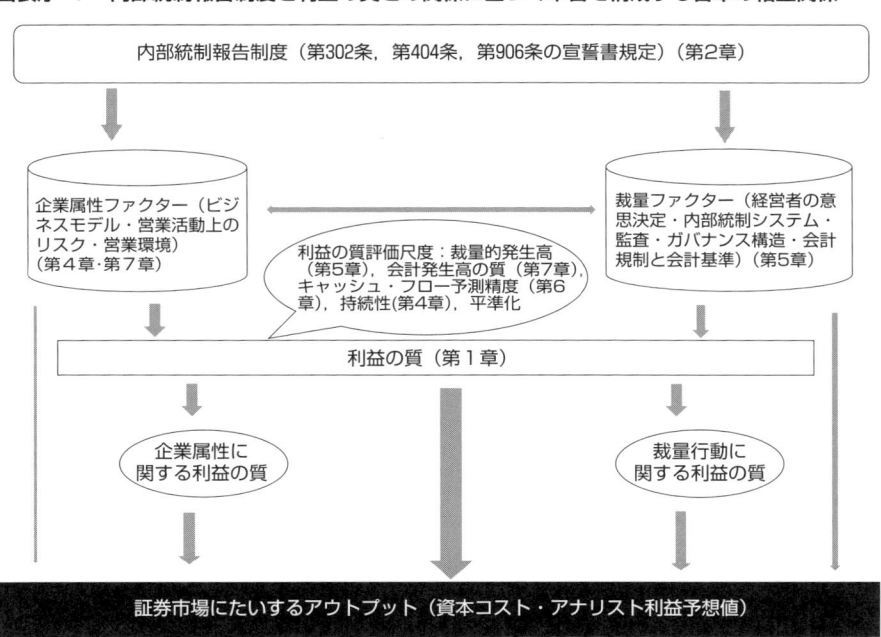

図表序-1　内部統制報告制度と利益の質との関係に基づく本書を構成する各章の相互関係

```
┌─────────────────────────────────────────────────────┐
│  内部統制報告制度（第302条，第404条，第906条の宣誓書規定）（第2章）  │
└─────────────────────────────────────────────────────┘
        │                                      │
        ▼                                      ▼
┌──────────────────┐                    ┌──────────────────┐
│ 企業属性ファクター（ビジ │                    │ 裁量ファクター（経営者の意 │
│ ネスモデル・営業活動上の │◄──────────────────►│ 思決定・内部統制システム・ │
│ リスク・営業環境）    │   利益の質評価尺度：裁量的発生高 │ 監査・ガバナンス構造・会計 │
│ （第4章・第7章）     │   （第5章），会計発生高の質（第7章），│ 規制と会計基準）（第5章）  │
└──────────────────┘   キャッシュ・フロー予測精度（第6│ └──────────────────┘
        │              章），持続性（第4章），平準化    │
        │                                      │
        ▼                                      ▼
┌─────────────────────────────────────────────────────┐
│                利益の質（第1章）                      │
└─────────────────────────────────────────────────────┘
        │                                      │
        ▼                                      ▼
┌──────────────┐                          ┌──────────────┐
│ 企業属性に      │                          │ 裁量行動に      │
│ 関する利益の質   │                          │ 関する利益の質   │
└──────────────┘                          └──────────────┘
        │                                      │
        ▼                                      ▼
┌─────────────────────────────────────────────────────┐
│  証券市場にたいするアウトプット（資本コスト・アナリスト利益予想値）   │
└─────────────────────────────────────────────────────┘
```

注）Francis et al.（2008c）に依拠して，筆者が内部統制報告制度と利益の質との関係を図表化した。

注

1) 米国企業改革法（Sarbanes-Oxley Act of 2002, SOX法）をはじめ，世界各国で財務報告に係る内部統制に関連する規制が導入された。本書では，各国における内部統制に関する規制を総称して内部統制報告制度とする。日本においては，2006年に金融商品取引法が成立し，内部統制報告書の提出と，内部統制報告書にたいする外部監査人による監査が規定された。2007年2月には企業会計審議会から『財務報告に係る内部統制の評価及び監査に関する実施基準（意見書）』が公表され，2008年4月から内部統制報告制度が施行された。日本における内部統制報告制度も，カネボウ粉飾決算事件等の会計不正が契機となって財務報告の質の改良を目指して導入され，米国における内部統制報告制度導入までの過程と類似した経緯をとっている。日米における内部統制報告制度導入までの経緯および内容については，本書第2章末の付録資料を参照されたい。

2) 本書は財務分析視点に基づいて利益の質を分析するアプローチをとっており，このアプローチは，Dechow and Schrand（2004）を展開させたFrancis et al.（2008c）のアプローチに

依拠するものである。利益の質分析視点には他にも幾つかあるが，これらについては第1章で述べる。
3） 本書では，米国預託証券（ADR）の発行を通して米国株式市場において資金調達を行う目的で，米国SEC基準に基づいて作成しSECに年次報告書を提出する日本の上場企業のことを「SEC基準適用日本企業」と呼ぶことにする。
4） Graham et al.（2005）は，米国上場企業の3,174人の最高財務責任者（CFO）に電子メールによる質問票を送付し，267人が回答（9.4％の回答率）した。また，2003年11月17-18日のNYでのCFO会議において質問票を渡し，134人の回答があった。Graham et al.（2005）のサーベイは，電子メールと直接質問票配布という2つの方法を実施し最終的な回答率は10.4％であった。
5） 須田・花枝（2008）は，わが国上場企業3,926社にたいして2007年9月に質問票を送付し，620社の有効回答（有効回答率15.9％）があった。
6） Scott（2006, p.134）は，利益の質を「関連する情報システムが主に織り成す確率の大きさ（the magnitude of the main diagonal probabilities of the associate information system）」と定義している。そして，Scott（2006, p. 56）は，具体的に「当期の財務諸表情報と将来の企業業績間の関連性を決定するのは，グッド・ニュースの予想可能性（確率）とバッド・ニュースの予想可能性（確率）の組み合わせであり，当期の財務諸表情報と将来の企業業績間のリンケージが弱い場合は，ノイズや低い質の利益と表現される」と示している。各研究者の利益の質の定義については，第3章で検討する。
7） Francis et al.（2008c）は，まず情報の質を「資本市場における情報の1属性として"質"の概念によって伝達されるもの」（Francis et al. 2008c, p. 7）と定義したうえで，財務報告の質を情報の質における特別なものとしてとらえ（Francis et al. 2008c, p. 10），さらに，その財務報告の質の要約的指標を利益の質としている。
8） Francis et al.（2008c）は，利益の質の決定要因を属性源（innate sources）と報告源（reporting sources）とし，それぞれ属性源はビジネスモデル，営業活動リスク，営業環境から生じ，報告源は経営者による財務報告上の意思決定，財務報告を支援するのに用いる報告システムの質，ガバナンス，規制による精査，会計基準から生じることを示している。本書では，Francis et al.（2008c）に依拠して，利益の質の決定要因である属性源（innate sources）と報告源（reporting sources）をそれぞれ企業属性ファクター，裁量ファクターとする。
9） Teets（2002）は，利益の質に影響を及ぼす意思決定として，基準設定者による意思決定，経営者によって行われる会計手続き選択，経営者による判断や見積もりを提示しており，Francis et al.（2008c）でいう裁量ファクターに含められるものとなる。Teets（2002, p.355）は，3つの意思決定のなかでGAAPを構成する会計基準が一般的に高い質を有する意思決定と考えられているが，会計数値の目的適合性と信頼性に付随するトレード・オフや長期的には変化する経済取引によって常に完璧な会計基準であることは達成可能ではないと述べている。

10) 須田（2000）および Dechow and Skinner（2000）は，GAAP 範囲内で行われる会計手続き選択を「利益調整（earnings management）」と呼び，GAAP 範囲を逸脱した「利益操作（fraud）」と区別している。本書においても，GAAP の範囲を逸脱した裁量を「利益操作」，GAAP 範囲内で行われる経営者の裁量を「裁量行動」と呼び区別することにする。
11) 日本証券アナリスト協会編（1996, p.298）によると，ボラティリティ（volatility）は「ある一定期間のうちに，証券ないし商品の価格がどの程度上下変動するかを示すのがボラティリティであり，リスクと同義に解される。変動率，変動性と訳すこともある」と示されている。
12) 裁量的発生高と株価変動の関係についての実証研究については須田（2000, pp.404-417）が詳しいので参照されたい。
13) トレッドウェイ委員会支援組織委員会（COSO）は，2006年6月に「中小企業に関連する内部統制のガイダンス」を公表した。このガイダンスによれば，内部統制報告制度はすべての規模の会社に適用されるが，適用時期が考慮されている。内部統制報告書の適用は，会社の規模に準拠するとともに，早期登録の国内会社，早期登録の外国会社，非早期登録の国内会社および外国会社は，それぞれ，2004年11月5日終了する事業年度，2006年7月15日に終了する事業年度，2007年7月15日以降に終了する会計年度から適用されることになった。
14) 本書では，日本における内部統制報告制度を日本版 SOX 法（J-SOX 法）と示している。J-SOX 法という総称は，2006年6月に公表された金融商品取引法内に記載された内部統制報告書提出義務および内部統制報告書にたいする外部監査人による監査に関する規定の部分のことであり，メディア等での呼称として一般化している。

第1章

利益の質分析視点と利益の質評価尺度

1.1　本章の目的

　本書のリサーチ・クエスチョンは，内部統制報告制度が財務報告の質[1]の向上をもたらしたのかである。本章第2節では，財務報告の質である「利益の質」を検討する視点について考察し，第3節では，Francis et al.（2008c）の財務分析視点に基づいた，利益の質評価尺度を検討する。第4節では，内部統制報告制度の宣誓書規定がどのように利益の質を構成する企業属性ファクターと裁量ファクターに影響を及ぼすかについて焦点を合わせ，その影響が結果的に財務報告の質にどのような変化をもたらすかについて予想を示す。すなわち，どのようなモチベーションによって本研究課題を検証することに至ったかを提示する。

1.2　利益の質分析視点

　本章では，財務報告の質に着目し，その要約的指標としての利益の質に焦点を合わせて検討する。すでに述べたが，利益の質の定義は多岐にわたり，利益の質

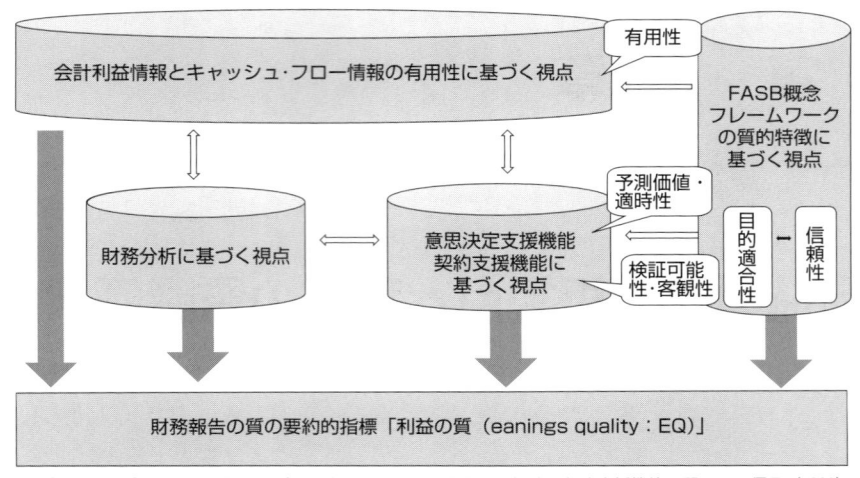

図表1-1　利益の質分析視点と財務報告の質（利益の質）

会計利益情報とキャッシュ・フロー情報の有用性に基づく視点

財務分析に基づく視点

意思決定支援機能　契約支援機能に基づく視点

FASB概念フレームワークの質的特徴に基づく視点

有用性
予測価値・適時性
検証可能性・客観性
目的適合性
信頼性

財務報告の質の要約的指標「利益の質（earnings quality：EQ）」

注）利益の質分析視点の相互関係を図表化した。意思決定支援機能・契約支援機能に関しては須田（2000）に依拠している。

を分析する視点自体も幾つかある。利益の質を分析する視点には，財務分析に基づく視点，意思決定支援機能および契約支援機能に基づく視点，FASB概念フレームワークの質的特徴に基づく視点，会計利益情報とキャッシュ・フロー情報の有用性に基づく視点の4つの視点がある。ただ，各視点は独立して利益の質を分析しているわけではなく，相互の関連性も有している。たとえば，意思決定支援機能に基づく視点で利益の質を分析する場合は検証可能性や客観性，契約支援機能に基づく視点で利益の質を検証する場合は予測価値というそれぞれ異なるFASB概念フレームワークの質的特徴に依拠する必要がある[2]。また，会計利益情報およびキャッシュ・フロー情報の有用性に基づく視点での利益の質分析は，財務分析に基づく視点と意思決定支援機能に基づく視点とを融合させた実証分析となっている。こうした利益の質分析視点ごとに利益の質に焦点を合わせた数々の分析が蓄積されてきている。図表1-1は，利益の質分析視点間における相互関係と財務報告の質（利益の質）を示したものである。

各視点ごとに利益の質評価に用いる指標も異なってくるので，ここで，本書で

とる視点を明らかにしておかなければならない。本書は，Dechow and Schrand (2004) および Francis et al. (2008c) の財務分析の視点に依拠し，財務報告の質の要約的指標を利益の質とする。すなわち，利益の質は，各利益の質尺度を網羅した合計的指標（overall indicator）ではなく（Francis et al. 2008c, p. 7），各利益の質評価尺度で測定される多面的な概念である。それでは，次項以降で各利益の質分析視点を検討する。

1.2.1 財務分析に基づく視点

まず，利益の質を分析する視点の1つとして示すのは，財務分析に基づく視点である。これは，これまでアナリストたちが企業評価で利益の質を評価する際に用いてきた視点であり，Dechow and Schrand (2004) および Francis et al. (2008c) がとる視点であり，本書が依拠する視点である。Dechow and Schrand (2004) によれば，アナリストは，企業業績を評価する際，当期の業績が将来業績の指標となる程度を査定し，この分析に基づいて，当期の株価が企業の理論株価を反映しているかどうかを決定する。この見地から，質の高い利益とは，(1)正確に企業の当期の営業業績を反映させるもの，(2)将来の営業業績のすぐれた指標となるもの，(3)企業の理論株価を一定の年限で区切ったもの，すなわち企業価値を査定するための有用な要約的尺度となるもの，の3つを示している（Dechow and Schrand 2004, p. 2）。

こうして，Dechow and Schrand (2004) は，企業の理論株価を一定の年限に区切って現在価値が正確に算出されるとき，利益は高い質を有していると定義する。そのような利益は，会計領域において「永続的な利益（permanent earnings）」と示され（Beaver 1999），将来キャッシュ・フローを割り引いた現在価値として，持続性が高くかつ予測可能性が高いとされている。しかしながら，Dechow and Schrand (2004, p.12) は，持続性や予測可能性だけで利益の質を評価するのには不十分であると述べ，(1)持続性が高くボラティリティが低い場合，(2)将来キャッシュ・フローと強い関連性がある場合，(3)市場価値と強い関連性があるという場合にも利益は高い質を有すると述べている。

この財務分析に基づく視点を踏襲し展開させたのが Francis et al.（2008c）である。Francis et al.（2008c）は，幾つかある資本市場における情報の質（information quality）の特別な情報の質として「財務報告の質」に焦点を合わせ，その財務報告の質の要約的指標（a summary indicator）として利益の質を検討している[3]。Francis et al.（2008c）のとる視点も，Dechow and Schrand（2004）が言及した「永続的な利益」に焦点を合わせており，Dechow and Schrand（2004）の財務分析に基づく視点を展開させたものであるが，Francis et al.（2008c）自身が述べているように，分散が低い（low variance）高精度の情報（precise information）を高い質の利益としてとらえている点で Dechow and Shcrand（2004）の財務分析視点を補強したものといえる。

　ここで Francis et al.（2008c）の財務報告の質の要約的指標としての利益の質を考察する。利益の質は，ビジネスモデルや営業環境が反映される「企業属性ファクター（innate sources）」と，財務報告過程が反映される「財務報告過程ファクター（裁量ファクター）（reporting sources）」の2つのファクターによって影響を受ける。この2つのファクターは証券市場（market outcomes）に直接影響を与えるものでもある（本書序章，図表序-1）。企業属性ファクターは，ビジネスモデルや営業環境に基づくものであり，一方，財務報告過程ファクター（裁量ファクター）は，(1)判断や見積もりを含む経営者の財務報告上の意思決定，(2)財務報告を支援するのに用いられる情報システムの質，(3)内部監査や外部監査を含むモニタリング，(4)取締役会，報酬契約，株式所有構造を含むガバナンス，(5)規制当局による精査（SECの規制およびSECによる強制法），(6)GAAPなど会計基準の財務報告過程に関連するものである。

　これまでの利益の質に関する主要な研究は，主に利益の質の企業属性ファクターと財務報告過程ファクターの決定要因間における相互関係について検証されてきた。図表序-1における企業属性ファクターと利益の財務報告過程ファクター（裁量ファクター）を連結しているラインは，これらの決定要因間における関連性を示したものである。たとえば，取締役会の構成のようなガバナンス構造は，ビジネスモデルのような企業属性ファクターによって影響を受ける傾向がある。ほとんどの経営者の会計手続き選択は，証券取引法，会社法他会計規制に制限を受

ける。同時に会計指針は，経営者にたいして利益の質に影響を与えるような意思決定を要請する。こうした影響関係のことについてを企業属性ファクターと財務報告過程ファクター間のラインによって言及しているのである（Francis et al. 2008c, pp. 18-19）。

こうした財務報告の質の要約的指標である，利益の質は，ビジネスモデルや営業環境が反映される「企業属性ファクター」と，財務報告過程が反映される「財務報告過程ファクター」の2つのファクターによって決定される。したがって，本書は利益の質はこの2つのファクターによって決定される，もともとの企業属性ファクターや財務報告過程ファクターが株式市場にたいして影響を与えるという視点に基づいて検討している。

1.2.2 意思決定支援機能および契約支援機能に基づく視点

次に示す利益の質分析視点は，意思決定支援機能および契約支援機能に基づく視点である。財務報告の主要な焦点は，利益およびその構成要素によって提供される企業業績についての情報であり，企業の将来の正味キャッシュ・フローやキャッシュ・フロー創出能力にたいする投資者，債権者，およびその他の人々の関心は，キャッシュ・フローではなく，利益についての情報に向けられている（FASB 1978, para. 43）。そして，彼らは，(a)経営者の業績評価，(b)「収益力」や長期的収益力の「代表」として認知する額の見積もり，(c)将来利益の予測あるいは(d)投資リスク，貸付リスクの査定に役立たせるために利益情報を用いる（FASB 1978, para. 47）。財務諸表利用者，すなわち，投資者や経営者など企業を取り巻く利害関係者は，意思決定や契約など目的はそれぞれ異なっていても各目的のために会計利益情報に着目してきたのである[4]。

会計利益情報は，報酬契約や債務契約などに用いられているが，低い質の利益に基づいた契約によって富の転換を意図せず導くこともある（Schipper and Vincent 2003, p. 99）。たとえば，利益が融資契約に関する業績指標として用いられる場合，利益が過大表示となっていれば当該企業の支払能力の低下が隠蔽されることになり債権者はミスリードして契約を続行することになる。また，投資意思

決定機能に基づく観点では，過大表示された利益情報だけだと資本配分について不完全なシグナルとなる。不完全なシグナルによる資本配分の誤りは結果的に経済成長を低下させることになる（Schipper and Vincent 2003, p. 99）。したがって，債務契約目的や投資意思決定目的で財務諸表を利用する人々にとっては利益の質が関心の対象となるのである。

　財務会計が意思決定支援機能と契約支援機能の両機能を果たしていることを理論と実証で明らかにしている研究に須田（2000）がある[5]。須田（2000）によれば，意思決定支援機能を果たすために提供される利益情報は，その企業の将来の収益性やキャッシュ・フローを予想するために活用されるが，契約支援機能に応じて作成される利益情報は，株主などが経営者の行動を監視し意見表明するために用いられ，あるいはその数値が株主・経営者・債権者などの契約に基づいた成果配分の基礎になる。こうして，意思決定支援機能の視点から会計利益情報の有用性，契約支援機能の視点から債務契約や経営者報酬契約が裁量行動に与える影響などの実証分析が構築されてきたのである。

　利益の質を評価する視点として，この意思決定支援と契約支援機能に基づいた視点をとった場合に取り上げられる利益の質評価尺度は，裁量的発生高である。それは，裁量的発生高は意思決定支援機能と契約支援機能の接点となっており，契約支援機能と意思決定支援機能が適切に遂行されているかどうかをみることができるからである（須田 2000）。すなわち，経営者が裁量行動を裁量的発生高を通して実施し，その裁量的発生高が投資者の意思決定に有用な情報を伝達していれば，契約支援機能と意思決定支援機能が適切に遂行されていることになり，利益の質は高いとみることができるであろう。

1.2.3　FASB概念フレームワークの質的特徴に基づく視点

　3つめの利益の質分析視点は，FASBの概念フレームワークの質的特徴に基づく視点である。この視点を提示したのは，Schipper and Vincent（2003）である[6]。この視点は，適時性（timeliness），目的適合性（relevance），中立性（neutrality），比較可能性（comparability）など，FASBが提示した概念フレームワー

クの質的特徴に焦点を合わせて，意思決定に貢献するかどうかで財務報告の質をみる視点である。

FASB は，SFAC1（FASB 1978, para. 42-43）で「財務報告は，一定期間における企業の財務業績についての情報を提供しなければならない。……財務報告における主要な焦点は，利益およびその構成要素によって提供される企業の業績についての情報にある」と利益を財務報告の中心的概念として明示するとともに，SFAS2（FASB 1980, para. 32）において，「会計の質の階層（a hierarchy of accounting qualities）」を提示して，利益を含めた会計情報が意思決定に有用なものとするための質的特徴として目的適合性，信頼性（reliability）[7]，比較可能性・首尾一貫性（consistency）などを示している。この質的特徴のなかで意思決定有用性（decision usefulness）に関して最上層に位置するのが，目的適合性と信頼性である。

この目的適合性と信頼性については，FASB は，SFAC2 において「財務情報が有用であるためには目的適合的かつ信頼性が高い情報でなければならないが，そういった情報は程度が異なる属性を有することもある。目的適合性を優先するために信頼性が低くなる場合，あるいは信頼性を優先するために目的適合性が低くなる場合など目的適合性と信頼性は相互互換的でもある」（FASB 1980, para. 42）と，トレード・オフの関係にあることを示している。そして，この目的適合性と信頼性は，「しばしば相互に対立することがある。目的適合性を増大させるために会計方法が変更される場合，信頼性が損なわれることがあり，その逆もありえる。また，しばしば，目的適合性または信頼性のどちらが減少し増大するのかはっきりしないことがある。したがって，会計情報が情報利用者にとって有用性があるか否かについては，目的適合性および信頼性に伴う相対的重要性によるのである」（FASB 1980, para. 90）。

たとえば，経営者による機会主義的な会計発生高を操作する可能性は，客観性や検証可能性（verifiability）[8]の会計慣習や歴史的原価評価モデルを用いることによって制限することができる。そのような会計慣習は，利益の企業業績を反映させる指標としては制約となるが，契約団体は，企業業績を反映させる指標という目的適合性の高い情報よりも，会計慣習によって信頼性の高い情報を希望する

のである (Dechow 1994, p. 5)。したがって，Schipper and Vincent (2003, p. 103)[9]が述べているように，「取引に基づいた数値ではなく見積もり数値で適時に経済的現象を認識することを強調する目的適合性と，測定誤差を減少させることを強調する信頼性はトレード・オフの関係にあるが，目的適合性，信頼性，比較可能性の3つの質的特徴は相互に排他的でも比較不可能ではないので，別個に検討するのではなく，分析する側が分析目的の優先性から，相対的に利益を判断する必要がある」といえる。

1企業の利益の質を分析する場合は，分析者の目的適合性と信頼性の相対的な重要性から評価すればいいが，企業間で利益の質を比較する場合には，この目的適合性および信頼性は，高い質の利益に必要な質的特徴であり，ある企業の目的適合性と信頼性の両概念が別企業よりの当該概念も高い場合に利益の質が高いことになる (Dechow and Schrand 2004)。

また，FASBの概念フレームワークの質的特徴は，後で述べる会計利益情報とキャッシュ・フロー情報の有用性を分析する場合にも重要な指標となっている。発生主義会計はキャッシュ・フローの認識時期[10]についての方針を示すものであり，利益のほうが実現したキャッシュ・フローよりも企業業績を反映し (Dechow 1994)，目的適合性や有用性が高い。しかしながら，これまで，研究者たちは，目的適合性と信頼性のトレード・オフの観点から会計利益情報とキャッシュ・フロー情報の有用性の比較を行うことが多かった[11]。大日方 (2002, p. 379) も指摘するように，「発生項目が利益の額を規定しているからこそ，そこに利益情報価値の源泉が存在しているのであり，その潜在的な情報価値を顕在化させるのが開示制度の設立趣旨なのである。そのことを前提とした上で，ほんらい検討すべきは，発生項目に経営者のどのような意図がいかに反映されているのか，投資家は発生項目をどのように評価しているのかという問題である。制度設計で期待されている通りに，発生項目に情報価値があるのか，それとも，利益操作のために経営者が付加したノイズや投資家の不信感のほうが上回っているために発生項目には情報価値がないのかが課題である」。

したがって，利益の質は，まずFASB概念フレームワークの質的特徴である目的適合性，信頼性両概念を分析者の相対的重要性から判断し，次に将来キャッ

シュ・フロー評価のための業績にたいして利益が会計発生高を通じてシグナル的役割を果たしているのか，あるいはノイズを発生させているのかについて「裁量ファクター」を調査することが重要なことといえる。

1.2.4 会計利益情報とキャッシュ・フロー情報の 有用性に基づく視点

4つめの利益の質分析視点は，会計利益情報とキャッシュ・フロー情報の有用性に基づく視点である。この視点は，1つめの財務分析に基づく視点，2つめの意思決定支援機能および契約支援機能に基づく視点，3つめのFASB概念フレームワーク質的特徴に基づく視点の3つが相互に関連する，融合的な視点ともいえる。企業評価においてアナリストたちは当期利益に基づいて将来キャッシュ・フローを予測し，その将来キャッシュ・フローから企業価値を推定する（財務分析の視点）が，財務会計の意思決定支援機能としての将来キャッシュ・フロー評価（意思決定支援の視点）にたいして会計利益情報，キャッシュ・フロー情報のどちらの会計情報が有用性（FASB概念フレームワーク質的特徴視点）が高いかについて伝統的に検証されてきたのである[12]。

発生主義会計利益情報がすぐれた予測指標であることは，FASBも一貫して主張している[13]。このFASBの主張は，Watts and Zimmerman (1986)[14]やBeaver (1998)[15]によって理論的に支持されている。Revsine et al. (2002) によれば，当期利益が将来キャッシュ・フローを予測する際には当期のキャッシュ・フローよりもすぐれているというFASBの信念は，発生主義会計の将来志向的な性質[16]と，利益算定の際に付随する平準化[17]に基づいているという。利益は，収益の実現基準および費用収益対応原則[18]に基づいて算出されるが，「利益は，企業および経営者の業績の指標である」という損益計算書観からすれば，会計発生高の調整が発生主義会計における収益の実現基準および費用収益対応原則の適用を反映し，利益はキャッシュ・フローよりも当期業績のよりすぐれた指標かつ永続的な利益のすぐれた指標となる。こうして，利益は将来キャッシュ・フローを予測する際に当期キャッシュ・フローよりも有用となるのである（Dechow and Schrand 2004, p. 11）。

Dechow（1994）は，会計原則によって会計発生高，特に運転資本会計発生高を用いて実現キャッシュ・フローにある時期と対応原則に伴う問題を軽減して利益をすぐれた企業業績尺度とするという理論に基づいて会計発生高や営業活動によるキャッシュ・フローのもつ性質を検証している。利益，運転資本の変動，および営業活動によるキャッシュ・フローの標準偏差（四半期）は，それぞれ0.044，0.097，0.098であり（Dechow 1994, p. 18），ボラティリティはキャッシュ・フローから利益に向かうほど小さくなることが分かる。また，営業活動によるキャッシュ・フローが利益と比べると，負になっている。この2つのことから，会計発生高がもとにあるキャッシュ・フローのボラティリティを相殺しているとDechow（2004, p.17）は説明している。また，Dechow（1994, p.20）は，利益および営業活動によるキャッシュ・フロー，運転資本の年次1階自己相関の係数の平均値（中央値）がそれぞれ－0.175（－0.177），－0.434（－0.439），－465（－472）であることから利益の持続性が，キャッシュ・フローの持続性よりも高いことを示している。さらに営業活動によるキャッシュ・フローと運転資本間にはある負の相関は，キャッシュ・フローに対応問題が生じ，キャッシュ・フローが実際の現金収支と一時的に対応していないことを示すものであり，運転資本の変動が一時的なキャッシュ・フローを相殺して対応問題を解決していることを示すものであるという（Dechow 2004, p. 18）[19]。

　一方，「利益は，経済的資源の富の増分である」という貸借対照表観をもつとすれば，会計の目的は公正価値で資産負債の測定をすることであり，損益計算書はその変動を示すものであり，会計発生高による調整で主に予測可能でない資産負債の再評価を表すので，ボトムラインである利益は，将来キャッシュ・フローを予測する場合当期のキャッシュ・フローよりも有用性が低くなるという（Dechow and Schrand 2004, p. 11）。

　このように，会計利益測定に関連した現行の会計基準には，貸借対照表観と損益計算書観の2つの会計観が含まれているため，会計発生高とキャッシュ・フロー情報についての，利益の予測能力の相対的な優位性については明らかではなかったのである（Dechow and Schrand 2004）。こうした論理的な議論展開をふまえて会計利益かキャッシュ・フロー情報のどちらの会計情報の有用性が高いのか，

どちらの会計情報の持続性が高いのか，あるいはどちらの会計情報が将来キャッシュ・フローを反映させているかが実証的問題となってきたわけである（Dechow and Schrand 2004, p. 2）。

実証研究においては，Finger (1994)，Lorek and Willinger (1996)，Dechow et al. (1998)，Barth et al. (2001) によって「発生主義会計利益情報が，会計発生高に経営者の予測情報が含まれることによって将来キャッシュ・フローの評価の観点から情報価値として有用である」という証拠が示されている（中島 2003）[20]。国際的に，発生主義会計利益情報は，会計発生高を含めることによって，将来キャッシュ・フローの予測に有用に働くという結果に収斂している（斎藤編 2002, pp.92-93, pp.376-399）が，日本においても，吉田（2002），田澤（2001；2004），中島（2004），Nakashima and Ziebart (2006) によって同様の結果が導出されている。

しかしながら，発生主義会計利益情報の有用性は，こうした理論的研究および実証的研究によるサポートがあるにもかかわらず，二度その有用性について再確認を迫られる。一度目は，1990年代後半のグラント社（Grant）などの黒字倒産の増加時であり，二度目はエンロン社およびワールド・コム社などの高収益企業による会計不正が社会的な問題となった時である。一度目は，その相次ぐ黒字倒産が1つの契機となってキャッシュ・フロー計算書制度が導入されたことに伴い，発生主義会計利益情報の有用性は，キャッシュ・フロー情報の有用性との比較を通して検証されるようになった[21]。二度目は，質的観点から利益を検討するようになったわけである。

1.3 利益の質評価尺度

1.3.1 会計ベースの利益の質評価尺度と市場ベースの利益の質評価尺度

利益の質自体の定義や利益の質評価尺度については多岐にわたっており，現在

のところ合意に至ってはいない。

　また，利益の質を分析する場合にどの利益の質評価尺度を選択するかは，リサーチ・クエスチョンおよびデータや推定モデルの利用可能性に依存している（Francis et al. 2008c）。Francis et al.（2004；2008c）は，利益の質評価尺度には会計ベースの（accounting-based）利益の質評価尺度と，市場ベースの（market-based）利益の質評価尺度があるとし，前者として会計発生高の質，異常会計発生高（abnormal accruals）[22]，持続性，予測可能性（predictability），平準化（smoothness），ばらつき（variability）を，後者として価値関連性（value-relavance），適時性（timeliness）と保守主義（conservatism）を示している。Schipper and Vincent（2003）は，利益の質評価尺度として FASB 概念フレームワークの質的特徴，初期的概念，利益・会計発生高・キャッシュ・フロー間の関係[23],[24]，持続性，予測可能性の5つの評価尺度を示している。

　本節では，利益の質に関する初期的概念を概観したあと，Francis et al.（2008c）の財務分析視点に依拠して Francis et al.（2004；2008c）の会計に基づく利益の質評価尺度である会計発生高の質，裁量的発生高，持続性，予測可能性，平準化，市場に基づく利益の質評価尺度である価値関連性を検討する。

1.3.2　利益の質に関する初期的概念

　1990年代の後半における利益の質を初期的概念とすれば，この利益の質の初期的概念を提唱した研究者として，Bernstein and Siegel（1979）および Siegel（1991）[25]や O'Glove（1987）をあげることができる。O'Glove（1987）は，「利益の質は，有意義な財務分析にたいする重要なかぎの1つであり，投資者は，公表財務諸表数値だけでなく，企業の真の質を分析しなければならない」と述べ，投資者にたいして自らが企業評価をする際の判断指標として利益の質をとらえる重要性を説いていたのである。

　Comiskey and Mulford（2000, p.11）が指摘するように，Bernstein and Siegel（1979）および Siegel（1991）は，損益計算書を中心にして利益の質を検討していた。Bernstein and Siegel（1979）は，「報告利益はさまざまな会計処理および恣

意的な選択の産物であり，真の収益力（earning power）を評価するためには利益の質を決定しなければならない。利益の質は，経営者が収益を早期あるいは遅延して認識したり，より保守的な会計処理や著しく自由な会計処理を選択したりすると低くなる。経営者は，裁量的費用を削減して利益を増加させること，たとえば，陳腐な固定資産の取替えを差し控えたり，必要な修繕をしなかったり，あるいは広告費を削減したりすることによって利益水準を操作することもできる。企業が単に当期利益を増加させるためにそのような費用を繰り延べるとすると，利益の質は下がる」と述べている。このことから，Bernstein and Siegel（1979）は利益の質を真の収益力を評価するための判断指標としてとらえていることが窺える。

　Siegel（1991）[26]は，利益は絶対的なものではなく相対的なものであるので，特定産業における報告利益の質について企業間比較を行う必要があるとしている。すなわち，利益の質を分析するには，損益計算書の構成要素の安定性，資産の実現リスクおよび資本維持のようなファクター，一株あたり利益に影響を及ぼすファクターに着目することを示している。

　こうして，1970年代後半から1990年代後半はキャッシュ・フロー計算書が制度化される前であったため，利益の質の初期的概念提唱者は，利益の数値にだけ着目して分析することに注意を喚起し，真の利益を評価するためのファクターを示して，投資者自身がこれらのファクターを総合的にみて利益の質として分析するよう奨励していたのである。

1.3.3　会計発生高の質（accruals quality）

　会計発生高，キャッシュ・フロー間の関係に基づく利益の質としては，Dechow and Dichev（2002）によって提唱された会計発生高の質概念を示すことができる。この Dechow and Dichev（2002）の概念は，その後の利益の質あるいは会計発生高の質研究において大きな影響を与えた研究の１つである。Dechow and Dichev（2002）のアプローチの背後にある理論とは，会計発生高は，仮定および見積もり[27]において基礎となるキャッシュ・フローにおけるタイミングと

対応の問題を解決する一時的な調整項目であり，発生主義過程において見積もり精度が高ければ，当期の会計発生高と，過去，現在あるいは将来キャッシュ・フローの実現との間の対応がよくなる。しかしながら，不正確で誤謬のある見積もりは，本質的に会計発生高におけるノイズとなり，会計発生高にある有用な役割を削減してしまうという理論である。この理論に基づいて，Dechow and Dichev (2002) は，「会計発生高が有するキャッシュ・フローを見積もる精度」を会計発生高の質ととらえ，会計発生高の質の尺度を，運転資本の前期，当期，1期先営業活動によるキャッシュ・フローの企業別回帰からの残差の標準偏差として算出している。そして，Dechow and Dichev (2002) は，会計発生高の質が経営者による意図的な機会主義的な操作だけではなく，ある属性を有する企業が見積もりする際に伴う付随的な難しさにも強く関連していることを明らかにし，企業属性が会計発生高の質の決定要因であることを示している。

　Dechow and Dichev (2002) のモデルは，当期の会計発生高と，1期先営業活動によるキャッシュ・フローと前期の営業活動によるキャッシュ・フローとの関係に焦点を合わせている点が特徴である。すなわち，期首および期末の繰延項目および見越項目の合計として会計発生高を特徴づけて，当該会計発生高が1期先キャッシュ・フローを生み出すことを認識するとする。こうして，1期先キャッシュ・フローを予測する際における見積もり誤差を反映するモデルを展開している。

　しかしながら，Dechow and Dichev (2002) モデルは，会計発生高を全体として評価し，非意図的な見積もり誤差を，意図的な利益調整と区別していないので，McNichols (2002) は，Dechow and Dichev (2002) の分析アプローチに裁量的発生高 (DA) と非裁量的発生高 (NDA) を区別している Jones (1991) 分析アプローチを統合させて，意図的な裁量的な会計発生高も含め，Jones (1991) モデルの裁量的発生高尺度と Dechow and Dichev (2002) モデルの会計発生高の質尺度両者に関連した誤差を測定できるようにした。第4章で，会計発生高の質尺度として Dechow and Dichev (2002) モデル，Jones (1991) モデル，McNichols (2002) モデルに基づいた会計発生高の質を推定する。

1.3.4 裁量的発生高（discretionary accruals）

　会計発生高は，裁量的発生高と非裁量的発生高から構成されている。裁量的発生高は，会計発生高のうち，経営者の裁量行動，すなわち機会主義的裁量行動および情報提供的裁量行動を通じて計上されるものである。3つめの利益の質評価尺度として裁量的発生高を示すことができる。この裁量的発生高を利益の質評価尺度の1つとするのは，Francis et al.（2008c）に依拠して，利益の質は，会計ファンダメンタル，企業属性ファクターによって説明できないファクターである裁量ファクターで評価できるという考え方からきている。確かに，多様な会計手続きを認めた会計基準のもとで経営者の裁量行動を通じて裁量的発生高が計上され，裁量的発生高には営業活動によるキャッシュ・フロー，非裁量的発生高とは異なる独自の情報内容がある（須田 2000, pp.525-526）ので利益の質評価尺度の1つとすることは妥当と考えられる。

　裁量的発生高は，Francis et al.（2008c）では，異常会計発生高と示されている尺度であるが，裁量的発生高の測定するために，非裁量的発生高を推定する方法としてDeAngelo（1986）モデル，修正ジョーンズモデル（Dechow et al. 1995），CFO修正ジョーンズモデル（Kasznik 1999）などのさまざまなモデルが提示されてきた[28]。こうしたモデルを用いて非裁量的発生高を推定し，この非裁量的発生高を会計発生高実績値から差し引くことによって裁量的発生高を測定する。本書では，会計発生高の質を測定するのに，Dechow and Dichev（2002）モデルとJones（1991）モデルが統合されたMcNichols（2002）モデルを用いるので，非裁量的発生高の推定にはJones（1991）モデルを用いる[29]。Jones（1991）モデルは次のとおりである。

$$ACCRUALS_t = \alpha + \beta_1 \Delta Sales_t + \beta_2 PPE_t + \varepsilon_t$$

$ACCRUAL_t$：全会計発生高
$\Delta Sales_t$：売上高増加額
PPE_t：有形固定資産

会計発生高は裁量的発生高と仮定され，$\alpha+\beta_1(\Delta 収益)+\beta_2(有形固定資産)$ と等しく，この場合は，α，β_1 および β_2 は，この回帰モデルからの見積もり係数である。裁量的発生高は，ε，すなわち，当該回帰からの残差である。この裁量的発生高については第5章で実証分析を実施する。

1.3.5 持続性（persistence）

4つめの利益の質評価尺度として，持続性（persistence）概念を示すことができる。持続性は，より持続的（persistent, or sustainable）な利益ほど，質が高いという考え方に基づいている（Francis et al. 2008c）。持続性は，一般的に，以下の一階自己回帰モデル（autoregressive model，AR1）のとおりに，当期利益で次期利益の回帰係数 β（ベータ）を推定することによって測定される（Sloan 1996）。すなわち，この回帰係数 β を持続性とする。

$$X_{t+1}=\beta_0+\beta X_t+\varepsilon_{t+1}$$

当期 X の将来 X 間の関連性の強度を「持続性」として測定する。β 値が1に近づくほど，変数 X_t はより持続的であり，すなわち，高い持続性を有し，高い質の利益となるが，一方，β 値が0に近づくほど，低い持続性を有し，低い質の利益を示すことになる（Dechow and Schrand 2004, p. 12）[30]。

Schipper and Vincent（2003）は，持続性が表現の忠実性について次の2つの点で適合していないことを指摘している。それは，1つには，利益の持続性は会計基準や報告企業の営業環境両者の影響を受けるもので，ある経済環境下において持続性の低い利益は会計基準を中立的に適用した結果であるし，報告過程に経営者の裁量がある場合，本質的には持続性の低い利益が持続性の高い利益に変化する可能性が高いことである。もう1つには，資産および負債の経済的価値がランダム・ウォークに従っている場合は，正味の資産の変動（ヒックス的利益）は撹乱項がホワイトノイズ（残差の自己相関がないこと）になり持続性を示さなくなることがある点である。しかしながら，持続性尺度は，利益の質の分析に関して単独ではなく，さまざまな利益の質評価尺度の1つとして用いられている

(Francis et al. 2004；Machuga and Teitel 2007)。Dechow and Dichev（2002）および Dechow and Ge（2006）では，持続性と会計発生高の質や会計発生高の大きさとの関連性が示されているし，Francis et al.（2008c）で取り上げる利益の質評価尺度にも含まれているので，本書では，利益の質の評価尺度の1つとして第4章で検証する。

1.3.6 予測可能性（predictability）

5つめの利益の質評価尺度として予測可能性を示すことができる[31]。この予測可能性を考える場合，被予測指標について議論があるであろう。Francis et al.（2004；2008c）は，予測可能性を「利益が利益自体を予測する能力」と定義し，将来利益を被予測指標としている。一方，Dechow and Schrand（2004）は，将来の営業業績のすぐれた指標が質の高い利益であると示し，利益が将来キャッシュ・フローのすぐれた指標であるかに着目し，将来キャッシュ・フローを被予測指標としている。

Watts and Zimmerman（1986, pp.130-131）が「資本資産評価モデルには，将来キャッシュ・フローが必要であるが，将来キャッシュ・フローは利用可能ではないため，代理変数として将来利益を用いる」と示しているように，将来利益を予測することが伝統的な論拠であった[32]。

しかしながら，SFAS1の「当期利益は，将来キャッシュ・フローを予測するのに当期キャッシュ・フローよりもすぐれている」（FASB, 1978）がそれぞれ実証研究（Finger 1994；Barth et al. 2001）および「株価リターンは，実現した営業活動によるキャッシュ・フローよりも当期利益との関連性が高い」（Dechow 1994；桜井 1991；須田 2000）によって実証的に支持されてきたことをふまえて，企業評価において直接的に将来キャッシュ・フローを用いるようになってきたのである（Revsine 2002, p. 237）。Revsine（2002, p.237）は，当期利益，キャッシュ・フロー，当期の株価との関係を示すことによって，アナリストたちが，当期利益に関する情報を，その企業戦略や，産業間における関係等を統合させて将来キャッシュ・フローを予測するようになってきたことを示している。

図表1-2　株価と発生主義利益間の関係

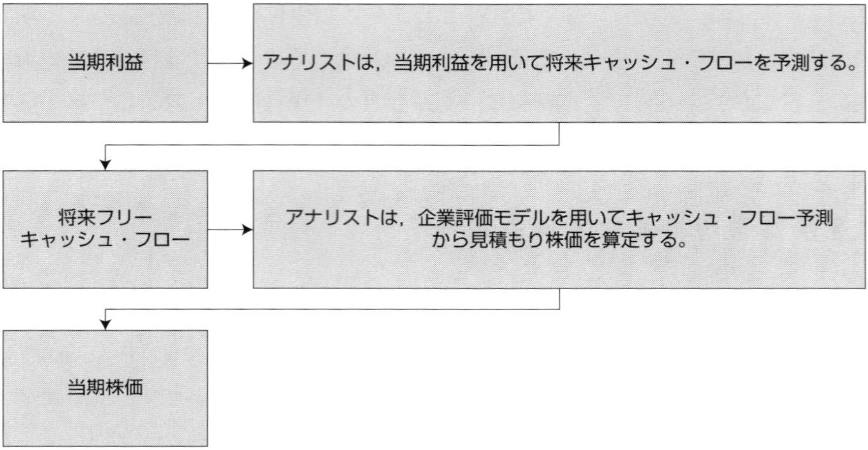

```
┌─────────────┐   ┌──────────────────────────────────────────────┐
│  当期利益    │ → │ アナリストは，当期利益を用いて将来キャッシュ・フローを予測する。│
└─────────────┘   └──────────────────────────────────────────────┘
       │
       ▼
┌─────────────┐   ┌──────────────────────────────────────────────┐
│ 将来フリー   │ → │ アナリストは，企業評価モデルを用いてキャッシュ・フロー予測 │
│ キャッシュ・フロー│   │        から見積もり株価を算定する。              │
└─────────────┘   └──────────────────────────────────────────────┘
       │
       ▼
┌─────────────┐
│  当期株価    │
└─────────────┘
```

出典）Revsine et al.（2002, p.236, 図6.1）

　そこで，Revsine et al.（2002, p.237）が示した当期利益，キャッシュ・フロー，当期の株価との関係からこの論拠を考察してみよう．図表1-2は，Revsine et al.（2002）が利益，キャッシュ・フロー，株価間の関係を示したものである．まず，アナリストは，当期利益情報に基づいて，企業の事業戦略や産業内における競合企業間の力関係などを統合させて持続可能な将来キャッシュ・フローを予測する．次に，発生主義会計に基づいて見越し計上や繰延べ計上からキャッシュ・フローに基づいて平準化させた利益値を作り出す．そして，その平準化させた利益から，割引された将来フリーキャッシュ・フローの見積もり値を算出する．そして最終的に，その割引フリーキャッシュ・フローをリスク調整割引レートとともに用いて見積もり株価を算出するのである（Revsine et al. 2002, pp. 237-239）．こうしたプロセスで企業価値が推定されており，投資者が当期キャッシュ・フローではなく当期発生主義利益を用いて将来キャッシュ・フローを予測できるようなってきたことを示している．こうして，企業価値を推定する財務分析の視点において，将来キャッシュ・フローの予測可能性も，利益の質評価尺度の1つとして考えることができる．

予測可能性の測定尺度としては，Francis et al.（2008c）は，$\sqrt{\sigma^2}$（等式 $\sigma X_{j,t} = \phi_0 + \phi_{1,j,t-1} + v_{j,t}$ の誤差項の二乗の平方根）を用いているが，一般的には予測誤差として，平均絶対誤差 MAE（mean absolute error），平均絶対誤差率 MAPE（mean of the absolute percentage error），平均平方誤差 MSE（mean square error），平方根平均誤差 RMSE（root mean square error）を用いることが多い。

1.3.7 平準化（smoothness）

6つめの利益の質評価尺度として，平準化尺度[33]を示すことができる。この平準化尺度は，経営者が会計発生高を通して利益のばらつきを削減する程度に関する指標である[34]。平準化尺度としては，利益の標準偏差の営業活動によるキャッシュ・フローの標準偏差にたいする比率（Leuz et al. 2003；Francis et al. 2004）や会計発生高と営業活動によるキャッシュ・フローのスピアマン順位相関係数（Leuz et al. 2003），利益変動額の絶対値の営業活動によるキャッシュ・フロー変動額の絶対値にたいする比率（Machuga and Teitel, 2007）を採用する研究がほとんどである。しかしながら，平準化尺度は解釈に注意を要する尺度である。Francis et al.（2008c）によれば，平準化は，経営者が将来利益に関する私的な情報を用いて一時的な変動を平らにしてより代表的な（標準的な）報告利益にするという考え方に基づいているという。こうした考えに基づけば，当期利益が将来利益の代表的な値に近づくほど利益の質は高く，より平準化された利益が質の高い利益となる。一方，Leuz et al.（2003）は，経営者の裁量行動を測定する一尺度として平準化尺度を示しているが，経営者が裁量を実施して報告利益を平準化する程度を平準化尺度と定義し，平準化尺度の値が小さい，すなわち平準化が少ないほど質が高いという考え方をとっている。このように，平準化尺度に関しては利益の質の評価基準が一貫しているわけではない。したがって，平準化尺度は，評価目的を明確にしたうえで慎重に検討しなければならない尺度といえる。

平準化尺度を利益の質分析尺度として用いている内部統制報告制度による影響研究には Francis et al.（2004）や Machuga and Teitel（2007）があるが，平準化

だけではなく，保守主義や異常会計発生高と併用して検証している[35]。

1.3.8　価値関連性（value relevance）

Francis et al.（2008c）は，価値関連性を会計数値が有する株式リターンの変動に関する説明力と定義している。利益の質評価尺度としての価値関連性は，会計数値がリターンに織り込まれる情報を説明するという考えに基づいており，株式リターンの説明力が大きい利益ほど高い質を有するとしている（Revsine et al. 2002；Francis et al. 2008c）。すなわち，Revsine et al.（2002）によれば，会計利益が，投資者にとって企業価値評価の重要な情報として考えられる場合，企業間における利益の差異が企業間におけるの株価の差異を説明するのに役立てば，そのような場合の利益を価値関連的であるという。

ここで，具体的な価値関連性の検定方法について，Revsine et al.（2002）に依拠して検討する。Revsine et al.（2002）は，次の等式を用いて一定時点における株価と会計利益間の統計的関連性を企業別に検証することを示している。

$$P_i = \alpha + \beta X_i + e_i$$

　　　P_i：企業$_i$の期末における株価
　　　X_i：企業$_i$の当該期間における報告利益
　　　α：定数項
　　　β：回帰係数
　　　e_i：利益では説明不能な株価のばらつきを反映する誤差項

会計利益が株価決定に適合的であるとすると，斜辺係数βは，利益と株価間の共分散を測定し正の符号となる。統計的にβが正の符号であるならば，企業間における利益の差異は企業間における株価変動の有意な部分を説明できるとする（Revsine et al. 2002, p. 239）。

それでは，なぜ利益の差異が企業間における株価の差異につながるのだろうか。それは，利益は持続的な構成要素，一時的な構成要素，非目的適合的な構成要素

に基づいており，企業ごとに利益の各構成要素の含有率が異なるからである。Revsine et al.（2002, p.242）によれば，利益の持続的，一時的，および非目的適合的な構成要素はそれぞれ次のような特徴があるという。(1)持続的な構成要素は，目的適合的かつ将来へ持続する部分であり，理論的にはこの部分の株価収益率（P/E比率）[36]は$1/r$に近づかなければならない。(2)一時的な構成要素は目的適合的あるが，将来への持続性は期待できない。一時的な利益は，一時的な事象あるいは取引から生じるので，この部分にたいするP/E比率は1.0に近づかなければならない。(3)非目的適合的な構成要素あるいはノイズの部分は，将来のフリーキャッシュ・フローや将来利益に関連しないので，当期の株価評価という目的には適合しない。そのような利益の部分は，ゼロのP/E比率となる[37]。

こうした，利益が持続的，一時的，および非目的適合的な部分で構成されているという理論は，$P_i = \alpha + \beta X_i + e_i$という回帰モデルに基づいて次のとおりに表すことができる。すなわち，X_t（利益合計）は，持続的，一時的，非目的適合的構成要素の合計額として表すことができる。

$$X_i = X_i^p + X_i^t + X_i^o$$

そして，この等式を，持続的，一時的，および非目的適合的構成要素の関数として株価を表した等式にすると以下のようになる。

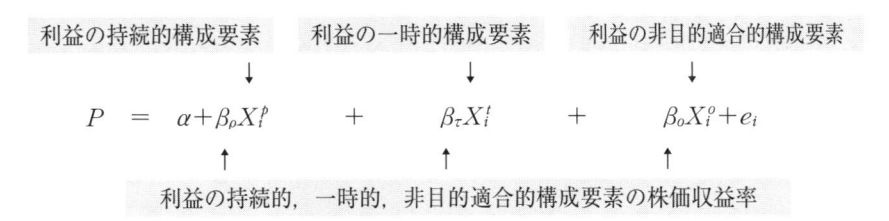

利益の持続的構成要素　　利益の一時的構成要素　　利益の非目的適合的構成要素
↓　　　　　　　　　↓　　　　　　　　　↓
$$P = \alpha + \beta_\rho X_i^p \quad + \quad \beta_\tau X_i^t \quad + \quad \beta_o X_i^o + e_i$$
↑　　　　　　　　　↑　　　　　　　　　↑
利益の持続的，一時的，非目的適合的構成要素の株価収益率

各利益の構成要素は，それぞれ異なるP/E比率β_ρ, β_τ, β_oを有する。理論的には，持続的な利益は，一時的な利益よりも高いP/E比率を有している。なぜなら，持続的な利益は将来へと持続すると期待されるからである，つまり，β_ρは，β_τよりも大きい。同様に，一時的利益のP/E比率は，非目的適合的な利益のP/E比率よりも大きい。なぜなら，非目的適合的な利益は，将来キャッシュ・

図表 1-3 株価収益率

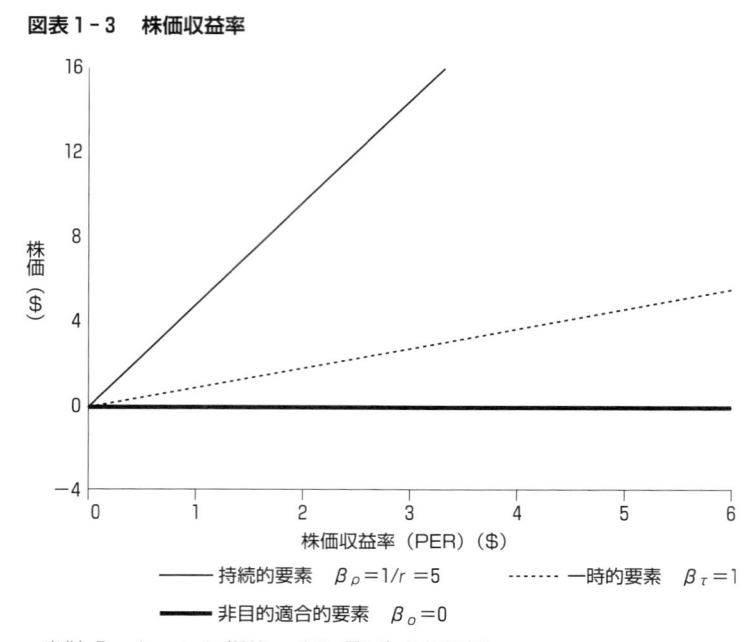

グラフ:
- 横軸: 株価収益率 (PER) ($)、0〜6
- 縦軸: 株価 ($)、-4〜16
- 持続的要素 $\beta_P = 1/r = 5$
- 一時的要素 $\beta_\tau = 1$
- 非目的適合的要素 $\beta_O = 0$

出典) Revsine et al.(2002, p.244, 図6.3) からの引用

フローにたいして何も影響を及ぼさないからである。つまり、β_Oは0であるが、β_τは1.0に近い値である。図表1-3は、各利益の構成要素のP/E比率に関する予測を示したものである。各線の斜辺が、利益の構成要素のP/E比率である。この場合のrは20%である。

ここで、持続的、一時的、かつ非目的非適合的利益の構成要素を区別する重要性を示すために、Revsine et al.(2002)が示した事例を検討してみることにしよう。図表1-4は、利益の各構成要素に対して株価収益率(earnings multiple)を適用して導出された予想株価および予想株価収益率とその導出過程の比較を示している。A社とB社の2つの会社があると想定しよう。両社とも一株あたり利益(EPS)は10ドルであるが、A社とB社の株価は同じではない。これはなぜなのか。このなぞは、A社の財務諸表および脚注について注意深く分析すると解けるのである。上で述べたように、利益は3つの構成要素に分類できる。A社

図表 1-4　利益の各構成要素にたいする株価収益率（PER）の適用

	A 社	B 社
一株あたり利益（EPS）	$10	$10
アナリストによる EPS 分解		
持続的構成要素	$10の60％＝$6	$10の50％＝$5
一時的構成要素	$10の30％＝$3	$10の20％＝$2
非目的適合的構成要素	$10の10％＝$1	$10の30％＝$3
資本コスト r＝20％で利益の各構成要素に適用される株価収益率		
持続的構成要素（β_p＝5）	5*$6＝30	5*$5＝25
一時的構成要素（β_r＝1）	1*$3＝3	1*$2＝2
非目的適合的構成要素（β_o＝0）	0*$1＝0	0*$3＝0
予想株価	$33	$27
予想株価収益率（株価／一株あたり利益）	3.3	2.7

出典）Revsine et al.（2002, p.244, 表6.1）

は，(1)60％が目的適合的かつ持続的である。(2)30％が，目的適合的であるが一時的である。(3)10％は非目的適合的である。一方，B 社は，50％が持続的，20％が一時的，30％が非目的適合的な利益である。さて，A 社，B 社の予想株価収益率はそれぞれいくつで各予想株価はいくらになるか。A 社の予想株価収益率3.3にたいしてB 社の予想株価収益率は2.7となり，予想株価はそれぞれ$33，$27となる。

　株価リターンの説明ができる部分である，持続的な構成要素が多い利益は，株価が高くなっている。すなわち，価値関連性が高い利益が，質が高いのである。そして，一時的あるいは非目的適合的な構成要素が多い利益の場合，利益の質は低いといえる。こうして，利益の質の違いは，投資者が株価を決定する際に報告利益に割り当てられる β，株価収益率の違いと関連しているのである（Revsine et al. 2002, p. 245）。今日までの研究では，資本市場は洗練されており利益の持続的，一時的，非目的適合的の各構成要素間を区別することを示している（Revsine et al. 2002, p. 245）。したがって，投資者は，企業価値の評価を行う際，利益に持続的部分，一時的部分，非目的適合的部分がどれくらい含まれているかを利益の質として，精査しなければならないといえる。

第1章　利益の質分析視点と利益の質評価尺度

1.4 本書のモチベーション
― SOX法適用が企業属性ファクター・裁量ファクターに与える影響 ―

　第2節では，利益の質がどのような視点から着目を集めているかを概念的かつ理論的に検討し，第3節では，利益の質評価尺度，すなわち，初期的概念，会計発生高の質，裁量的発生高，持続性，予測可能性，平準化，価値関連性について検討した。本節では，本書において，内部統制報告制度導入が財務報告の質にたいしてどのような影響を及ぼしたかについて検証するモチベーションを述べる。

　Francis et al.（2008c）の視点に依拠すると，利益の質の決定要因には企業属性ファクターと裁量ファクターがある。すなわち，ビジネスモデルや営業環境を反映する企業属性ファクター，財務報告過程を反映する裁量ファクターが利益の質に影響を与える。そして，この2つのファクターは利益の質を通して市場における結果（market outcomes）に直接的な影響を与える。企業属性ファクターは，ビジネスモデルや営業環境に基づき，裁量ファクターは，経営者の意思決定，情報システムの質，モニタリング活動，ガバナンス活動，会計規制による精査，会計基準（GAAP）に基づいていることはすでに述べたとおりである。

　本書では，すでに図表序-1で示したように，この利益の質の決定要因である企業属性ファクターおよび裁量ファクターの上に内部統制報告制度を据え，内部統制報告制度が，企業属性ファクターおよび裁量ファクターに影響を及ぼしたかどうかを財務報告の質の変化に焦点を合わせて検証する。すなわち，企業属性ファクターや裁量ファクターにたいするSOX法適用の影響は直接観察できないので，本書では，結果（outcomes）としての財務報告の質，すなわち，利益の質が変化したかどうかで評価する。

　SOX法は，企業の最高経営責任者（chief executive officer, CEO）および最高財務責任者（chief financial officer, CFO）両者に財務諸表の適正性と完全網羅性について宣誓させることを要求するとともに，罰則を規定している。これらの宣誓書規定は，CEOおよびCFOによる裁量行動の抑制要因となることが予想できる。また，粉飾決算にたいする訴訟責任（Lobo and Zhou 2006）も経営者による裁量行

動の抑制要因となると予想できる。そこで，第5章では内部統制報告制度適用前後において裁量的発生高が変化したかどうかを分析する。Krishnan (2005) は，経営者の質が内部統制の質と有意な関連性があることを示している[38]。SOX法適用によって内部統制システムが整備され，権限の分離が行われれば，経営者の裁量行動自体が抑制されると同時に，経営者の裁量行動が発見されやすくなる。また，SOX法適用に伴う外部監査人および規制当局による精査は，裁量行動の抑制要因となるであろう。一方で，SOX法適用以降も，経営者の証券市場インセンティブ（赤字回避，減益回避）や財務制限条項は維持されるため，裁量行動は抑制されず，会計的裁量行動から実体的裁量行動へシフトするという動きになる可能性もある。負債のガバナンス規律は裁量行動にたいして抑制，インセンティブになるかは不明である。

さらに，効果的な内部統制システムによって，財務報告過程にある見積もり誤差を削減できるし，会計情報の質に影響を及ぼす営業活動や戦略に付随するリスクを軽減できる (Brown et al. 2008, p. 1)。こうして，内部統制報告制度は，裁量ファクターに影響を及ぼし，結果としてSEC基準適用日本企業の利益の質を改良すると予想できる。図表1-5は，このSOX法適用に伴う裁量行動にたいする動機要因と抑制要因と，経営者の裁量行動にたいする影響を示したものである。

そこで，本書第5章では，まずSEC基準適用日本企業データを用いて会計的裁量行動，実体的裁量行動がSOX法適用前後において変化したかどうかを検証する。すなわち，会計的裁量行動，実体的裁量行動には促進要因および，抑制要因があるが，特に，SOX法適用以降，赤字回避，減益回避などの証券市場インセンティブや，負債のガバナンス規律はどちらの裁量行動に影響を与えたのかを分析する。

第5章では，利益の質の評価尺度である，裁量的発生高を用いて裁量行動の変化を検証するが，内部統制報告制度による裁量行動における変化は，別の利益の質評価尺度である，キャッシュ・フロー予測精度や会計発生高の質にも影響を及ぼすことが予想できる。内部統制報告制度に伴う外部監査人や規制当局による精査によって裁量行動は抑制されるし，整備された内部統制システムによって見積もり誤差も減少し，キャッシュ・フロー予測精度や会計発生高の質は高まると予

図表1-5 本書のモチベーション1（第5章）

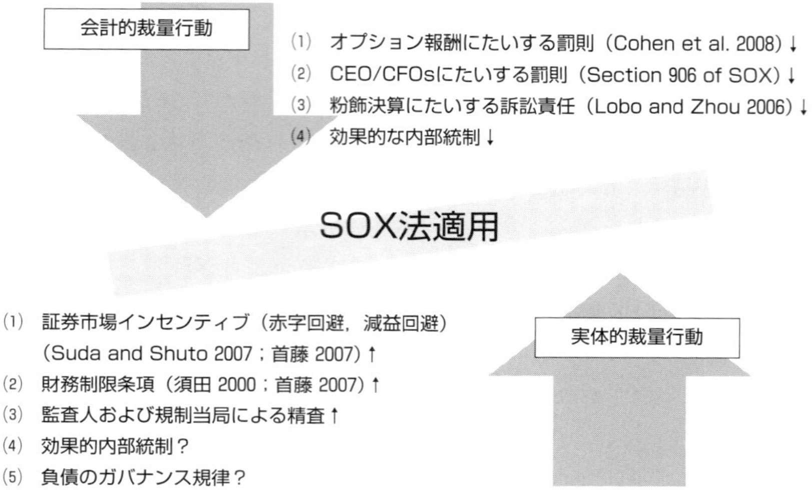

会計的裁量行動

(1) オプション報酬にたいする罰則（Cohen et al. 2008）↓
(2) CEO/CFOsにたいする罰則（Section 906 of SOX）↓
(3) 粉飾決算にたいする訴訟責任（Lobo and Zhou 2006）↓
(4) 効果的な内部統制↓

SOX法適用

(1) 証券市場インセンティブ（赤字回避，減益回避）（Suda and Shuto 2007；首藤 2007）↑
(2) 財務制限条項（須田 2000；首藤 2007）↑
(3) 監査人および規制当局による精査↑
(4) 効果的内部統制？
(5) 負債のガバナンス規律？

実体的裁量行動

図表1-6 本書のモチベーション2（第6章・第7章）

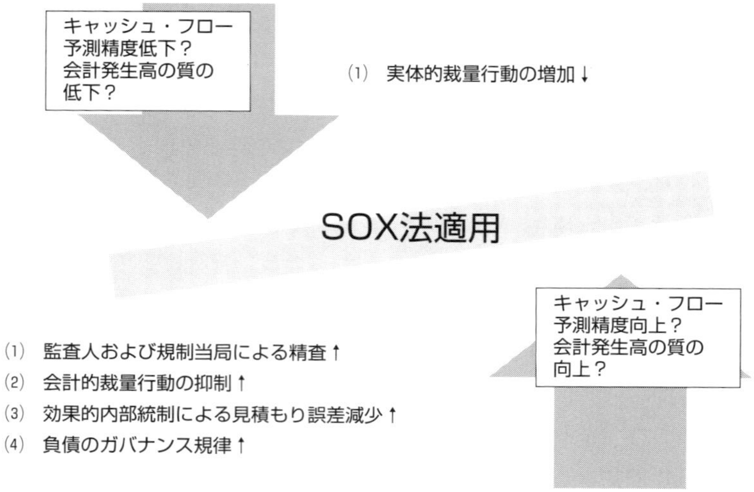

キャッシュ・フロー予測精度低下？
会計発生高の質の低下？

(1) 実体的裁量行動の増加↓

SOX法適用

キャッシュ・フロー予測精度向上？
会計発生高の質の向上？

(1) 監査人および規制当局による精査↑
(2) 会計的裁量行動の抑制↑
(3) 効果的内部統制による見積もり誤差減少↑
(4) 負債のガバナンス規律↑

想される。一方で，内部統制報告制度によって経営者が会計的裁量行動を抑制し，実体的裁量行動を増加させたとすれば，キャッシュ・フロー予測精度および会計発生高の質は低下すると予想できる。そこで，第6章では，内部統制報告制度の影響による裁量行動の変化も，裁量ファクターの1つと考え，利益の質の評価尺度である，キャッシュ・フローの予測精度に焦点を合わせて分析する。また，内部統制報告制度による裁量行動における変化は，会計発生高の質にも影響を与えることが予想できる。そこで，第7章では，裁量行動の変化が，利益の質評価尺度である，会計発生高の質にどのような影響を与えるのかを検証する。最終的には，利益の質評価尺度の1つである，会計発生高の質の決定要因を明らかにする。

1.5　本章の要約

　本書は，利益の質改善を目的に導入された内部統制報告制度の経済的帰結として利益の質の変化を分析することに主眼を置いている。
　そこで，本章では，本書で行う実証分析の前提として利益の質分析視点と，財務分析視点に基づく利益の質評価尺度について考察を行った。
　第2節において，本書が依拠する財務分析視点がどのような視点であり，その財務分析視点に依拠した利益の質概念を明らかにするとともに，財務分析視点が，幾つかある利益の質分析視点のなかでどのような位置づけであるかを確認し，いくつかの利益の質分析視点について理論的アプローチを体系的に解明した。
　本書が依拠する財務分析視点とは，これまでアナリストが企業評価において用いてきた視点であり，当期の業績が将来の業績指標となるかどうか，当期の株価が理論株価を反映しているかどうかという見地から利益の質を分析するというものであり，「永続的な利益」が高い質の利益とされる。そして，こうした視点に依拠すると，利益の質評価尺度として，持続性，予測可能性などが示されるのである。しかしながら，これらの利益の質評価尺度だけで利益の質を分析するのは不十分であり，利益の質は企業属性ファクターと財務報告過程ファクター（裁量ファクター）によって影響を受けるため，この2つのファクターの影響を測定す

る会計発生高の質や裁量的発生高が利益の質評価尺度として加えられるのである。

　第3節では，財務分析視点に依拠して検証する利益の質評価尺度を1つ1つ理論的に検討した。

　第4節では，財務分析視点というフレームワークにおいて，内部統制報告制度適用と利益の質との間に介在する企業属性ファクターおよび裁量ファクター，特に，裁量ファクターの動機要因と抑制要因が利益の質にどのように影響を及ぼすか検討し，本書のモチベーションとして提示した。

　本章では，利益の質概念を明確するために，まず利益の質を評価する視点を財務分析視点と明確に定めたが，利益の質分析視点には，財務分析視点の他に，意思決定支援機能および契約支援機能に基づく視点，FASB概念フレームワークの質的特徴に基づく視点，会計利益情報とキャッシュ・フロー情報の有用性に基づく視点があることを示した。こうした利益の質分析視点の分類方法は本書の独特な点である。

　また，従来の利益の質研究は，幾つかの利益の質評価尺度で包括的に検証した研究，あるいは各利益の質評価尺度に焦点を合わせた研究が主流であった。本章では，財務分析という視点に基づいて各利益の質評価尺度について考察し，これまで用いられてきた各利益の質評価尺度が企業価値評価という1つのフレームワークの中で位置づけられることを確認できた。

注
1)　「財務報告の質」という用語はディスクロージャーの質と同様客観的に明確にすることが難しい用語である。本書では，「財務報告の質」を「利益の質」と同義語として用いて，代表的な利益の質評価尺度で包括的に分析した要約的指標（the summary indicator of financial reporting quality）ととらえている。Francis et al.（2008c, p.14）は，利益の質を財務報告の質を要約的指標として用いるという理由として，「実際に財務報告の質全体を示す指標を認識し測定することはむずかしいこと，各利益の質評価尺度は，総合的な財務報告の質にたいして十分な統計値であり，たとえ十分な統計値ではないといっても財務報告過程における最も重要な結果を表す指標である研究者たちが考えているからである」と示している。本書において，利益の質，財務報告の質を代表的な利益の質評価尺度で分析した要約的指標ととらえるのは次の理由による。まず各利益の質評価尺度自体は，検証目的は異なるがこれまで多くの研究者が用いてきて一般的に妥当とされた統計値であり，各利益の質評価尺度自体が財

務報告過程を反映させる結果を示す指標であり，そうした利益の質評価尺度を複数用いて要約的指標を提示することは合理的と思われるからである。
2） 須田（2000, p.526）によれば，財務会計情報を契約で用いる場合は，会計情報を過去情報として検証可能で客観的な情報が要求されるが，一方，投資意思決定で用いる場合は，会計情報を予測目的で利用し，予測価値のある適時情報が選好されるという点で，情報の属性に違いが生じる。この須田（2000）に依拠して意思決定支援機能に基づく視点では，予測価値および適時性，契約支援機能に基づく視点では検証可能性と客観性というFASB概念フレームワークの質的特徴を選好的情報とする点を図表1-1に追加している。
3） Francies et al.（2008c）は，高精度の情報の質を評価する代替的なものとして，異なる質の結果（outcomes）と解釈される要約的指標に焦点を合わせる傾向があることを示し，その要約的指標の代表的なものとしてビット・アスクスプレッド（bid-ask spreads）やPINスコア（probablity-of-informed trading, PIN）を示している。
4） 会計基準設定者は，財務諸表の質を財務報告基準の質についての間接的指標としてみている。Schipper and Vincent（2003, p.99）は，「会計基準設定者は，自らが作成した会計基準が効果的なものであるかのフィードバックを得る場合，報告利益を含む財務諸表の質に焦点を合わせる」と示している。
5） 須田（2000, pp.22-23）は，「情報の非対称性により逆選択とモラルハザードの問題が生じ，その問題を解決するために財務会計が活用されている。財務会計の意思決定支援機能が果たされることで逆選択の問題が緩和され，財務会計の契約支援機能が遂行されることでモラルハザードが抑制される」ことを示している。本書においても，投資者が行う投資意思決定に役立つ情報提供機能を「意思決定支援機能」，エージェンシー理論から導出される投資者と経営者間の利害関係を調整するための監視システムやインセンティブシステムを有効に働かせる機能を「契約支援機能」と定義し，この財務会計の2つの機能について須田（2000）に依拠して，「意思決定支援機能」および「契約支援機能」と用いている。
6） Schipper and Vincent（2003）は，利益の質をFASB概念フレームワークに基づいた意思決定有用性視点で分析するアプローチをとっており，利益の質評価尺度として(1)利益の時系列特性，(2)FASBの概念フレームワークの質的特徴，(3)利益，会計発生高，キャッシュ・フロー間の関係，(4)実施上の意思決定の4つを提示している。
7） SFAC2では，信頼性を「情報が，誤差や変更がなく，表現しようとするものを忠実に表現することを確実にする情報の質」（FASB, 1980, CON2-6）と定義している。
8） SFAC2では，検証可能性を「情報が表現しようとするものを表現したり，誤差あるいは偏向なしで選択された測定方法が用いられたりすることを確実にする測定尺度間のコンセンサスによる能力」（FASB 1980, CON2-6）と定義している。検証可能性は，表現の忠実性を伴って，信頼性の質にたいする基礎を示している。
9） Schipper and Vincent（2003, p.98）自身は，利益の質を「報告利益がヒックス的利益概念を忠実に表現する程度」と定義している。すなわち，Schipper and Vincent（2003, p.98）

は，表現の忠実性（representational faithfulness）――「ある測定値または記述と，それが表現しようとする現象とが対応または一致すること」（FASB 1980, para. 63）によって展開された利益の経済的定義を用いて示している。ヒックス的利益とは，配当として支払われる費消されうる金額であり，正味の経済的資産の変動を意味する。

10) SFAS2 の目的適合性を構成する概念には，適時性（timeliness）があり，Dechow（1994, p.35）は，「実現キャッシュ・フローには適時性および対応原則に関して問題があるため，企業業績を反映させる可能性が若干低くなっている。しかしながら，会計発生高が，実現キャッシュ・フローに付随する適時性と対応原則の問題を軽減させている」と述べている。Basu（1997, p.15）によれば，利益の適時性がキャッシュ・フローの適時性よりもすぐれているのは，バッド・ニュースが会計発生高を通して適時的に認識されるからである。すなわち，会計発生高が特に非対照的な適時基準で将来キャッシュ・フローについてのバッド・ニュースの認識を可能にするのである。

11) 会計利益情報の構成要素である会計発生高には見積もりが含まれるが，会計利益のもう1つの構成要素であるキャッシュ・フロー情報には見積もりが含まれないという理由で，キャッシュ・フロー情報は会計利益情報よりも信頼性が高いと一般的には言われている。しかしながら，企業は，キャッシュ・フローを営業活動，財務活動および投資活動のどの区分に分類するかによって調整すること（分類的配分）ができるし，実際の営業活動を調整してキャッシュ・フローを調整すること（実体的裁量行動）が可能なのである（Dechow and Schrand 2004, p.11）。Dechow and Schrand（2004, p.11）は，ワールド・コム社が，マイナスのキャッシュ・フローを長期資産として費用を資産計上することによって営業活動区分から投資活動区分へ移動させたことを例として示している。こうして，会計利益情報とキャッシュ・フロー会計情報は，会計利益を決定する際に関与する見積もりや実体的裁量行動を含めた経営者の裁量行動の点から，SFAC2 における会計情報の質である「信頼性」と「目的適合性」に焦点を合わせて比較されることが多かった。

12) 大日方（2002）は，会計利益情報とキャッシュ・フロー情報の有用性比較に関する日米の実証研究を類型化して述べているので参照されたい。財務会計の意思決定支援機能としての会計利益情報の有用性に関する日米における調査については須田（2000）第6章を参照されたい。

13) FASB（1978）は，SFAC1 で「企業の利益およびその構成要素についての情報は，当期の現金の受取りおよび支払いについての情報よりも企業業績のすぐれた指標を提供する（FASB 1978, para. 44）」ことを示している。

14) Watts and Zimmerman（1986, p.60），須田訳（1998, p.79）は，次のように述べている。「期待外利益が，将来キャッシュ・フロー期待値の変更の指標として期待外当期キャッシュ・フローよりも優れているのならば，期待外利益と異常投資収益率の関係は，期待外キャッシュ・フローと異常投資収益率の関係よりも強いことになる。会計担当者が当期キャッシュ・フローを会計利益に転換させる発生主義会計の過程により，利益が，『永続的』利益や将来期

待キャッシュ・フローの指標として，当期キャッシュ・フローよりも優れたものとなる可能性がある。」

15) Beaver（1998, p.6）は，「発生主義は，将来キャッシュ・フローについての経営者の期待を示し，過去および当期キャッシュ・フローよりもより潜在的に包括的情報システムに基づいている。すなわち発生主義は，将来の暗黙的，明示的な予測に関与し，現金受取および現金支出に含まれない情報を伝える。したがってFASBによって提示されているように，発生主義は，キャッシュ・フローを転換させ，当期のキャッシュ・フローが行うよりも将来キャッシュ・フローおよび配当支払い能力についてのすぐれた予測指標を提示する」と示している。

16) Revsine et al.（2002, pp.236-237）は，「生産設備支出100,000ドルは，購入時に全額資産計上され，製品を生産するのに用いられる将来期間にわたって減価償却されることを示して，この耐用期間と減価償却方法が，資産使用から生じる将来の便益を反映しているので，発生主義会計が自動的に資本的支出取引にたいして長期的，多期間にわたる視野を構成している」と示している。

17) Revsine et al.（2002, p.237）は，発生主義会計のもとでは，顧客からの前受金は現金を受領したときではなく，前払金が稼得されるような将来期間にわたって利益として認識される。こうして，キャッシュ・フローはボラティリティがある数値であるが，発生主義会計利益は，毎年のキャッシュ・フローにあるボラティリティを長期的な視野を考慮して平準化されたものとなっていることを示している。

18) 収益の実現基準とは，実現基準を意味し，収益は実現基準によって認識される。費用収益対応原則とは，費用に関連した収益が認識されるまで費用の認識は繰り延べられることを意味している（Dechow and Schrand 2004, p.11）。

19) Dechow（1994, p.22）は，さらに，利益が営業活動によるキャッシュ・フローよりも強い株価との関連性を有しているかどうかを検証して，利益とOCFの回帰係数βがそれぞれ1.297，0.328であることを示している。すなわち，利益は，短期的にはキャッシュ・フロー以上に株価リターンとの関連性が高いこと，短期的には企業業績のすぐれた指標であることを示している。

20) 米国における会計利益情報とキャッシュ・フロー情報の有用性比較研究に関しては，中島（2003）を参照されたい。

21) 日本では，利益の質についての検討は，キャッシュ・フロー論者を中心として展開されてきた。1999年3月に，キャッシュ・フロー計算書基準「連結キャッシュ・フロー計算書等の作成基準の設定に関する意見書」が日本で公表されたが，キャッシュ・フロー計算書が日本において制度化される前から，日本を代表するキャッシュ・フロー論者である鎌田（1999）および佐藤（1999）は，キャッシュ・フロー情報の役立ちの1つとして「利益の質」の評価を主張してきた。

22) Francis et al.（2008c）は，異常会計発生高（abnormal accruals）を利益の質測定尺度と

して示しているが，本書では裁量的発生高（discretionary accruals）として示し，第5章で実証する。
23) Schipper and Vincent（2003）は，利益，会計発生高とキャッシュ・フロー間の関係から引き出された概念を利益の質評価尺度としており，この概念をさらに，営業活動によるキャッシュ・フローの利益にたいする比率（Palepu et al. 2000），全会計発生高の変動（DeAngel 1996），会計ファンダメンタルを用いた異常会計発生高の推定（Jones 1991），会計発生高とキャッシュ・フロー間の関係にたいする直接的推定（Dechow and Dichev 2002）に分けている。
24) Palepu et al.（2004, pp.3-6-3-11）は，利益にたいする営業活動によるキャッシュ・フローの比率を利益の質評価尺度としている。Palepu et al.（2004）は，アナリストが会計情報の質を評価するためには(1)会計方針の認識，(2)経営者の会計方針や見積もりについての弾力性の査定，(3)会計戦略の評価，(4)ディスクロージャーの質の評価，(5)潜在的な危険信号の認識，(6)会計数値におけるゆがみを元通りにする，の6つを行うことが必要であると示している。彼らは，(5)の「潜在的な危険信号」の1つとして，企業が報告する会計利益と営業活動によるキャッシュ・フロー間の増大したずれを示している。「発生主義会計数値がキャッシュ・フローと異なることは適法であるが，もし企業の会計方針が同じであるなら通常利益とキャッシュ・フロー間には安定した関係が存在しなければならない」と述べる。(6)の会計数値のゆがみを元通りにすることについては，次のように示している。「企業の報告数値が誤解を導くものであることが分析によって明らかになった場合，アナリストはできる限り報告数値を訂正してそのゆがみを少なくするようにしなければならない。もちろん，外部情報だけを用いてゆがみを完全に元通りにすることは不可能ではあるので，キャッシュ・フロー計算書や注記情報を用いる。キャッシュ・フロー計算書は発生主義会計とキャッシュ・フロー会計に基づいた業績の調整を示すものである。アナリストは，企業の発生主義会計情報の質に確信がもてない場合，キャッシュ・フロー計算書で損益計算書の個別の項目とキャッシュ・フローとの関連性をみてみる必要がある。」
25) Siegel（1991）は，財務アナリスト，MBA学生を対象にアンケート調査を実施して，財務アナリスト，MBA学生が，それぞれ「利益の質」をどのようにみているかを明らかにしている。
26) 佐藤（1993）は，社会関連情報について企業評価で用いられている利益の質分析の考え方を適用して検討し，そのなかでSiegel（1991）の利益の質についての4つの注意点や利益の質評価に関する13の論点を詳細に説明しているので参照されたい。
27) PCAOB，監査基準書第7号（SAS No. 57, Section 342）では，会計上の見積もり（accounting estimates）とは「財務諸表要素，項目，あるいは勘定上の概算である」とし，「会計の見積もりは，過去の財務諸表にしばしば含まれる。それは，(1)ある金額の測定や勘定の評価が不確実で，将来確定的な事象が未定である，(2)過去に発生した事象に関する適合的な情報が適時に費用効果的に蓄積されない，という理由からである。会計上の見積もりは，過去

における事業取引の影響や，資産負債の現在価値を測定するものである」と示している。日本における監査基準委員会報告書第13号（中間報告）（日本公認会計士協会 1997）に，「会計上の見積もりの監査」があり，その第３項で，会計上の見積もりの定義をSAS No.57とほぼ同様に定義づけている。この中間報告付録において，会計上の見積もりを要するものの例示として，「市場性のない，有価証券の実質価値，棚卸資産の正味実現可能価額，受入担保資産の評価額，リース資産の評価額，リース資産の現在価値，貸倒引当金，賞与引当金，退職給付引当金，返品調整引当金，製品保証引当金，修繕引当金等の引当金，工事進行基準による工事収益，償却資産の減価償却額」を記載している。

28) 非裁量的発生高を推定するこれらのモデルについては，須田（2000, p.239；2008）を参照されたい。

29) 結果を頑強なものにするため，非裁量的発生高推定モデルとしてDeAngelo（1986）モデルを企業別時系列分析として加えることにする。

30) 持続性についてDechow and Schrand（2004, p.16）が次のような事例を示して説明している。ある企業が１ドルの利益を稼得した場合，当期利益がすべて利益の場合は当期利益のうち84セント分が次年度の利益となる。当期利益のうちの会計発生高が大部分である１ドルの利益は，76.5セント分が次年度の利益となり，営業活動によるキャッシュ・フローが大部分である１ドルの利益は，85.5セントが次年度の利益となる。すなわち，キャッシュ・フローが大部分を占める利益は，会計発生高が大部分を占める利益よりも次期の利益となりやすい，すなわち，持続性が高いのである。

31) 「予測可能性」は，FASB概念フレームワークの質的特徴に基づく視点においても，利益の質評価尺度の１つとして示されている。FASB概念フレームワークの質的特徴に基づく視点における予測可能性は，SFAS2が「会計情報が予測価値を有すると言うことは，会計情報がそれ自体１つの予測値という意味ではなく，予測過程へのインプットとしての値を意味している」（FASB 1980, para.53）と示しているように，予測過程にたいする１つのインプットとしての予測能力，すなわち，利用者による予測能力を改良するための財務報告情報の能力を示している。また，桜井（2003）は，会計情報が具現すべき最も重要な質的要件として，目的適合性と信頼性の２つをあげ，利用目的にたいする適合性をもつには会計情報はキャッシュ・フローの予測を可能にするものではなければならないとし，これを可能にする会計情報が「予測価値」をもつといわれると示している。この論拠からも，FASB概念フレームワークの質的特徴に基づく視点において予測可能性が利益の質評価尺度の１つであると考えられる。

32) 大日方（2002, pp.378-379）が，会計情報の有用性をめぐる実証研究において用いられてきた伝統的なパラダイムについて述べている。

33) 本書では，断りがなければ，平準化は利益平準化のことを示す。利益平準化は，企業の通常と考えられているある水準の利益について変動を恣意的に弱めること（Barnea, Ronen and Sadan 1976, p.111）や，時系列を「望ましい」および「平準化された」傾向にするために利

益の数値を調整する経営者の試み（Ronen and Sadan, 1981, p. 1）などと定義されてきた。Gu (2005) は、利益平準化の定義を「報告利益のボラティリティを削減するために、会計発生高を用いてキャッシュ・フローのボラティリティを相殺すること」、Fudenberg and Tirole (1995, p.75) は、「利益の時系列あるいは利益報告をあまりばらつきがないようにするために操作する過程」と定義としている。本書では、Gu (2005) に依拠して利益平準化を「報告利益のボラティリティを削減するために、キャッシュ・フローのボラティリティを相殺すること」と定義する。

34) Schipper and Vincent (2003) は、利益平準化という概念を income somoothing という語ではなく the relative absence of variability とばらつきがない程度としている。

35) 本書では「平準化」を1つの利益の質評価尺度とした実証分析を行っていないが、本書第6章において、Leuz et al. (2003) に依拠した定義である、会計利益のボラティリティ対 OCF ボラティリティ比率を保守的会計的裁量行動尺度として用いている。この保守的会計的裁量行動尺度を利益の質評価尺度としての「平準化」尺度とみることもできるので、参考にされたい。

36) P/E 比率とは、株価収益率のことであり、Revsine et al. (2002) など財務関連テキストでは earnings multiple と使われることも多い。

37) Revsine et al. (2002, pp.242-243) は、この3つの構成要素は、多区分損益計算書の構造に対応していると述べている。すなわち、(1)継続的営業活動からの損益（income from continuing operations）は、一般的に企業の利益の循環的、経常的部分であり、持続的な構成要素に対応する。(2)営業活動停止から生じた損益および異常損益（income from discontinued operations and extraordinary gains and losses）は、非循環的で、一時的な構成要素としてみなされ、経常的な利益部分よりも低い株価収益率となる。(3)会計方針の変更は、株主にたいして将来のキャッシュ・フローとならない利益にたいする「累積的影響額の調整（cumulative effect adjustment）」を引き起こすものであり、非目的適合的な「ノイズ」とみなされている。

38) Krishnan (2005) は、内部統制の問題は経営者の質に関連すると予想し、経営者が公認会計士（CPA）資格保有者かどうか（経営者の専門性）、CFO として会計および財務部門を監督した経験があるかどうか（経営者の職歴）、また、過去に SEC による強制法に抵触したかどうか（経営者の倫理観）を各変数としてこれらの変数が内部統制の問題と有意な関連性を有しているかどうかを検証し、経営者の CFO としての職歴や倫理観が内部統制の問題と有意な負の関連性があることを示している。

第2章

内部統制報告制度の宣誓書規定

2.1　本章の目的

　SOX法の主要目的は,「証券取引法に準拠して行われる企業のディスクロージャーの正確性および信頼性を改善することによって投資者を保護すること」(U.S. House of Representatives 2002, p. 1) とうたわれている。SEC (2003, v) は,「SOX法の主要目的の1つは, 財務報告の質を高め, 証券市場における投資者の信頼性を増加させることである。……財務報告に係る内部統制の設定および維持は, 経営者の重要な責任となった」と経営者に内部統制システムの整備に関する責任があることを明記している。

　公開会社会計監視委員会 (PCAOB) が「財務報告にかかる内部統制は, 財務報告の信頼性に関して合理的な保証を提供する過程である。定義によると良好な内部統制は, より信頼性の高い財務情報に帰結することになる。内部統制 (システム) は, 財務諸表の虚偽記載となる誤謬や不正を防止および (あるいは) 検出することを目指している」(PCAOB 2004, para. 7. p. 155) と示していることもあり, 内部統制システムは, 会計不正の防止, 検出を目的としていると一般的には考えられている。しかしながら, SEC (2003) によると, SOX法が経営者に内部統制

図表2-1　内部統制報告制度の目的に関する考え方

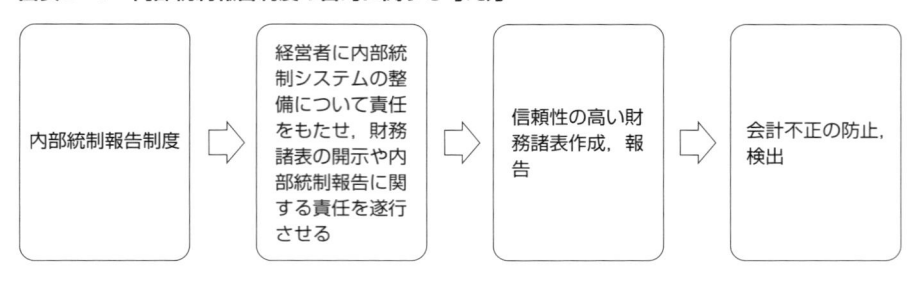

内部統制報告制度 → 経営者に内部統制システムの整備について責任をもたせ，財務諸表の開示や内部統制報告に関する責任を遂行させる → 信頼性の高い財務諸表作成，報告 → 会計不正の防止，検出

システムの整備に責任をもたせ，財務諸表の開示や内部統制報告に関する責任を遂行させることによって結果的に信頼性の高い財務諸表作成，報告につながるという流れになっており，図表2-1に示すように，「内部統制報告制度」とその最終目的である「会計不正の防止，検出」との間には「経営者の内部統制および財務報告に関する責任」および「信頼性の高い財務諸表開示」の2つが介在すると考えられる[1]。

本書のリサーチ・クエスチョンは，内部統制報告制度が財務報告の質の向上をもたらしたのかである。すなわち，「SOX法の主要目的の1つは，財務報告の質を高め，証券市場における投資者の信頼性を増加させることである」（SEC 2003, p. v）というSECの言明がサポートできたかどうか検証することが本書の目的である。財務報告の質（financial reporting quality）は，Francis et al.（2008c, p.10）の「財務報告情報が資本分配の目的で作成，開示，利用される過程とその情報の質」という定義に依拠する。Krishnan（2005）によれば，内部統制問題の責任は，経営者の過去における職業経験や経営者がもつ倫理観を総合した「経営者の質」と関連性があるという。また261社が開示した493の重大な欠陥の科目を調査してみると，経営者の不正が23件であることを示しており（Ge and McVay 2005），経営者の姿勢は，財務報告が行われる企業環境に影響を及ぼす重要なファクターであり，上級管理者の不正は内部統制の環境が有効ではないことを意味している。すなわち，有効でない内部統制には，通常内部統制にたいする上層部における姿勢（Tone at the Top）が反映されているのである（National Commission on Fraudulent Financial Reporting 1987, p.11；Glassman 2002）。こうしたことから，経

営者の財務報告に関する意思決定が，利益の質を決定づける要因（Francis et al. 2008c, p.18；Jiang et al. 2008)[2]になっていることが予想できる[3]。したがって，本書のリサーチ・クエスチョンを解明する鍵は，経営者の裁量行動にあると予想できる。

そこで，本章第2節では，第302条，第404条および第906条という宣誓書規定（宣誓書規定)[4]が内部統制報告制度に織り込まれた理由を考察し，第3節で第302条，第404条および第906条という各宣誓書規定の内容を明確にする。第4節では，この宣誓書規定が経営者の裁量行動にどのように影響を与えるのかを検討する。そして，第5節で，本章で明らかになったことを要約する。

2.2 宣誓書規定がSOX法に織り込まれた理由

SOX法が導入されたのは，エンロン社やワールド・コム社による会計不正[5]事件が契機であったといわれているが，特に第302条，第404条および第906条という宣誓書規定がSOX法に織り込まれるようになった直接的な要因は，エンロン社CEO（最高経営責任者）のJeffrey Skilling氏が議会で述べた証言といわれている（Geiger and Taylor 2003）。彼は，エンロン社の会計不正について問われたときに「会計は私の責任領域ではなく，CFO（最高財務責任者）の領域である」と答えたのである。そして，彼は財務報告開示の監督責任もCEOの正規の領域ではなく，エンロン社の会計士や弁護士の領域であると主張した[6]。実際，2003年のサーベイ調査（Newswire 2003）も，3分の1の回答企業がCEOは，ディクロージャー前の会計数値に関するレヴューに参加していないことを示している。確かに，これまでの米国上場企業CEOの多くは，会計や財務の専門性や経歴を有するわけではなかったし，取締役会は，CEOにたいして財務の専門家としてではなく，対外的な代表者としての役割を期待していた。結果としてCEOは販売やマーケティングに専門性がある人が就任したのである（Geiger and Taylor 2003）。こうしたCEOの財務報告にたいする責任の欠如が会計不正へつながったと考えられたのと，一連の会計不正事件からCFOが財務報告の質に影響力が

ある（Jiang et al. 2008）という考え方に基づいて[7]，SOX法では，CEO，CFO両者にたいして財務報告および開示にたいする法的責任を負わせることになったわけである。次から始まる節において宣誓書規定について検討する。

2.3 各宣誓書規定の概要

　第302条，第404条および第906条規定は，宣誓書規定とされている。第302条は，CEOおよびCFOにたいして，年次および四半期財務諸表の適正性，内部統制の適正性，「開示の統制および手続き（disclosure controls and procidures）」に関する適正性をレヴューし，報告書が不実でない（untrue statement of a material fact）こと，財政状態，経営成績，およびキャッシュ・フローに関するすべての重要な点において適正表示（fairly present）していることを宣誓することを規定している。第302条では年次および四半期報告書の適正性に関する宣誓者は報告書内に「証拠書類（an exhibit）」としてファイルすることになっている。第404条は，経営者による内部統制評価報告書に関する外部および独立監査人が公表する監査報告書とともに，CEOおよびCFOにたいして，内部統制報告書形式で財務報告に係る内部統制を評価する報告書を作成開示することを規定している。第906条は，年次および四半期報告書の適正性についての宣誓書を報告書に証拠書類として「付属させる」ことを規定している（Gould and Short 2007）。また，宣誓書規定違反にたいする罰則も記載している。こうして，SECは，宣誓書規定によって企業風土づくりに責任のあるCEOにたいして企業の開示統制および財務報告の質にたいする最終的な責任をもたせるようにし，不正のない企業風土には「上層部における姿勢（Tone at the Top）」が重要であることを示したのである（Glassman 2002）。

　それでは，第302条，第404条，第906条各宣誓書規定の内容はどのようなものであろうか，それぞれ次項において考察する。

2.3.1 第302条宣誓書

　第302条は，CEO および CFO にたいして財務諸表およびその他の財務情報の適正な開示を宣誓させる規定である。Geiger and Taylor（2003, pp.361-362）によれば，第302条規定は GAAP を適用すれば企業の財務業績に関する適正性や完全網羅性という内容を満たせるというものではなく，以下の3つの点で GAAP の財務報告規定よりも広範囲に適正性および完全網羅性の基準を満たさなければならない規定であるという。まず，第302条は，企業にたいして正当で受け入れ可能な会計手続きを適用するというだけではなく，妥当な会計手続きを適用することを規定しているという。また，第302条は情報価値がありかつ基礎となる取引および事象を合理的に反映する財務情報を開示すること，投資者が企業の財務状況，営業業績，およびキャッシュ・フローについて正確かつ完璧な情報を得るのに必要な追加的開示を行うことも規定している。さらに，第302条は，注記を含めた財務諸表にたいしてだけではなく，「経営者による財政状態および経営成績の討議と分析（Management's Discussion and Analyses of Financial Condition and Operating Results (MD&A)）」[8]やその他報告書に含まれるその他すべての公的な開示にも適正性や完全網羅性が適用されると規定している。したがって，CEO および CFO は，当然ながらこの MD&A で開示される分析や予想にも責任をもたなければならなくなったのである。

　Geiger and Taylor（2003, p.362）によれば，こうした第302条の規定は，CEO および CFO に会計的専門知識に精通することを余儀なくさせただけではなく，GAAP に準拠しているだけでは財務開示規定を満たしているわけではないことを認識させることになったという。もっといえば，第302条規定は，経営者にたいして GAAP 準拠を最低ラインとする，投資者にとって有用な情報の提供を奨励する規定となったといえよう。現行の会計基準には経営者に一定の裁量行動が認められているが，この第302条規定のもとでは，CEO や CFO は，たとえ GAAP 範囲内の正当な会計手続きだとしても攻撃的裁量行動を適用しないようになるだろうし，むしろ会計的裁量行動の中でも情報提供目的の会計的裁量行動

を適用するようになることが予想される[9]。

2.3.2　第404条宣誓書

　第404条は，上場企業にたいして経営者の内部統制システム維持にたいする責任を確約し，年次報告書において，内部統制システムの有効性を評価する「内部統制報告書」を含めなければならないという規定である。

　SEC（2003, B3）によれば，この内部統制報告書には，次の4つを含めることが規定された。1つめは，財務報告に係る内部統制の設定，維持について経営者に責任があることを明示するステートメント，2つめは，経営者が，企業の財務報告に係る内部統制の評価を行うためのフレームワークを識別するステートメント，3つめは，企業の内部統制が有効であるかを含めた内部統制の有効性に関する評価報告書である。その評価には経営者によって発見された「重大な欠陥」の開示を含めなければならない。なお，経営者は1つ以上の重大な欠陥が発見された場合は企業の内部統制が有効であることを結論づけることは許されないと規定されている。さらに，4つめは，外部監査人が経営者による内部統制有効性評価に関するアテステーション報告書を発行したというステートメントである（SEC 2003）。この監査人によるアテステーションは，監査基準書第5号（AS5）によって廃止されることになる。

2.3.3　第906条宣誓書

　第906条は，一般的に罰則規定として知られており，第302条や第404条とは異なっている点である。具体的には第906条は，CEOおよびCFOにたいして年次報告書および四半期報告書が全規定に適合していないことを知りながら不実な宣誓を行った場合の罰則を科したものである。会計不正を知りながら不実な宣誓を行った場合は百万ドルの罰金および・あるいは10年以下の禁固刑，会計不正を知りながら，故意に不実な宣誓を行った場合は500万ドルおよび・あるいは20年以下の禁固刑[10]となっている。この第906条によって，CEOおよびCFOは，自分

図表 2-2　第302条と第906条の主要な特徴の比較

特　徴	第302条	第906条
効力日	2002年8月29日 （最終規定は2003年8月14日）	2002年7月30日 （最終規定は2003年8月14日）
宣誓書の形式	CEO および CFO それぞれ別個の宣誓書	CEO および CFO 両者によって署名入りの1つの報告書
宣誓書を含める報告書*	年次および四半期報告書を含めてすべての報告書	年次報告書および四半期報告書
宣誓する内容*	財務情報が正確で完璧であること、開示統制や手続きが維持されていること、財務報告に係る内部統制の適正性	年次・四半期報告書内の財務情報は、すべての重要な点において「適正に開示されている」こと、年次報告書や四半期報告書が、SEC 規定に「完全に準拠している」こと
GAAPへの準拠	GAAP 以上の準拠	裁判所の解釈未決定
統制委員会の開示	SEC によって推奨	裁判所の解釈未決定
監査委員会の外部監査人とのコミュニケーション	CEO および CFO は、内部統制上の重大な欠陥を開示しなければならない	裁判所の解釈未決定
誓約書を開示する方法	各報告書に「証拠書類」としてファイリング	各報告書に証拠書類として「付属させる」
法的強制力	SEC	裁判所
不実な宣誓書にたいする罰則	SEC 訴訟	裁判所の告発

出典）Geiger and Taylor（2003, p.366, 図1）
　　　この図表は Geiger and Taylor（2003）に依拠しているが、＊については筆者が若干加筆している。

が会計不正に関与していない場合でさえも刑事責任が問われるようになったのである。こうした罰則規定は、GAAP 違反である会計不正の抑制策となることが予想できる。

　第906条の特徴としては、他には第302条と内容的に類似している点を示すことができる（Geiger and Taylor 2003, p.364）。第906条は、年次および四半期財務諸表だけが対象ではあるが、CEO および CFO にたいして、あらゆる重要な点において適正開示（fair presentation）されていることを宣誓することを要請している。Geiger and Taylor（2003, p.364）、第906条のこの適正開示規定が第302条に

類似しているため，第906条に証券取引法規定に完全に準拠した報告書であることを宣誓するという規定が追加されたという（Fisher and Karpf 2003, p. 364）。すなわち，第906条には，年次および四半期財務諸表の内容が1934年証券取引法の規定に「完全なる準拠（fully complies）」をしていることを宣誓しなければならないという規定が追加されたのである。第906条と第302条は，他にも宣誓書の提示方法や宣誓書形式など若干異なっている点が幾つかある[11]。図表2-2は，第906条と第302条の規定内容を比較したものであり，相違点について確認されたい。

2.4　宣誓書規定が経営者に与える影響

　これまで，SOX法に織り込まれた宣誓書規定を検討してきた。以上から分かるように，宣誓書規定は，CEOおよびCFOにたいして財務情報の内容と質および内部統制システムについての監視と適正開示の責任をもたせ，不実な宣誓を行った場合の罰則を規定したものであった。こうした宣誓書規定によって，CEOおよびCFOは財務報告および開示に積極的に関与し，内部統制システムの評価を責任をもって行うようになると予想できる。また，この宣誓書規定は，これまでの上場企業の開示規定以上の位置づけである連邦法規定となり，法的に義務づけられた内部統制報告規定となる（Schwartz and Freedman 2002）。そのため企業倫理や法遵守に責任を有するようになったCEOおよびCFOは，これまで以上に企業倫理や規定遵守を徹底するようになるであろう。Geiger and Taylor（2003, p.367）が指摘するように，この宣誓書規定は規定遵守を通して財務報告と開示をおのずと改良するものであるが，開示規定と同様に宣誓書規定が有する倫理や精神を忠実に遵守していくことによって財務報告の正確性や透明性が実際に増大していくことになると期待できるであろう。

　それでは，この宣誓書規定は財務報告の質を決定づけるファクターの1つである裁量行動にたいしてはどのような影響を及ぼすのであろうか。裁量行動は，現行の会計基準において経営者にある程度認められているものであるが，第906条によってGAAP範囲を逸脱する裁量行動が抑制される可能性は高い。また，第

302条によって，裁量行動がたとえGAAP範囲内で正当な会計手続きの適用であっても，妥当な会計手続きかどうか精査されることから会計的裁量行動自体の実施が控えられるようになると思われる。あるいは，情報価値がある財務情報の開示を求める第302条によって，経営者は，利用者の有用性を高めるような，情報提供目的の会計的裁量行動を適用していくようになると予想できる。

2.5　本章の要約

　本章では，内部統制報告制度の各宣誓書規定について，宣誓書規定がSOX法に織り込まれた背景，各宣誓書規定の内容，宣誓書規定が経営者に与える影響の3つに焦点を合わせて検討した。それは，本書が財務報告の質における内部統制報告書制度の経済的影響を分析することに主眼を置いているため，内部統制報告制度，すなわち宣誓書規定がどのような内容であり，その宣誓書規定の内容が，どのように経営者の裁量ファクターに影響を与えるのかについて明らかにしておく必要があったことによる。

　第2節において，経営者の財務報告および開示にたいする責任の欠如が会計不正を招いた最大の要因であることから，内部統制報告制度では，宣誓書規定によって経営者に財務報告および開示にたいする法的責任をもたせるようにしたことが分かった。第3節において，第302条，第404条，第906条の各宣誓書規定がどのように経営者にたいして内部統制や財務報告の責任をもたせるようにしているのかを確認できた。各宣誓書規定の特徴を要約すれば次のとおりとなる。第302条は，妥当な会計手続きを適用すること，情報価値があり投資者が必要な追加的情報も開示すること，財務諸表だけではなくすべての公的な開示にも適正性や完全網羅性を満たすことを宣誓させる規定である。第404条は，経営者に内部統制の有効性を評価する報告書を作成開示させる規定であり，第906条は，宣誓書規定違反にたいする罰則規定であった。経営者は，宣誓書規定によって財務報告の内容と質および内部統制に責任をもつだけではなく，企業倫理や法遵守にたいする責任をもつようになったことが分かった。第4節では，宣誓書規定が経営者に

与える影響について検討を行った。特に第906条でGAAP違反するような裁量行動が抑制されること，第302条で会計的裁量行動自体の実施が抑制されるとともに，むしろ情報提供的な会計的裁量行動を適用するようになっていくことが予想できることを示唆した。

そこで，第5章では，内部統制報告規制の宣誓書規定によって影響を受けた経営者の裁量行動における変化が，どのような経営者の動機によって影響を受けた結果であるのか，裁量行動の内部にある経営者の動機要因と抑制要因に焦点を合わせて検証する。

第6章，第7章において，SOX法による経営者の裁量行動の変化が財務報告の質にどのような影響を及ぼすかについて実証分析を行って解明する。

付録資料　内部統制報告制度の概要

米国における内部統制報告制度導入の社会的背景

本章では，内部統制報告制度に織り込まれた宣誓書規定の内容と宣誓書規定が経営者に及ぼす影響について検討した。本書における分析で用いるデータは，SEC基準適用日本企業であるので，日米両国における内部統制報告制度導入までの社会的背景および両国の内部統制報告制度の内容の比較について概略を示しておくことにする。

公開会社会計監査委員会（Public Company Accounting Oversight Board, PCAOB）は，監査基準書第2号『財務報告に係る内部統制監査（Auditing Standard No. 2, *An Audit of Internal Control Over Financial Reporting Performed in Conjunction with an Audit of Financial Statements*, AS2)』を公表し（PCAOB 2004），SECが2004年6月17日にこのAS2を承認した（SEC 2004）。PCAOBは，SOX法施行後2年経た時点でSOX法遵守によるコスト負担や経営者にたいする追加的指針の必要性などを検討するために，2005年4月，2006年5月の2回，SECと円卓会議を実施した。SECは，円卓会議からのフィードバックおよび一般からのコメントを精査して，2006年12月15日に経営者のための解釈指針（Management's Report on Internal Control over Financial Reporting）を公表した（SEC, 2006）。

そして，PCAOB は，同年12月19日に監査基準書（改正案）『財務諸表監査と統合される，財務報告に係る内部統制監査（Proposed Auditing Standard, *An Audit of Internal Control Over Financial Reporting that is Integrated with an Audit of Financial Statements*）』を公表した後，2007年5月24日に監査基準書第5号（Auditing Standard No. 5, *An Audit of Internal Control Over Financial Reporting that Is Integrated with An Audit of Financial Statement*, AS5）を公表し，AS2 を廃止した。この AS5 は，同年7月25日に SEC によって承認され，2007年11月15日以降に終了する会計年度にたいする監査から有効となった。AS5 では，「財務報告に係る内部統制は一般に認められた会計原則に準拠した企業の財務報告および財務諸表作成の信頼性について合理的な保証を提供するために計画される過程である」（PCAOB 2007, para.A5 p. 57）と明示された。

AS5 には，強制要件の削減，企業規模や複雑性に対応，監査人の監査に伴う不必要な手続き削減，監査人にたいして原則主義の適用という4つの特徴がある（SEC 2007）。この AS5 の4つの各特徴点は次のとおりである。

(1) 強制要件の削減：AS2 にあった強制要件は，AS5 では大幅に削減された。すなわち，監査人の判断において，実際に必要である領域において検定を実施することに焦点を合わせている。

(2) 企業規模や複雑性に対応：AS5 の至るところに，小規模企業にたいして基準をどのように適用するかを説明した注記が存在するようになった。AS5 では，企業の内部統制システムは，監査基準に適合させるために計画されるのではなく，むしろ，財務諸表の質を改良するという意図的な目的を達成するために計画される必要があるからである。

(3) 監査人の重要領域への集中と，監査に伴う不必要な手続き削減：AS5 は，経営者による不正を防止するために考案される過程や管理に近い，財務諸表など高リスクの可能性がある業務に監査人を集中させる。また，監査人は，検定を削減するために，前年度までの監査において蓄積された知識を用いることが容認された。AS2 は，監査人にたいして経営者による内部統制有効性評価に意見表明することを要求していたが，AS5 は，経営者の評価過程が監査の焦点ではないことを明確にし，むしろ，監査は，企業の財務報告に係る内部統制

の有効性に焦点が合わせられた。

(4) 監査人の他人による作業の利用に原則主義アプローチ適用：原則主義アプローチとは，監査人にたいして，他人による作業の範囲を決定する際，専門的な判断の適用を容認することである。AS5では，監査人が内部統制監査において，内部監査人以外の人によってなされた検定やその他の内部統制作業を用いることを明確に容認するようになったのである。この原則主義アプローチでは，当該作業を実行する客観性や能力についての監査人の検討に基づいている。こうして，監査人が他人による作業の利用をいつ，どの程度できるかについて決定する際，監査人が検討しなければならなくなったのである。

AS2からAS5への大きな改正点としては，まず，AS5では，内部統制監査と財務諸表監査との一体的実施となった点を示すことができる。AS2（PCAOB 2004, E. p. 8）でも，財務諸表および財務報告に係る内部統制についての統合的監査が記載されていたが，この2つの監査は，目的およびその実行に係る作業が密接にしているので統合されなければならないという記載にとどまっていた。AS5では，財務報告に係る内部統制監査は，財務諸表監査と統合されなければならないと明示され，両監査の目的はまったく同じではないが，監査人は，両方の目的を達成するために作業を計画，実行しなければならない（PCAOB 2004 Bylaws and Rules, paras 6-7）と，両監査の一体的実施を要請している。また，報告に関しては，財務諸表に関する意見と財務報告に係る内部統制についての意見とを結合させた報告書か，企業の財務諸表についてと財務報告に係る内部統制についてを別個の報告書のどちらかを選択することができるようになった（PCOAB 2004, Release page. A1-34, para. 86）。

次に，監査人による「経営者の内部統制有効性評価」についての意見表明することが廃止された点を改正点として示すことができる。すなわち，AS5では，監査人は，直接的な内部統制の有効性について意見表明（ダイレクト・レポーティング）が要請されることになった。AS2では，経営者の内部統制の有効性評価についての意見を表明することが内部統制監査と定義されていたため，監査人は，経営者による内部統制の有効性評価についての意見表明と，財務諸表が適正に記載されているかどうかについての意見表明を行うことになっていた。したがって，

監査人は，直接的な内部統制の有効性についての意見表明に加えて，経営者による内部統制の有効性についての意見表明と，財務諸表監査が要請されていた。しかしながら，AS5では，監査人によって経営者による内部統制の有効性について監査はされるが，意見表明は廃止され，内部統制の有効性についての意見表明（ダイレクト・レポーティング）だけになった（PCAOB 2004, para. A11）。AS5は，外部監査人による「経営者の内部統制有効性評価」についての意見表明は要請していないが，「SECに準拠して経営者が，アニュアル・レポートのなかで提示することが要請されている『財務報告に係る内部統制について』を評価しなければならない」（PCAOB 2007, para. 72）と規定している。すなわち，外部監査人は，経営者による内部統制評価をまったく評価しないわけではなく，アニュアル・レポートに含められる「経営者による内部統制評価について」は評価はするのである。

さらに，AS2では，内部統制の不備（control deficiencies），重要な不備（significant deficiencies），重大な欠陥（material weaknesses）の各定義が曖昧であること，3区分が曖昧であるという批判が多かったので各定義と各区分を明確にした点を示すことができる。AS5では，重大な欠陥は，「企業のアニュアル・レポートおよび中間報告書において，重大な虚偽記載が適時に防止あるいは検出できない合理的可能性（reasonable possibility）が存在するような，財務報告に係る内部統制における，1つの不備あるいは複数の不備である」（PCAOB 2007, para. A7）と定義された。重要な不備は，「重大な不備よりも深刻性は低いが，企業の財務報告の監督に責任がある人々の関心を引くのに十分重要な財務報告に係る内部統制における1つの不備あるいは複数の不備である」（PCAOB 2007, para. A11）と，不備（deficiency）は，「ある内部統制の計画および実施が，経営者あるいは従業員にたいして，割り当てられた職務を行う通常の一連の流れにおいて，適時に虚偽記載を防止あるいは発見させることができない場合に存在するもの」（PCAOB 2007, para. A3）とそれぞれ定義づけられた。

それでは，どのような場合に内部統制の不備が重大な欠陥に該当するのかをみてみる。図表2-3は，内部統制の不備を区別する基準を示したものである。左がAS2での内部統制の不備の評定基準であり，右がAS5の内部統制の不備の評

図表 2-3　「重大な欠陥」の決定基準

AS2	AS5
重要性 (Significance)	重大な虚偽記載 (Material Misstatement)

AS2側：
- 縦軸：重要 (Material) ／ 非重要 (Immaterial)
- 横軸：発生可能性 (Likelihood)　Remote 低 ～ 高 Probable
- 重要 × 高 Probable のセルに「重大な欠陥」

AS5側：
- 縦軸：深刻 (Severe) ／ 低深刻 (Less Severe)
- 横軸：発生可能性 (Possibility)　Remote 低　合理的可能性 (Reasonable)　高 Probable
- 深刻 × 高 Probable のセルに「重大な欠陥」
- 低深刻 × 合理的可能性のセルに「重要な不備」

出典）AS2 は Ramos（2004）からの引用で，AS5 は Ramos（2004）による AS2 に基づいて筆者が作成した。

定基準である。AS2 では，内部統制の不備については，「発生可能性（likelihood）」と「重要性（significance）」の 2 つの基準で評定され，重要性が高い誤りが内部統制の不備から生じている可能性が高い場合に「重大な欠陥」と考えられていたことが分かる。

　AS5 への改正点は 2 つあり，まず，AS5 では，AS2 において重大な虚偽記載（material misstatement）の 1 つの評定基準であった「発生可能性（likelihood）」を財務会計基準書第 5 号（FAS5）『偶発債務会計（*Accounting for Contingencies*)』（FASB, 1975）の第 3 項の偶発債務が発生する可能性の基準に準拠させて，*Probable, Reasonably Possible, Remote* の 3 区分と一致させた「発生可能性（possibility）」という評定基準に変更した点である。もう 1 つとしては，AS5 では，さらに内部統制の不備に関する「深刻性（severity）」を評定基準として加えた点である。すなわち，監査人は，内部統制の不備が個別，複合的にかかわらず重大な欠陥であるかどうかを決定するためには内部統制の不備の深刻性も評価することになったのである（PCAOB 2007, AS5, para. 62）。内部統制の不備に関する深刻性は，(1)勘定残高や開示に関する虚偽記載を防止，検出することができない可能性が高いかどうか，(2)内部統制の不備から生じる虚偽記載の大きさで測定されるかどうかを基準としている（PCAOB 2007, AS5 2007, para. 63）。さらに，AS5 の特徴としては，内部統制の不備について，虚偽記載が実際に発生したかどうか

ではなく，企業の内部統制が虚偽記載を防止，検出できない合理的可能性があるかどうかであると明記した点をあげることができる（PCAOB 2007, para. 64）。

日本における内部統制報告制度導入の社会的背景

　本書は，SEC基準適用日本企業のデータを用いて内部統制報告制度による影響を解明することを目的としている。本書における研究は日本の内部統制報告制度に関する研究のパイロット・スタディの役割を果たすことを意義としているので，日本における内部統制報告制度導入の社会的背景のあらましと日米の内部統制報告制度の比較を示しておくことにする。

　日本では，1996年以来，金融システム改革が行われ，その一連の改革の1つとして会計制度改革もすすめられてきた。しかしながら，2004年に，カネボウ粉飾決算事件などの会計不正が相次いだことを受けて，金融庁は，市場の信頼性の確保および回復を目的にディスクロージャー改革を実施してきている。金融庁は，2004年11月に「ディスクロージャー制度の信頼性確保に向けた対応について」[12]を公表し，推進すべき方策の1つである有価証券報告書等の審査体制として，全企業にたいして株主の状況等についての開示内容を自主的に点検させ，必要があれば訂正有価証券報告を提出するよう指導した。1か月後の同年12月に，金融庁は，全企業による自主的点検についての回答を踏まえ，「ディスクロージャー制度の信頼性確保に向けた対応について（第2弾）」を公表し，不正を防ぎ，発見する内部統制システムの構築を促進した。

　また，「経営者による確認書」が2002年に監査手続きとして位置づけられた[13]。さらに，2005年3月期決算から，内部監査等の状況や，社外取締役・社外監査役の独立性，会計監査人の監査体制や監査継続年数等についてなど，コーポレート・ガバナンスに関する情報，および，親会社に関する情報，の2つの項目についての開示が義務づけられた。それは，開示会社に親会社が存在する場合に，当該開示会社の経営，コーポレート・ガバナンスの状況等を把握するために重要な情報であるためである。金融庁は，2005年11月には，全企業にたいして当該2項目の開示状況について重点審査を実施し，記載内容が不適切と認められた事柄がある企業にたいして訂正を求め，167社から訂正有価証券報告書が提出された。

この結果をみると,コーポレート・ガバナンスにたいする取り組みに企業間で差異があると思われる。

2004年から2005年にかけて,日本でも不適切な会計報告が相次いだこともあり,ディスクロージャー制度の信頼性を確保するために,金融庁は2006年6月に金融商品取引法を制定した。内部統制報告書提出義務は,この金融商品取引法内に記載されている。内部統制の評価等に関する基準については,企業会計審議会が,2005年7月の「財務報告に係る財務統制の評価及び監査の基準」の公開草案を経て2005年12月に,「財務報告に係る内部統制の評価及び監査の基準」(案)を公表した。これを受けて,企業会計審議会作業部会が,2006年11月21日に,公開草案「財務報告に係る内部統制の評価及び監査に関する実施基準」を公表し,12月20日までパブリックコメントを収集した。そのパブリックコメントに基づいた慎重な審議の結果,企業会計審議会は,2007年2月15日に,『財務報告に係る内部統制の評価及び監査の基準並びに財務報告に係る内部統制の評価及び監査に関する実施基準の設定について(意見書)』を公表し,上場企業は,2008年4月1日以後開始する事業年度から財務報告に係る内部統制の経営者による評価と公認会計士による監査が義務づけられることになった。

なお,SOX法では第302条宣誓書に対応するともいえる,「有価証券報告書の記載内容の適正性に係る確認書」は,証券取引法のもとでは2004年3月期から添付書類としての任意提出であった。しかしながら,金融商品取引法のもとでは,「当該会社代表者が,有価証券報告書等の記載内容が金融商品取引法令に基づき適正であることを確認した旨」を記載した書面は「確認書」となり,この確認書は,上場企業が有価証券報告書を提出する場合,有価証券報告書等と併せて内閣総理大臣に提出することが2008年4月1日以降開始する事業年度から義務づけられることになった(金融商品取引法第24条の4の2)。

こうして,日本の上場企業は,J-SOX法の施行に向けて内部統制環境整備に取り組むようになったのである[14]。

内部統制報告制度の日米比較

SOX法およびJ-SOX法は,日米両国における国内企業および国際展開を行う

企業が当該法規制を遵守することによってコーポレート・ガバナンスを強化し，財務報告の質を高め，日米各国における資本市場の信頼性回復および発展に貢献することを目的に規定されている。

　J-SOX法では，「内部統制監査」の定義は，「経営者による財務報告に係る内部統制の有効性の評価結果に対する，監査人による監査」となっている（企業会計審議会 2006, p.16）。米国においても，AS2では，「内部統制監査」の定義は「経営者による財務報告に係る内部統制の有効性の評価結果に対する，監査人による監査」となっていた。米国では，2006年12月の改正監査基準が公表される前は，AS2において監査人は，「経営者による内部統制の有効性の評価結果」の監

図表2-4　内部統制に関する基準書の内容についての日米比較

	定義の日米比較	米国旧監査基準書第2号（AS2）	米国現行監査基準書第5号（AS5）	日本版SOX法（J-SOX）
経営者による内部統制有効性評価に対する意見表明	内部統制監査（日本）	○	×廃止（2007年5月24日）	○実施
「監査人による直接的内部統制監査」監査人が自らの意見を表明すること	・「内部統制監査」（米国） ・ダイレクト・レポーティング（日米同じ）	○実施	○実施	×実施しない
監査人による財務諸表監査	財務諸表監査（日米同じ）	○実施	○実施	○実施
内部統制監査と財務諸表監査の一体的実施		—	○強調	○実施
内部統制監査報告書と財務諸表監査報告書の一体的作成		—	○監査人は一体的作成か別個の作成かを選択可能.	○実施
内部統制の不備の分類と各区分の名称		重大な欠陥（material weaknesses），重要な不備（significant deficiencies），内部統制の不備（control deficiencies）の3区分	重大な欠陥（material weaknesses），重要な不備（significant deficiencies），内部統制の不備（control deficiencies）の3区分	重要な欠陥，不備の2区分

査と，自ら直接的な内部統制の有効性を評価する監査が要請されていた。この重複する業務が監査人に負担になるという批判が多く，AS5 では，監査人による「経営者による内部統制有効性評価」についての意見表明を廃止し，ダイレクト・レポーティングすなわち直接的な内部統制についての意見表明だけを要請するに至った。日本においては，「内部統制監査」は，「経営者による財務報告に係る内部統制の有効性の評価結果」にたいする財務諸表監査の監査人による監査（企業会計審議会 2006, 第1項, 16）と定義されているので，日本の定義である「内部統制監査」は日本においては実施されるが，ダイレクト・レポーティングについては，日本では採用されないことになる。現在における内部統制報告制度の日米比較は，図表2-4に示したとおりである。

注
1) SEC（2003）は，コスト・ベネフィット分析において「有効な財務報告に係る内部統制システムは，投資者が利用する信頼性の高い財務諸表およびその他の情報を作成するのに不可欠である。財務諸表や財務報告に係る内部統制に関する経営者の宣誓書や，財務報告に係る内部統制の有効性に関する経営者による評価を要求することによって，投資者は経営者のスチュワードシップ責任や財務諸表およびその他非監査情報の信頼性についてより理解を深めることになる」と続けていることから，「経営者の内部統制および財務報告に関する責任」および「信頼性の高い財務諸表開示」の2つが介在すると考えられる。
2) Departement of Justice（2007）の報告書には，エンロン社やワールド・コム社など各会計不正事件において誰が不正に関与したかを示している。この報告書に基づいて，Jiang et al.（2008）は，経営者が財務報告の質に影響を及ぼすと示唆できると述べている。
3) Ceniceros（2003）によれば，国際的企業の専務取締役である John Tonsick 氏は財務諸表に関する不正の80件は CEO あるいは CFO が関与していると述べたという。
4) SOX 法の第302条，第404条および第906条はそれぞれ異なる規定内容であるが，3つをまとめて言及する場合，本書では，宣誓書規定と呼ぶことにする。
5) 本書での会計不正とは，須田（2007, p.21）に依拠して「特定の状況下にある企業の経営者が，一般に認められた会計基準に反する手続きによって利益を計上するプロセス」とし，粉飾決算等を指している。
6) Geiger and Taylor III（2003）によれば，Skilling 氏はハーバード大学ビジネススクール修士号（MBA）取得者であったが，会計を真価のあるものと評価していなかったという。
7) Department of Justice（2007）によれば，2002年7月9日時点における会計不正は，1,236件であり，そのうち，CEO が関与した不正が214件，CFO が関与した不正が53件，企

業カウンセラーあるいは弁護士が関与した不正23件，社長が関与した不正が129件であった。企業が1934年証券取引法財務報告規定に違反した場合に摘発・処罰される詳細を公表するものが，SECの「会計と監査に関する執行措置通牒」（Accounting and Auditing Enforcement Release, AAER）である（須田 2000）。Erickson et al.（2006）は，1996年1月から2003年12月までのAAERの調査を通して，AAER公表につながる会計不正の50％はCEOあるいはCFOが関与していることを示している。

8) MD&A規定は，日本では2003年4月1日以降に開始する事業年度から有価証券報告書に記載することが規定されている。
9) 攻撃的裁量行動および会計的裁量行動については第5章で述べるので，そちらを参照されたい。
10) SOX法第1106条「1934年証券取引法の罰則規定強化」として，1934年証券取引法第32条(a)が次にように修正されたことが明記されている。(1)100万ドルの罰金あるいは10年以下の禁固刑から，500万ドルの罰金あるいは20年以下の禁固刑へ，(2)250万ドルから2500万ドルの罰金へ。
11) 第302条宣誓書は，年次報告書の中に事例としてファイリングされるが，第906条宣誓書は，報告書に付随する書類として提示されると規定されていた。しかしながらSEC（2003）最終規定では，第302条および第906条宣誓書は報告書の一部として含められて提示することが規定された。ただし，第906条宣誓書については報告書に付属させることも容認された。
12) 金融庁は，ディスクロージャー制度にたいする信頼性確保のために，1.有価証券報告書等の審査体制，2.公認会計士等にたいする監督，3.開示制度の整備，4.市場開設者にたいする要請という4つを推進するとしている。
13) 「経営者による確認書」とは，2002年，日本公認会計士協会（監査基準委員会）によって公表された「監査基準委員会報告書第3号」における「経営者からの書面による確認のうちの，監査人が監査意見の表明に当たって入手する経営者による確認書」（日本公認会計士協会 2002）のことをいう。この「経営者による確認書」については，2008年10月に「「経営者による確認書」の一部改正について」が公表され，2008年9月30日以後終了する事業年度に係る監査及び中間会計期間に係る中間監査から適用されることになった。
14) 日本における上場企業経営者の内部統制にたいする意識調査に須田・佐々木（2005）および佐々木他（2008）がある。佐々木他（2008）は，2005年調査とほぼ同じ質問票を2007年にも日本上場企業にたいして送付し，カネボウ粉飾決算事件およびJ-SOX法公表前後での企業の内部統制にたいする意識の変化を調査したものであり，2007年調査時では内部統制にたいする意識が高まったことが示されている。

第3章

先行研究レヴュー

3.1 本章の目的

　本書のリサーチ・クエスチョンは，内部統制報告制度の適用は財務報告の質を変化させたのかである。そこで，本章では，「内部統制と財務報告の質に関する研究」をレヴューする。「内部統制と財務報告の質に関する研究」は，「財務報告の質における内部統制報告制度による影響研究」と，「内部統制の不備（internal control deficiency）[1]と財務報告の質との関連性に関する研究」の2つに大きく分類できる。まず「財務報告の質における内部統制報告制度による影響研究」の考察を通して内部統制報告制度が財務報告の質に与えた影響に関する研究における発見事項を確認する。次に，「内部統制の不備と財務報告の質との関連性に関する研究」を検討する。本書の調査対象はSEC基準適用日本企業であり，重大な欠陥を開示したSEC基準適用日本企業が公表された[2]（日本経済新聞 2006年12月15日）が，本書のサンプルに限定すると個数が少ないため統計分析は難しく本書では実証分析として取り上げていない。しかしながら，「内部統制の不備と財務報告の質との関連性に関する研究」では，内部統制の不備と企業属性ファクターとの関連性も分析している。企業属性ファクターは利益の質の決定要因の1つ

である（Doyle et al. 2007b；Francis et al. 2008c）ので，これらの先行研究レヴューを通して内部統制の不備と企業属性ファクターとの関連性を考察することは，内部統制報告制度による各利益の質評価尺度にたいする影響の検証にとっても有用だと思われる。

「財務報告の質における内部統制報告制度による影響研究」では，それぞれ幾つかの利益の質評価尺度を用いて検証している。そのため，利益の質評価尺度のそれぞれについての先行研究も検討しておく必要がある。前章でも述べたが，利益の質自体の定義，利益の質分析視点および利益の質評価尺度は多岐にわたっている。利益の質評価尺度を分類するアプローチとして代表的なアプローチとしては，Dechow and Schrand（2004）および Francis et al.（2008c）の財務分析アプローチと，Schipper and Vincent（2003）の FASB 概念フレームワークの質的特徴に基づいたアプローチがある。本章では，Francis et al.（2008c）アプローチに依拠して，Francis et al.（2008c）が提示した会計ベースの利益の質評価尺度に焦点を合わせて先行研究を考察する。

日本での内部統制報告制度は，2009年3月期から内部統制報告書が公表され，今まさに始まったばかりである。本章で調査する研究は米国における研究が中心である。内部統制報告制度はダイレクト・レポーティングの有無などで両国に差異はあるが，この差異を考慮して検討すれば，SOX 法による利益の質における影響に関する先行研究レヴューは，日本企業における内部統制報告制度の影響研究に1つの役立ちとなるであろう。

残りの構成は次のとおりである。第2節では内部統制と財務報告の質に関する研究を検討し，第3節では，財務報告の質である「利益の質評価尺度に関する先行研究」を調査する。

3.2　内部統制と財務報告の質に関する研究

3.2.1　財務報告の質における内部統制報告制度の影響研究

　内部統制報告制度導入以降，財務報告の質における内部統制報告制度が与える影響について研究が構築されてきている（Lobo and Zhou 2006；Bedard 2006；Machuga and Teitel 2007；Leggett 2008；Cohen et al. 2008；Brown et al. 2008）[3]。「財務報告の質における内部統制報告制度が与える影響研究」は，国際的には米国SOX法導入前後における財務報告の質の変化研究が多く蓄積されているが，米国以外の国々においても内部統制報告制度が導入されており，本章ではメキシコおよびドイツにおける先行研究も提示する。

　「財務報告の質における内部統制報告制度による影響研究」は，内部統制報告制度の目的である財務報告の質を改善させたかどうかを解明することを目的とし，財務報告の質の代理変数として取り上げる利益の質評価尺度として，裁量的発生高，会計発生高の質，持続性，平準化，保守主義が改善されたかどうかについての証拠を提示している。

　Lobo and Zhou（2006）は，裁量的発生高およびBasu（1997）モデルの保守主義尺度を用いてSOX法導入以降，経営者の財務報告に係る裁量行動が変化したかどうかを分析している。その結果，Lobo and Zhou（2006）は，SOX法導入以降，企業が低い裁量的発生高を報告していること，利益を報告するときに利益よりも早めに損失を認識することを示し，この2つの結果から，経営者がSOX法導入以降，裁量行動をより保守主義的にさせたことを示している。

　Altamuro and Beatty（2006）は，連邦預金保険公社改善法（Federal Deposit Insurance Corporation Improvement Act, FDICIA）[4]によって要請された内部統制改革が銀行の財務諸表で報告される利益の質を改良したかどうかについて検証している。Altamuro and Beatty（2006）は，利益の質評価尺度として持続性，予

測可能性，利益反応係数（earnings response coefficient, ERC）に焦点を合わせて，FDICIAの影響を受けた銀行グループとFDICIAの影響を受けていない銀行グループ（すなわちADR企業）の利益の質を比較検証し，FDICIAによって影響を受けた銀行における利益の質は，FDICIA導入以前よりも改善されていることを示している[5]。さらに，彼女らは，追加的検証によって利益の質の改善は，FDICA以降における増加した利益の裁量行動の結果ではなく，内部統制報告規制改革による効果であることを示している点が興味深い。

Cohen et al.（2008）は，会計不正事件発生前後およびSOX法導入前後で経営者の裁量行動に変化があったかどうか調査している。その結果，Cohen et al.（2008）は，会計的裁量行動がSOX法導入前に増加しSOX法導入以降に有意に減少，実体的裁量行動はSOX法導入以前に減少し，SOX法導入以降有意に増加したことを示している。Cohen et al.（2008）は，SOX法導入以降における会計的裁量行動の減少は主に利益増加型裁量行動の減少によることを示し，すなわち，投資者，監査人，規制当局による精査の増大やインセンティブ報酬にたいする罰則によってSOX法導入以降における裁量的発生高が減少したことを示している。

Leggett（2008）は，利益の質評価尺度として利益の持続性に焦点を合わせ，SOX法導入以降利益の持続性が高まったことを示している。彼女は，Lobo and Zhou（2006）研究の裁量的発生高の減少および保守主義の向上という実証結果から，利益の持続性が高まることを予想する。また，SOX法や良好な内部統制は経営者に財務報告の適正性および信頼性に責任をもたせ，結果的に，見積もり誤差や裁量的発生高が減少することによって利益の持続性が改良すると予想し，実証結果から利益の持続性がSOX法導入以降高まったことを示している。

Machuga and Teitel（2007）は，メキシコにおける上場企業（Mexican Stock Exchange, Bolsa）（メキシコ国内上場企業）および米国のADRメキシコ企業のサンプルを用いて，それぞれの利益の質がメキシコ版内部統制報告制度（Corporate Governance Code）制定前後で変化したかどうかを検証している。Machuga and Teitel（2007）は，利益の質評価尺度としてLeuz et al.（2003）に依拠した平準化尺度，すなわち，利益増加額の絶対値対営業活動によるキャッシュ・フロー増加額の絶対値比率（$|\Delta NI|/|\Delta OCF|$），損失の適時認識（timely loss recognition），異常

会計発生高を用いている。その結果，メキシコ国内上場市場企業は，利益の平準化，損失の適時認識，異常会計発生高すべての尺度において経営者の裁量が減少し，利益の質が改善された結果が示されたが，ADR 企業は，利益平準化と損失の適時認識においてだけ質の改良があったことが示された。Machuga and Teitel（2007）は，このメキシコ国内上場企業と ADR 企業間で異なる結果は報告規制およびインセンティブが反映したものであると示唆している[6]。Machuga and Teitel（2007）は，結論としては，メキシコ国内上場企業がメキシコ版内部統制報告制度導入後に運転資本会計発生高に基づいて利益の質を改良させたことを示している[7]。

Brown et al.（2008）は，ドイツ上場企業のサンプルを用いて利益の質がドイツ版内部統制報告制度（German legislation on control and transparency, KTG）制定前後で変化したかどうかを検証している。Brown et al.（2008）は，利益の質測定尺度として Basu（1997）に依拠した損失の適時認識，平準化尺度として利益の標準偏差値対営業活動によるキャッシュ・フローの標準偏差値比率（$|\sigma NI|/|\sigma OCF|$）および Δ 会計発生高と ΔOCF 間のスピアマン順位相関係数を用いている。その結果，ドイツの企業は，損失の適時認識，利益の予測可能性が高まったこと，会計発生高を用いた利益平準化が減少したことが示された。これらの結果から，ドイツの内部統制報告規制は利益の質を増加させたことを示している。

SOX 法の主要目的の１つは財務報告の質を向上させることである。SOX 法は，財務報告制度を改革したわけではないが，企業に財務報告の質の変化をもたらしたことが以上の先行研究によって明らかにされている。こうして，日本以外の「財務報告の質における内部統制報告制度による影響」研究について調査してきたが，採用される利益の質評価尺度や各利益の質評価尺度の推定モデルが多様化していること，利益の質の変化に関する検証方法も母平均差分析や Moore and Pfeiffer（2004）に依拠した方法など異なっていることが分かった。現時点では，財務報告の質における内部統制報告制度の影響の測定に関してどの利益の質評価尺度および検証方法が最適かを示唆することはできない。そこで，複数の利益の質評価尺度を用いて，各利益の質評価尺度モデルに改良を加えながら慎重に財務報告の質を検証していくことが重要といえよう。

これまで「内部統制と財務報告の質に関する研究」について，アーカイバル研究に焦点を合わせて考察してきたが，「財務報告の質における内部統制報告制度の影響」に関するアーカイバル研究を考察する上で１つの手がかりとなる興味深いサーベイ調査をここで示しておきたい。佐々木他（2008）および Suda et al.（2009）である。彼らは，日本の上場企業に内部統制システムと監査の質について同じ質問票を送付し，日本における2005年調査結果と2007年調査結果を比較するとともに，内部統制にたいする日米上場企業の経営者意識を比較している。このサーベイ調査結果から，2007年調査では経営者の内部統制システム整備にたいする姿勢が前向きになったことが窺え，「財務報告の質における内部統制報告制度の影響」に関するアーカイバル研究結果と整合する結果を示している[8]。

　本節では，日本以外の先行研究を調査し，内部統制報告制度導入が財務報告の質を高めたという結果をほぼ導出していることが分かった。Francis et al.（2008c）が示すように，財務報告の質には，裁量ファクターが影響を及ぼす。したがって，Cohen et al.（2008）が SOX 法導入前後における財務報告の質の変化として示した，会計的裁量行動の減少と実体的裁量行動の増加は，他の利益の質評価尺度自体を変化させる可能性も示唆できる。そこで，第５章では裁量ファクターに焦点を合わせて，経営者の裁量ファクターをインセンティブと規律両方の側面から検討してその変化の決定要因を解明する。第６章では，この裁量ファクターの変化を含め，内部統制報告制度適用が，他の利益の評価尺度であるキャッシュ・フロー予測精度に影響を及ぼしたかどうかについて実証分析を行う。

3.2.2　内部統制の不備と財務報告の質との関連性研究

　米国における「内部統制の不備と財務報告の質との関連性」研究は，主に重大な欠陥開示企業に焦点を合わせた分析が主流となっている（Bedard 2006；Doyle et al. 2007b；Ashbaugh-Skaife et al. 2008；Epps and Guthrie 2008）。

　内部統制は財務諸表作成過程および報告過程における不正や誤謬の予防や発見を目的とし，良好な内部統制は，結果として信頼性の高い財務報告を導くことが期待されている。企業の内部統制に不備があると，権限の分離が行われず，経営

者による意図的な利益操作[9]を防止したり発見したりできず,結果的に会計発生高に偏向が起こったり,会計発生高を見積もる際に誤謬を導いたりすることが予想できる。そこで,内部統制の不備がどのような勘定科目と関連しているかや内部統制の不備を生じさせる共通的な企業属性はあるのかを分析することは,「財務報告の質における内部統制報告制度の影響」研究を実施する際,モデル構築のコントロール変数を検討するのに有用と思われる。そこで,重大な欠陥開示企業に焦点を合わせた先行研究を本節において検討する。

　Bedard(2006)は,SOX法第302条および第404条という内部統制報告規制が利益の質の改良と関連しているかどうかを,内部統制の不備を開示した696社および内部統制が有効的であると報告した5,098社について,それぞれ期待外会計発生高(unexpected accruals)を用いて検証している。その結果,内部統制の不備を開示した企業の期待外全会計発生高の大きさが,内部統制に関する不備が開示された年度に増加することを示し,経営者は,自発的あるいは監査人の要請に応じて前年度における巨額の会計発生高を反転させることを示している。また,第404条宣誓書で効果的な内部統制を報告する企業は,当該報告書の初年度に期待外会計発生高の大きさが減少することを示している。これは,第404条の内部統制評価過程において経営者が内部統制を改善し,監査人は監査力を増大させることによって会計発生高の大きさが小さくなることにつながり,全体として,内部統制規制が利益の質改善を導いたと考えられる。

　Doyle et al.(2007b)は,重大な欠陥を開示した705社を用いて会計発生高の質と内部統制との関連性を検証し,重大な欠陥を開示した企業のほうが統制企業よりも会計発生高の質が低いことを示している。Doyle et al.(2007b)は,会計発生高の質と内部統制の欠陥との関連性についての論拠を,脆弱な内部統制環境は権限の分離が行われず,裁量を通した意図的な会計発生高への偏向や見積もり技量の経験不足によって会計発生高の見積もり誤差が生じるためとしている。会計発生高の質の尺度として,Dechow and Dichev(2002)およびMcNichols(2002)で展開された会計発生高の質,すなわち,Dechow and Dichev(2002)およびMcNichols(2002)モデルを用いて推定される残差の標準誤差を用いている。

　Ashbaugh-Skaife et al.(2008)は,(1)内部統制の欠陥を報告する企業が,強靭

な内部統制を有する企業と比較して，より会計発生高のノイズが多くなり，異常会計発生高の絶対値が大きくなること，(2)内部統制の欠陥の修正を報告し，それを監査人が監査証明した企業は，それ以降異常会計発生高の絶対値が小さくなることを示し，内部統制の強靱度が，財務報告の信頼性に有意な効果があることを示唆している。Ashbaugh-Skaife et al.（2008）は，内部統制の不備と会計発生高の質との関連性について検証したものであるが，内部統制の不備を AS2 に準拠して重大な欠陥，重要な不備，および内部統制の不備の3つをすべて内部統制の不備の開示として合わせている点，内部統制の有効性に変化が発生したタイミングを認識し，この変化の影響と会計発生高の質の差異との関連性を検証している点において Doyle et al.（2007b）と異なっている。彼らは，内部統制の不備を開示する企業は，会計発生高のノイズが大きく，異常会計発生高の絶対値が大きいこと，内部統制問題を修正できない企業は，引き続き低い質の会計発生高を示すことから，内部統制の有効性における差異が会計発生高の質に重大な影響を及ぼすことを示している。

　Epps and Guthrie（2008）は，2,580社のサンプルを用いて重大な欠陥と裁量的発生高との関連性を検証し，重大な欠陥は，裁量的発生高にたいして有意な負の影響（利益減少型）を有していることを示している。また，Epps and Guthrie（2008）は，少なくとも1つの重大な欠陥を開示した218社のサンプルを高度な負の裁量的発生高，高度な正の裁量的発生高，低い裁量的発生高の3つの企業群に分けて裁量的発生高と重大な欠陥との関連性を分析した。その結果，高度な負の裁量的発生高を有する企業は重大な欠陥の係数が有意な負で大きいこと，高度な正の裁量的発生高を有する企業は，重大な欠陥の係数が有意な正で大きいことが観察できた。これは，正の会計発生高を有する重大な欠陥企業が利益の上方修正に従事していることを示す証拠といえる。

　「内部統制の不備と財務報告の質との関連性」研究では，まず，内部統制の不備を開示した企業と内部統制の不備開示企業以外の企業をコントロール企業として各企業群における会計発生高の質を比較するという手法がとられている。その次に，重大な欠陥を従属変数としたトビット回帰分析（Tobit regression），あるいは複数の会計発生高の質尺度を従属変数としたOLS回帰分析を実施するとい

う手法をとっている。日本でも内部統制報告書が開示されるので，今後重大な欠陥開示企業に焦点を合わせた研究が行われることが期待できる。

「内部統制の不備と財務報告の質との関連性」研究は，内部統制の不備を開示した企業の企業属性を分析した研究が多い（Krishnan 2005；Ge and McVay 2005；Doyle et al. 2007a；Doyle et al. 2007b；Ashbaugh-Skaife et al. 2008）。「内部統制の不備と財務報告の質との関連性」研究において取り上げられる企業属性は，Dechow and Dichev（2002）研究で，会計発生高の質との有意な関連性が示された企業属性である，営業循環，企業規模，各種ボラティリティ，赤字報告などに加えて，創業年数，事業の複雑性，成長性，事業再編成中を含める傾向になっている。

Krishnan（2005）は，1994年から2000年までの8Kデータを用いて，内部統制の質と監査委員会の質との関連性について検証した。そのなかで128社の内部統制の不備を報告した企業は，監査委員会の質と財務的困窮状況が内部統制上の不備に関連することを示している。

Doyle et al.（2007a）は，重大な欠陥開示企業には，赤字報告，小規模，創業年数が短い，財務体質が脆弱，事業が複雑，急成長，事業再編中など共通した企業属性があることを示している。特に，全社的な問題がある企業は，小規模で創業年数が短く，財務体質が脆弱である一方，勘定レベルの問題を有する企業は，財務的には安全であるが事業が複雑で多様化，急速に事業が展開されているという企業属性を有していることを示している。さらに，彼らは，内部統制に関する問題を企業レベルと勘定科目レベルの内部統制の問題に分類し，企業レベルにおける重大な欠陥が，勘定レベルにおける欠陥よりも，会計発生高との負の関連性が強いことを示している。

Ashbaugh-Skaife et al.（2008）は，内部統制の欠陥が利益を上向きに変更させる意図的な虚偽記載よりも，会計発生高にたいしてノイズを加える非意図的な誤謬を導きやすいことを示唆している。このことは，会計発生高の質が企業属性によって影響を受けることを意味するといえる。彼らは，会計発生高の質に影響を与える企業属性として，(1)内部統制の不備，(2)セグメント数，海外取引の有無，成長性，棚卸資産投資水準，M&A，事業再編中，ボラティリティなどの企業属

図表3-1　サンプル企業が開示した重大な欠陥の種類

特定勘定	訓練	期末報告/会計方針	収益認識	職務分離	勘定調整	特定子会社	上級管理者*	技術上の問題	詳細な開示なし	合計
119	82	68	55	45	45	35	23	14	7	493

出典）Ge and McVay（2005, p.144, 図2）
*上級管理者（senior managements）は，CEO（最高経営責任者）およびCFO（最高財務責任者）を指すと考えられる。

図表3-2　サンプル企業が開示した勘定別の重大な欠陥の数

会計発生高（売掛金・買掛金）	棚卸資産	法人税	費用/再構築	株式報酬	デリバティブ/その他の証券	研究開発費，暖簾，その他の無形固定資産	セグメント/企業間	その他の資産	その他の負債	その他	合計
35	35	15	15	12	12	11	10	8	5	9	167

出典）Ge and McVay（2005, p.146, 図3）

性および営業活動の特徴，(3)内部統制にたいする投資水準，(4)会計手続き選択，(5)保守主義，(6)監査の質を提示している。彼らは，実証分析の結果，内部統制の不備，投資水準，OCFボラティリティや売上高ボラティリティ，保守主義が，会計発生高の質と正の有意な関連性があることを示している。

　Ge and McVay（2005）は，2002年8月から2004年11月までに重大な欠陥を開示した261企業をサンプルとしてどのようなことが重大な欠陥であるかについて調査している[10]。図表3-1で示されるように，サンプル企業のうち55社が収益の認識方針および過程に重大な欠陥があったことを報告している。23社が経営者の不正を重大な欠陥として開示している。経営者の不正が重大な欠陥であることは，内部統制が効果的でないことを意味している。なぜなら，内部統制が効果的でないのは，内部統制にたいする経営者の姿勢が反映された結果であるからである（Ge and McVay 2005, p.145）。図表3-1は，重大な欠陥開示企業の，内部統制の不備を示したものである。図表3-2は，特定勘定上に重大な欠陥があることを開示した119社の特定勘定上別の不備を示している。特定勘定科目に係る不備が重大な欠陥の約4分の1を占めていることが分かる。特に，特定勘定の不備があると回答した119社のうち70社が売掛金，買掛金，棚卸資産勘定に重大な欠陥があると回答していることが分かる。

　さらに，Ge and McVay（2005）は，図表3-3で示すように，市場占有率によって測定された企業規模を5分位ごとにして，各内部統制の不備を示している。

図表3-3　内部統制の不備の種類と企業規模

不備の種類	第1五分位	第2五分位	第3五分位	第4五分位	第5五分位	全規模5分位（数）
訓練	26.5	17.7	20.6	19.1	16.1	100 (68)
棚卸資産および会計発生高	23.2	16.1	16.1	25.0	19.6	100 (56)
期末報告/会計方針	29.6	22.2	16.7	13.0	18.5	100 (54)
収益認識	2.1	25.0	22.9	22.9	27.1	100 (48)
勘定調整	27.5	12.5	27.5	15.0	17.5	100 (40)
職務分離	20.5	20.5	20.5	18.0	20.5	100 (39)
複合的勘定	23.1	12.8	20.5	12.8	30.8	100 (39)
子会社	15.6	18.8	15.6	25.0	25.0	100 (32)
その他	14.3	23.8	17.5	20.6	23.8	100 (63)
不備の合計（数）	20.5 (90)	19.1 (84)	19.6 (86)	19.1 (84)	21.7 (95)	100 (439)

出典）Ge and McVay（2005, p.149, 表3）
*この表は，合計220社の439件の内部統制上の不備を示したものである。複合的勘定とは，株式報酬，無形固定資産，企業間勘定，デリバティブ，法人税，および再構築費用に関連する内部統制上の不備を言及している。

　この図表3-3から，訓練（26.5%），期末報告/会計方針（29.6%），および勘定調整（27.5%）に欠陥を開示した企業は小規模である傾向にあることが分かる。これは，小規模企業において有資格の人員が少なく，十分な会計方針を計画，適用することが難しいことに起因する。また，収益認識に不備がある企業は，比較的大規模であること（27.1%）が示されている。これについては大規模企業には資本市場にたいするプレッシャーがあり収益認識基準にある裁量を加える可能性があることを示唆している（Ge and McVay 2005, p.128）。

　企業規模と内部統制の不備との関連性に関しては混合した論拠が示されている。大規模企業は管理する資産を多く所有し，財務報告過程および手続きが複雑になっているので見積もり誤差などが生じやすく，企業規模と内部統制の不備との間

図表3-4　内部統制と財務報告の質に関する先行研究

著者名	サンプルデータ	利益の質 (財務報告の質)概念	利益の質評価尺度 (Earnings Quality Indicator)	発見事項
パネルA：財務報告の質における内部統制報告制度による影響に関する研究				
Lobo and Zhou (2006)	SOX法導入前後2年，COMPUSTATから14,396企業年	裁量的発生高とBasu (1997)モデルの保守主義尺度	裁量的発生高およびBasu (1997)モデルの保守主義尺度：裁量発生高は，修正JonesモデルおよびCF営業活動によるキャッシュ・フローを独立変数に加えるOCF修正Jonesモデル (Kasznik 1999)を用いて推定する。$DACC_{i,t} = TACC - [\alpha_1(1/TA_{i,t-1}) + \alpha_2(\Delta REV_{i,t} - \Delta REC_{i,t})/TA_{i,t-1} + \alpha_3 PPE_{i,t}/TA_{i,t-1} + \alpha_4 ROA/TA_{i,t-1}]$	SOX法導入以降，低い裁量的発生高を示したこと，保守主義を高めたことにより，経営者の裁量行動がより保守主義的になったことを示している。
Altamuro and Beatty (2006)	1986年-2001年間のFed Form Y9-Cから16,191銀行年，およびCRSP/COMPUSTATから4,401銀行年	持続性，予測可能性，利益反応係数	持続性ROA_{t+1}，予測可能性EBA_{t+1}，利益反応係数RET_tを従属変数とするクロスセクショナル回帰$= \alpha + \beta_1 POST + \beta_2 500M + \beta_3 POST*500M + \beta_4 ROA_t + \beta_5 POST*ROA_t + \beta_6 500*ROA_t + \beta_7 POST*ROA_t + \beta_8 Size_t + \beta_9 Size*ROA_t + e$ なお，500Mは，企業がFDICIAに影響を受ける場合1とするダミー変数。	FDICIAの影響を受けた銀行グループとFDICIAの影響を受けていない銀行グループ（すなわちADR企業）の利益の質を比較検証し，FDICIAによって影響を受けた銀行における利益の質は，FDICIA導入以前よりも改善されていることを示している。
Cohen, Dey and Lys (2008)	1987-2005年COMPUSTATから8,157社87,17企業年	会計的裁量行動と実体的裁量行動	会計的裁量行動は，修正Jonesモデルによる裁量的発生高，実体的裁量行動は，異常OCF，異常製造費用，異常裁量的支出を用いる。	会計的裁量行動はSOX法導入前に増加しSOX法導入以降に有意に減少しているが，実体的裁量行動はSOX法導入以前は減少しSOX法導入以降有意に増加した。SOX法導入以降における会計的裁量行動の減少は，主に利益増加型裁量行動の減少からきている。会計不正期における会計的裁量行動の増加は，株式に基づいた報酬に関連している。SOX法導入以降における裁量的発生高の減少は，SOX法によって導入されたインセンティブ報酬にたいする罰則による。
Leggett (2008)	1996-2001年と2004-2006年を比較，COMPUSTATから19,590企業年	持続性	Sloan (1996)に依拠した持続性$EARN_{t+1} = \beta_0 + \beta_1 EARN_t + \varepsilon_{t+1}$	SOX法導入以降における実体的裁量行動の増加と収益認識基準の差異は利益の持続性を減少させるが，裁量的発生高の減少は利益の持続性を高めると予想し，総合的にSOX法が持続性にたいしてどのような影響を及ぼすかについて分析。利益の持続性がSOX法導入以降増加したことを示している。

著者	サンプル	利益の質の測定尺度	分析モデル	要約
Machuga and Teitel (2007)	1998-2002年メキシコ株式市場106社，そのうち米国株式市場ADR企業30社	平準化，損失の適時認識，異常会計発生高，持続性，予測可能性	平準化：$\lvert\Delta NI\rvert/\lvert\Delta OCF\rvert$ のばらつきおよび会計発生高と営業活動によるキャッシュ・フロー間のスピアマン順位相関係数，損失の適時認識：尖度，異常会計発生高，持続性：$NI_{t+1}=\beta_0+\beta_1 NI_t+\beta_2 POST+\beta_3 POST*NI_t+\varepsilon_{t+1}$ 予測可能性：$NI_{t+1}=\beta_0+\beta_1 WC_t+\beta_2 OCF+\beta_3 POST+\beta_4 POST*WC_t+\beta_5 POST*OCF_t+\varepsilon_{t+1}$	メキシコ株式市場企業は，利益平準化，損失の適時認識，異常会計発生高において経営者の裁量行動が減少し，利益の質が改善された。ADR企業は，利益平準化と損失の適時認識においてだけ質の改良があった。このメキシコ上場企業とADR企業間に示された結果の差異については，メキシコ国内企業の利益の質は内部統制報告制度によって改良されたが，ADR企業のほうは内部統制報告制度導入以前から，米国会計基準に準拠しなければならず，また規制当局および投資者の精査があり，メキシコ上場企業よりも高い質を有していたことが考えられる。
Brown et al. Pot and Wömpener (2008)	1994-2002年，COMPUSTAT, Global Data から13,595企業年	適時の損失認識および利益平準化による裁量行動水準	損失の適時認識：Basu (1997) モデル，裁量行動水準：利益平準化尺度：純利益の標準偏差のOCFの標準偏差比率（$\sigma NI/\sigma OCF$）および会計発生高とOCFのスピアマン順位相関係数 ρ（ΔACC, ΔCFO）と少額増益の頻度	利益の質がドイツ版内部統制報告制度制定前後で変化したかどうかを検証した結果，より損失の適時認識を示す証拠，利益平準化尺度によって裁量行動を減少させた証拠が示された。これらの結果は，ドイツの内部統制報告規制が利益の質を増加させたことを示している。
パネルB：内部統制の不備と財務報告の質との関連性に関する研究				
Ge and McVay (2005)	EDGAR Compliance Week から2002-2004年までに重大な欠陥開示企業261社	重大な欠陥と企業属性		内部統制の不備は，内部統制にたいする資源が不十分であること，重大な欠陥は，収益認識方針の不備，権限の分離の欠如，期末報告過程および会計方針の不足，不適切な会計認識と関連性がある。重大な欠陥は，事業の複雑性（複数のセグメントおよび外貨建て）と正の関連性，企業規模とは負の関連性，企業の収益性とは負の関連性があることを示している。
Bedard (2006)	2002年9月から2004年11月15日までの内部統制の不備開示企業696社および内部統制の有効性報告企業5,098社	期待外会計発生高 (unexpected total accruals)	Kothari et al. (2005) に依拠した裁量的発生高	期待外会計発生高の大きさは，内部統制に関する弱点が開示された年度に増加する。この結果は，経営者が自発的あるいは監査人の要請に応じて前年度における巨額の会計発生高を反転させることによる。第404条宣誓書によって内部統制の有効性を報告する企業は，当該報告書の初年度において期待外会計発生高の大きさが減少する。これは，経営者による内部統制の改善や，監査人による監査力の増大によって，会計発生高の大きさが小さくなったことによる。すなわち，全体として，内部統制報告規制が利益の質改善を導いたことを示している。

Doyle, Ge and McVay (2007b)	2002年8月から2005年11月までに重大な欠陥開示した企業705社と企業3,280社	会計発生高の質	3つの会計発生高の質尺度：(1) McNichols (2002) モデルを用いて推定される会計発生高の質，(2) Becker et al. (1998) に依拠して推定される裁量的会計発生高の絶対値および(3) McNichos (2002) モデルを用いて推定される残差の標準誤差の絶対値	重大な欠陥開示企業のほうが統制企業よりも会計発生高の質が低い。会計発生高の質に関連する企業属性をコントロールしたあと，会計発生高の質の決定要因を検証した。その結果，重大な欠陥が会計発生高の質と有意な正の関連性を有していた。また，全社レベルの重大な欠陥のほうが，特定勘定の重大な欠陥よりも会計発生高の質との間に強い関連性が観察された。
Ashbaugh-Skaife, Collins, Kinney and LaFond (2008)	2004年あるいは2005年に第404条，第302条宣誓書で内部統制の不備を開示した企業1,281社と2003-2005年の統制企業6,497社	会計発生高の質	3つの会計発生高の質尺度：(1) Dechow and Dichev (2002) モデルと Ball and Shivakumar (2006) を統合させたモデルに依拠した運転資本会計発生高の質，(2) Kasznik (1999) と Ball and Shivakumar (2006) を統合させたモデルに依拠した全会計発生高の質，(3) Kasznik (1999) と Ball and Shivakumar (2006) を統合させたモデルに依拠した運転資本会計発生高の質	内部統制の不備を報告した企業は，低い質の会計発生高と異常会計発生高との関連性を有している。また，内部統制の不備を報告した企業は，比較的大きな正か負の異常会計発生高と有意な関連性を有している。この発見は，内部統制の欠陥が，利益を上向きに変更させる意図的な虚偽記載よりも非意図的な誤謬を導きやすいことを示している。総合すると，内部統制の質は，会計発生高の質に影響を及ぼすことを示している。
Epps and Guthrie (2008)	2004年 COMPUSTAT から38業種，2,580社	裁量的発生高	Kothari et al. (2005) に依拠した裁量的発生高	重大な欠陥開示企業は，経営者に裁量的発生高を用いた利益操作をさせているのかを検証している。少なくとも1つの重大な欠陥を開示した218社のサンプルを高度な負の裁量的発生高，高度な正の裁量的発生高，低い裁量的発生高の3つの企業群に分けて裁量的発生高と重大な欠陥との関連性を分析した。その結果，高度な負の裁量的発生高を有する企業の重大な欠陥の係数が有意な負で大きいこと，高度な正の裁量的発生高を有する企業の，重大な欠陥の係数が有意な正で大きいことが観察できた。これは，正の裁量的発生高を有する，重大な欠陥企業が，利益増加型の裁量行動を行っていることを示す結果であると示している。

に正の関連性を示すという論拠がある。一方で，大規模企業は小規模企業よりも財務アナリストや投資者からの精査を受けやすい（Lobo and Zhou 2006）という論拠がある。こうした論拠に基づいて，実証分析を実施し，大規模企業は内部監査やコンサルタントに費やす資金や資源が多く強靭な内部統制システム構築に有益であることから企業規模と内部統制の不備との間に負の関連性を示す研究がある（Kinney and McDaniel 1989；DeFond and Jimbalvo 1991；Ge and McVay 2005）[11]。近年の研究では，後者の論拠に基づいた結果すなわち，企業規模は良好な内部統制と有意な関連性があるという結果に収斂している（Doyle et al. 2007b；Ashbaugh-Skaife et al. 2008；奥田他 2009）[12]。

　本節では，「内部統制の不備と財務報告の質との関連性」研究において，利益の質評価尺度の1つである会計発生高の質が内部統制の不備，ボラティリティなどの営業活動の特徴，企業規模，内部統制システム自体などの企業属性から影響を受けているという結果を導出していることが分かった。Francis et al.（2008c）が示すように，財務報告の質には，企業属性ファクターが影響を及ぼすことが発見できたのである。これまでみてきたとおり米国では，財務報告の質に影響を与える企業属性に関する研究が数多く構築されている。日本では利益の質に影響を与える裁量ファクターに関する研究は多く構築されてきているが，利益の質に影響を及ぼす企業属性ファクターに関してはまだ蓄積されてきていない。今後は，米国企業に関する先行研究で示された企業属性に加えて，メインバンク制などの日本独自の資本構造や株式所有構造なども企業属性に含めてこの企業属性の利益の質に与える影響について解明していかなければならない。第7章では，利益の質評価尺度の1つとして会計発生高の質を取り上げ，内部統制水準を含めた企業属性ファクターが，会計発生高の質の決定要因となっているかどうかについて実証分析を行う。図表3-4は，財務報告の質の内部統制報告制度による影響に関する先行研究および重大な欠陥と企業属性との関連性に関する先行研究の概要を示したものである。

3.3　利益の質評価尺度に関する先行研究

利益の質評価尺度は，利益の質を分析する視点によって各利益の質評価尺度の分類方法が異なってくる。図表3-5は，各利益の質分析視点を提唱した研究を示し，それぞれの分析視点ごとの利益の質の定義，用いる利益の質評価尺度を提

図表3-5　利益の質分析に関する視点（perspective）研究

著者名	利益の質分析視点	利益の質の定義	利益の質評価尺度 (Earnings Quality Indicator)
Schipper and Vincent (2003)	FASB概念フレームワークに依拠した意思決定有用性アプローチ	Hicks (1939) 的利益（富の変動）を忠実に表す概念	(1)利益の時系列特性，(2)FASB概念フレームワークの質的特徴，(3)利益，キャッシュ・フロー，会計発生高の関係，(4)裁量の意思決定
Dechow and Schrand (2004)	財務分析アプローチ	(1)正確に企業の当期の営業業績を反映させるもの，(2)将来の営業業績のよい指標となるもの，(3)企業価値を査定するための有用な要約尺度となるもの，「永続的な利益」	(1)持続性，ボラティリティ，(2)実現将来キャッシュ・フローとの関連性，(3)当期株価あるいは市場価値との関連性
Francis et al. (2008c)	財務分析アプローチ	情報の質概念，特に資本市場参加者によって利用される情報の種類であり，情報の1属性としての"利益"の概念によって伝達されるもの，財務報告の質の要約的指標（a summary indicator）	会計情報に基づいた尺度として，(1)会計発生高の質，(2)異常裁量発生高，(3)持続性，(4)予測可能性，(5)平準化，(6)ばらつき，市場に基づいた尺度として，(1)価値関連性，(2)利益の情報量，(3)利益の透明性，(4)適時性，(5)保守主義，(6) e-loading
一ノ宮 (2008)	財務分析アプローチ（一ノ宮 (2008) ではファンダメンタル分析アプローチ）	利益の持続可能性と会計処理の保守性に基づいて，将来の利益の予見可能性を評価するための視点	利益の持続可能性と会計処理の保守性

示している。たとえば，FASB概念フレームワークに依拠した意思決定有用性視点をとっている Schipper and Vincent（2003）は，利益の質評価尺度として利益の時系列特性[13]，FASB概念フレームワークの質的特徴，利益，キャッシュ・フロー，会計発生高の関係，裁量の意思決定を提示している。また，一ノ宮（2008）[14]は，財務分析視点に依拠して利益の持続可能性と会計処理の保守性の2つを利益の質評価尺度として用いて独自の利益の質分析手法を展開している。本節では，Francis et al.（2008c）の視点に依拠して，会計情報データを用いて利益の質を直接評価する，会計ベースの利益の質評価尺度である，会計発生高の質，裁量的発生高，持続性，予測可能性に関する先行研究（図表3-6参照）を調査する[15]。

3.3.1 会計発生高の質に関する研究

　最も一般的に用いられている利益の質評価尺度として，会計発生高の質を示すことができる。そして，会計手続き上の見積もり誤差や企業属性から生じる誤差を包括的にとらえる変数として会計発生高の質を示した会計発生高の質研究の嚆矢は，Dechow and Dichev（2002）研究である。Dechow and Dichev（2002）は，会計発生高の質に関する定義やモデルが提唱された研究であり，その後の会計発生高の質研究展開に大きな影響を及ぼした研究である。

　実際の Dechow and Dichev（2002）モデルおよび McNichols（2002）の論拠およびこの2つのモデルがどのように導出されているかについては第4章に譲るとし，本節では，会計発生高の質を利益の質評価尺度として用いた研究を調査することによって現在までの発見事項を明らかにし，会計発生高の質研究の今後の課題を提示する。

　Dechow and Dichev（2002）は，会計発生高の質を「会計発生高が有するキャッシュ・フローを見積もる精度」と定義し，すなわち，運転資本の前期，当期，1期先営業活動によるキャッシュ・フローの企業別回帰からの残差の標準誤差から算出するモデルを展開させた。このモデル式を通して，経営者が見積もる際に生じる誤差や，赤字報告，企業規模，ボラティリティなどの共通する企業属性に

図表3-6　各利益の質評価尺度に関する先行研究

著者名	サンプルデータ	利益の質 (財務報告の質)	利益の質評価尺度 (Earnings Quality Indicator)	発見事項
パネルA：会計発生高の質に関する研究				
Dechow and Dichev (2002)	1987-1999年 COMPUSTATから15,234企業年	会計発生高の質（会計発生高が有する過去、現在、将来キャッシュ・フローを見積もる精度）	Dechow and Dichev (2002) モデルを用いて推定した残差の標準偏差	会計発生高の質には経営者の見積もり誤差が反映していること、また、会計発生高の質は、企業規模、ボラティリティなどの企業属性にも関連していること、利益の持続性との間に正の関連性を有していることを示している。
McNichols (2002)	1988-1998年 COMPUSTATから15,015企業年	会計発生高の質（会計発生高が有する過去、現在、将来キャッシュ・フローを見積もる精度）	Dechow and Dichev (2002) モデルを用いて推定した残差の標準偏差および Jones (1991) と Dechow and Dichev (2002) を統合させた McNichols (2002) モデルを用いて推定した残差の標準偏差	McNichols (2002) モデルを用いることによって、Dechow and Dichev (2002) モデルで把握できなかった、経営者の裁量行動による誤差を把握可能にした。
Francis, LaFond, Olsson, and Schipper (2004)	1975-2001年 COMPUSTATから毎年平均して1,471社	会計発生高の質、持続性、持続性、予測可能性、平準化、価値関連性、適時性、保守主義	利益の質 (earnings attributes) は、情報リスクの代理変数。会計ベース：(1) Dechow and Dichev (2002) モデルによる会計発生高の質、(2)持続性、(3)予測可能性、(4)平準化、市場ベース：(1)価値関連性、(2)適時性と(3)保守主義	(1)資本コストと利益の質評価尺度（予測可能性および保守主義を除く）間には統計的に信頼しうる関連性が存在する。(2)会計ベースの会計発生高の質、持続性、平準化は、市場ベースの価値関連性よりも資本コストの変動に強い説明力があった。資本コストと最も強い関連性を有していたのは、会計発生高の質であった。
Francis, LaFond, Schipper, and Vincent (2005)	1970-2001年 COMPUSTATから91,280企業年	利益は、(1)経営者の裁量や意思決定および、(2)あらかじめ決定されている経済ファクターを結合させた結果をとらえる概念。AQファクター擬態ポートフォリオを作成。	会計発生高の質モデルは、McNichols (2002) モデルに依拠したモデル。企業属性ファクターと裁量ファクターとに分けている。	低い会計発生高の質を有する企業は、高い資本コストを有する。裁量ファクターのAQと企業属性のAQは、異なる資本コストを有している。裁量ファクターのAQは、企業属性のAQよりも価格効果が小さい。それは裁量ファクターに関しては企業間で不均質性があるためである。すなわち、裁量的発生高を用いて情報の不確実性を削減して質を高める経営者もいれば、逆に質を低下させる経営者もいるからである。
Doyle, Ge, and McVay (2007b)*	2002年8月から2005年11月までに重大な欠陥開示した企業705社	会計発生高の質	3つの会計発生高の質尺度：(1) McNichols (2002) モデルを用いて推定される会計発生高の質、(2) Becker et al. (1998) に依拠して推定される裁量発生高の絶対値、および (3) McNichols (2002) モデルを用いて推定される残差の標準誤差の絶対値	会計発生高の質は、重大な欠陥、企業規模、ボラティリティ、営業循環などの企業属性に関連している。

Ashbaugh-Skaife Collins, Kinney, and LaFond (2008)*	2004年あるいは2005年に第404条、第302条宣誓書で内部統制の不備を開示した企業と2003-005年の統制企業	会計発生高の質	3つの会計発生高の質尺度：(1) Dechow and Dichev (2002) モデルと Ball and Shivakumar (2006) を統合させたモデルに依拠した運転資本会計発生高の質、(2) Kasznik (1999) と Ball and Shivakumar (2006) を統合させたモデルに依拠した全会計発生高の質、(3) Kasznik (1999) と Ball and Shivakumar (2006) を統合させたモデルに依拠した運転資本会計発生高の質	会計発生高の質は、海外取引がある、事業再編中、企業規模が大きい、保守主義、監査の質との間に正の関連性、内部統制の不備、企業規模、OCF ボラティリティ、売上高ボラティリティ、赤字報告との間に負の関連性を有している。

パネル B：裁量的発生高に関する研究

Lobo and Zhou (2006)*	SOX 法導入前後2年、COMPUSTAT から14,396企業年	裁量的発生高	裁量発生高は、修正 Jones モデルおよび営業活動によるキャッシュ・フローを独立変数に加える OCF 修正 Jones モデル (Kasznik 1999) を用いて推定する。 $DACC_{i,t}=TACC-[\alpha_1(1/TA_{i,t-1})+\alpha_2(\Delta REV_{i,t}-\Delta REC_{i,t})/TA_{i,t-1}+\alpha_3 PPE_{i,t}/TA_{i,t-1}+\alpha_4 ROA/TA_{i,t-1}]$	SOX 法導入以降、裁量的発生高が減少した。
Cohen Dey and Lys (2008)*	1987-2005年 COMPUSTAT から8,157社、87,17企業年	会計的裁量行動（裁量的発生高）と実体的裁量行動	会計的裁量行動は、修正 Jones モデルによる裁量的発生高、実体的裁量行動は、異常営業活動によるキャッシュ・フロー、異常製造費用、異常裁量的支出を用いる。	会計的裁量行動（裁量的発生高）は、会計不正期において増加したが、SOX 法導入以降有意に減少したことを示している。SOX 法導入以降における会計的裁量行動の減少は主に利益増加型裁量行動の減少によることを示し、すなわち、投資者、監査人、規制当局による精査の増大やインセンティブ報酬にたいする罰則によって SOX 法導入以降における裁量的発生高が減少したことを示している。
Epps and Guthrie (2008)*	2004年 COMPUSTAT から38業種、2,580社	裁量的発生高	Kothari et al. (2005) に依拠した裁量的発生高	重大な欠陥と裁量的発生高との間には関連性がある。高度な正の裁量的発生高を有する企業において、重大な欠陥の係数が有意な正の値で大きいことが観察できた。これは、正の裁量的発生高を有する、重大な欠陥企業が、利益増加型の裁量行動を行っていることを示す結果であると示している。

パネルC：持続性に関する研究				
Kormedi and Lipe (1987)	1947-1980年 COMPUSTAT から145社	持続性	利益の変動や水準にたいする株価の回帰の斜辺係数	(1)株価は，期待利益の現在価値である，(2)改訂した期待利益の現在価値は，概ね期待便益を改訂した現在価値である，(3)利益の自己回帰時系列モデル（autoregressive model, AR）は市場の期待を表し，利益の期待外部分（earnings innovation）にたいする株価反応は，利益の持続性と正の関連性を有するという仮説を設定し，この仮説を支持する結果が導出された。
Sloan (1996)	1962-1991年 COMPUSTAT から40,679企業年	持続性	一階自己回帰モデルにおける変数の当期利益値で1期先利益の回帰係数（ベータ）を推定。β値が1に近い場合が高い持続性，すなわち高い質の利益となる。	持続性は，利益がキャッシュ・フローに変換する程度によって変化する。すなわち，キャッシュ・フローへと転換する利益のほうが，会計発生高が大部分を占める利益よりも持続的である。利益業績の持続性はキャッシュ・フローと会計発生高の相対的大きさに依存することを示している。利益のうちの会計発生高がキャッシュ・フローよりも持続性が低いのは，当期における会計発生高の過大あるいは過小評価が将来期間の会計発生高を通して調整されるからである。
Penman and Zhang (2002)	1975-1997年 COMPUSTAT から38,540企業年	持続可能な利益・利益の質指標をQ-Scoreとしている。	損益計算書で容易に認識される異常項目控除前利益が，将来利益のすぐれた予測指標である場合に質が高いとする。	企業が保守主義会計を実施する場合，投資額の変動が利益の質に影響を与える。もし，投資の変動が一時的であるなら，当期利益は，一時的にインフレし，将来利益のすぐれた指標とはならない。
Fairfiel Whisenant, and Yohn (2003a)	1964-1993年 COMPUSTAT から32,961企業年	持続性	一階自己回帰モデルにおける変数の当期利益値で1期先利益の回帰係数（ベータ）を推定。β値が1に近い場合が高い持続性，すなわち高い質の利益となる。	正味営業資産の増加を会計発生高と長期の正味営業資産増加に分解して，会計発生高，長期の正味営業資産の増加がともに等しく1期先のROA（return on assets）と強い負の関連性を有する証拠を示している。そして，この結果は，会計発生高の持続性がキャッシュ・フローの持続性より低いことに依拠している。会計発生高の持続性が低くなる理由は，会計発生高を正味の営業資産の増加の一構成要素とすると，保守主義会計および投資収益率の減少から生じている。
Richardson, Sloan, Soliman and Tuna (2005)	1962-2001年 COMPUSTAT から108,617企業年	持続性	$ROA_{t+1}=\rho_0+\rho_1 ROA_t+\rho_2 TACC_t+v_{t+1}$ ROA＝減価償却費控除後営業利益，TACC＝全会計発生高	Sloan (1996)が利益の会計発生高部分がキャッシュ・フロー部分よりも持続性が低いのは，会計発生高にある見積もりに伴う主観性の差異によると述べたことを受け，このSloan (1996)の会計発生高に付随する主観性や信頼性概念と持続性との間の関連性を検証する。利益のうちの会計発生高は，典型的に将来キャッシュ・フローの見積もり，過去のキャッシュ・フローの繰延べ，配分および評価を含み，キャッシュ・フローを見積もる際に高い主観性が介入する。したがって利益の会計発生高部分のボラティリティが大きくなると，利益の持続性が低くなる。

Dechow and Ge (2006)	1988-2002年 COMPUSTATから63,875企業年	持続性	一階自己回帰モデルにおける変数の当期利益値で1期先利益の回帰係数（ベータ）を推定 $Earnings_{t+1} = \alpha + \beta Earnings_t + \varepsilon_t$	会計発生高の絶対値が大きくなるにつれ利益とキャッシュ・フローの持続性は減少する。ポートフォリオ1ではキャッシュ・フローが利益よりも持続性が高く、絶対値が大きい負の会計発生高で構成されていた。さらに会計発生高の大きさと持続性と特別項目間の関連性の検証から、ポートフォリオ1に属する企業が、金額が大きい特別項目を報告していること、それ以外のポートフォリオにおいて特別項目が報告される頻度は非常に低いことを示している。すなわち、偶発的な事象など特別項目がある場合は、利益の持続性が減少することが分かった。

パネルD：予測可能性に関する研究

Penman and Zang (2002)	1975-1997年 COMPUSTATから38,540企業年	Q-score：利益が保守主義会計において投資の変動によって影響を受ける程度	損益計算書で容易に識別される異常項目控除前報告利益が、将来利益のすぐれた指標である場合に、高い質を有する。	企業が保守主義を実施する場合、投資額の変動が利益の質に影響を及ぼす。低い質の利益は、保守主義と結びついた投資の変動から生じる。質のスコアは、取引コスト控除前の将来の株式リターンを予測する。
吉田（2002）	1975-2000年 日経NEEDS貸借対照表および損益計算書データ 2,415社、52,729企業年	キャッシュ・フロー予測精度	キャッシュ・フロー予測誤差を比較するため利益モデルと会計発生高成分モデルを比較する。時系列およびクロスセクションのデータを推定	利益モデルと会計発生成分モデルを用いて将来キャッシュ・フローにおける予測誤差を比較し、時系列では会計発生高成分モデルのほうが予測誤差が小さいこと、産業別にみた場合にクロスセクションによる会計発生高成分モデルの推定が有用であることを示した。
海老原（2004）	1981-2003年 日経NEEDS貸借対照表および損益計算書データ 1,808社、33,426企業年	将来キャッシュ・フロー予測に役立つ程度	Dechow and Dichev (2002) モデルを用いて推定された残差の標準誤差	会計発生高の質が高いほうが利益の将来キャッシュ・フロー予測能力が高まること。また、会計発生高の質が高いサブサンプルのほうが、低いサブサンプルよりも短期会計発生高の追加的貢献度が高いことから質の高い会計発生高のほうが将来キャッシュ・フロー予測にたいする有用性が高いことが示された。会計発生高の予測誤差が会計発生高自体のキャッシュ・フロー予測能力である会計発生高の質に影響を与え、利益のキャッシュ・フロー予測能力である利益の質にも影響を与えることが示された。
Kim and Kross (2004)	1973-2000年 COMPUSTATデータ貸借対照表および損益計算書データ、106,266企業年	キャッシュ・フロー予測精度	1期先営業活動によるキャッシュ・フロー予測モデル： $OCF_{i,t+1} = b_0 + b_1 OCF_{i,t} + g_{i,t}$, $OCF_{i,t+1} = c_1 + c_2 E_{i,t} + f_{i,t}$.	1973-2000年にわたって利益と将来キャッシュ・フローを予測する能力は向上しているという結果を示した。特に保守主義会計を高めた産業群の企業においてその関係が強化されたことを示している。

著者	データ	テーマ	モデル・尺度	結果
田澤 (2004)	1975-2002年 日経 NEEDS 貸借対照表および損益計算書データ 原サンプル2,523社，55,664企業年	キャッシュ・フロー予測精度	Dechow and Dichev (2002) モデルを用いて推定された残差の標準誤差	会計発生高モデルとキャッシュ・フローだけに基づいた予測モデルを用いて予測精度を比較した。会計発生高の質は，会計発生高に含まれる経営者のキャッシュ・フローの見積もり誤差と関連し，会計発生高を組み込んだモデルが予測誤差が低い。すなわち，会計発生高の質が高いほど，キャッシュ・フローの予測誤差が小さくなる。また，会計発生高の質が将来キャッシュ・フロー予測における会計発生高の役割と関連していることを示している。会計発生高の質は，会計情報利用者によるキャッシュ・フロー予測にたいする重要な影響要因となっていることが示された。
Yoder (2007)	1989-2005年 COMPUSTAT から53,109企業年	キャッシュ・フロー予測精度	1期先営業活動によるキャッシュ・フロー予測モデル： (1) $OCF_{i,t+1} = OCF_{i,t}$ (2) $OCF_{i,t+1} = \theta_0 + \theta_1 OCF_{i,t}$ (3) $OCF_{i,t+1} = OCF_{i,t} + \Delta AR_{i,t} - \Delta AP_{i,t} - \Delta AccExp_{i,t} - \Delta Acc_{i,t}$ (4) $OCF_{i,t+1} = \theta_1 + \theta_2 \Delta AR_{i,t} - \theta_3 \Delta AP_{i,t} - \theta_4 \Delta AccExp_{i,t} - \theta_5 \Delta Acc_{i,t} + \theta_6 \Delta INV_{i,t} + \theta_7 INV_{i,t} + \theta_8 S_{i,t} + \theta_9 E\Delta Sales2_{i,t}$	ランダム・ウォークモデル (cash flow-based random walk model)，キャッシュ・フロー基準回帰モデル (Cash flow-based regression model)，会計発生高成分モデル (accrual-based reversal model)，Barth et al. (2001) モデルに期末棚卸資産，期末売上高，および売上高予想として期末時点における1期先2期間の売上高増減額を含めた，売上高予想会計発生高モデル (accrual-based regression model) の out-of-sample の予測誤差を比較し，売上高予想会計発生高モデルの将来キャッシュ・フロー予測能力が高いことを示している。この結果から，会計発生高に将来の売上高に関する情報を含めることが予測精度を高めることになることを示した。
Bissessur (2008)	1972-2001年 COMPUSTAT から40,730企業年	利益は，発生主義会計において創り出される企業業績の要約的指標	利益の時系列特性：持続性，会計発生高の質，裁量的発生高低，保守主義，キャッシュ・フロー予測精度	会計発生高とキャッシュ・フローの将来キャッシュ・フローとの関係を会計発生高の質の水準との関連性において検証し，会計発生高の質が低い場合に，キャッシュ・フローの持続性が低くなり，会計発生高が将来キャッシュ・フローの予測に目的適合的になることを提示した。また，裁量的発生高が機会主義的裁量行動を反映している場合は，裁量的発生高の将来キャッシュ・フロー予測能力が会計発生高の質に影響を受ける。逆に経営者が裁量的発生高を用いて将来業績に関する情報を提供している場合，裁量的発生高の将来キャッシュ・フロー予測能力は会計発生高の質に影響を受けることを提示した。

パネルE：平準化に関する研究

著者	データ	テーマ	モデル・尺度	結果
Leuz, Nanda, and Wysocki (2003)	1990-1999年 Worldscope Database 70,955企業年，31か国，8,616非金融企業	平準化と裁量行動	平準化尺度：(1)利益の標準偏差の営業活動によるキャッシュ・フローの標準偏差比率，(2)会計発生高と営業活動によるキャッシュ・フロー間の相関係数 裁量行動尺度：(3)会計発生高の大きさ，(4)少額赤字の回避	平準化尺度である利益の標準偏差対OCF標準偏差比率および会計発生高とOCFのスピアマン順位相関係数が高いほど（平準化尺度が大きくなるほど）裁量行動は少なく，利益の質が高いとしている。所有の分離，強い投資者保護，発達した大規模証券市場の国群は，所有集中，弱い投資者保護，未発達の証券市場の国群より，経営者の裁量行動が少ないことを示している。

Bao and Bao (2004)	1993-2000年 Research Insight Database 12,651企業年	Sloan (1996) の利益の持続性	平準化尺度：利益の期間変動額の係数と売上高の期間変動額の係数，価値関連性	利益平準化は裁量行動の1つで利益の質を高めているのか低めているのかを Sloan (1996) の持続性を利益の質ととらえこの利益の質が価値関連性があるかどうかで検討した。利益の質が高い利益平準化企業は，利益の質が低く非平準化企業よりも高い株価収益率を有する。
Francis, LaFond, Olsson, and Schipper (2004)	1975-2001年 COMPUSTAT, 毎年平均して 1,471社	平準化	平準化尺度：利益の標準偏差の営業活動によるキャッシュ・フローの標準偏差比率	会計ベースの会計発生高の質，持続性，平準化は，市場ベースの価値関連性よりも資本コストの変動に強い説明力があった。
Machuga and Teitel (2007)*	1998-2002年 メキシコ株式市場 106社，そのうち米国株式市場 ADR 企業30社	平準化	平準化尺度：$\lvert\Delta NI\rvert/\lvert\Delta OCF\rvert$ および会計発生高と営業活動によるキャッシュ・フロー間のスピアマン相関係数	メキシコ株式市場企業，ADR 企業とも，$\lvert\Delta NI\rvert/\lvert\Delta OCF\rvert$ の比率が，内部統制規制以降に大きくなり，利益の質が高まった。特に，ADR 企業のほうがより，利益の質の向上度が高い。内部統制報告規制以降，負の相関係数が減少した，すなわち，利益の質が高まった。
Brown, Pott, and Wömpener (2008)*	1994-2002年 COMPUSTAT, Global Data から13,595企業年	平準化	平準化尺度：純利益の標準偏差の OCF の標準偏差比率 ($\sigma NI/\sigma OCF$) および会計発生高と OCF のスピアマン順位相関係数 $\rho(\Delta ACC, \Delta CFO)$	利益平準化尺度が高いほど裁量行動が少ないと考え，ドイツの内部統制報告制度は，裁量行動を減少させ，利益の質を増加させたという証拠を示した。

*は，内部統制報告制度に関連する研究である。

よって影響を受ける誤差が反映され，誤差が小さいほど会計発生高の質は高いことを示したのである。McNichols (2002) が示しているように，Dechow and Dichev (2002) は，見積もり誤差の役割に関する研究 (Dechow 1994；Dechow et al. 1998；Barth et al. 2001)，会計発生高とキャッシュ・フローとの関係に関する研究 (Bowen et al. 1986；Bernard and Stober 1989；Dechow 1994；Dechow et al. 1998)，会計発生高と将来キャッシュ・フローとの関連性研究 (Finger 1994；Barth et al. 2001) の3つの研究領域を統合して実用的なモデルを展開し，その妥当性も検証した点で高く評価されている研究の1つといえる。

McNichols (2002) は，Dechow and Dichev (2002) のモデルが会計発生高を全体として評価するモデルであり，経営者の裁量行動を区別していない点を指摘し，裁量的発生高を推定する Jones (1991) モデルを統合させた修正版会計発生高の質モデルを展開させた。また，Dechow and Dichev (2002) が運転資本会計発生高だけに焦点を合わせていたのにたいして，全会計発生高を従属変数とし，非流

動的会計発生高とキャッシュ・フロー実現化間におけるラグが効果的に反映する次のモデルを提案した。

$$\Delta WC_{j,t} = \phi_{0,j} + \phi_{1,j}OCF_{t-1} + \phi_{2,j}OCF_t + \phi_{3,j}OCF_{t+1} + \phi_{4,j}\Delta REV_t + \phi_{5,j}PPE_t + \varepsilon_{j,t}$$

　Dechow and Dichev（2002）モデルおよび McNichols（2002）モデルによる会計発生高の質研究は，その後，これらの会計発生高の質推定モデルによる会計発生高の質を代表的な利益の質評価尺度として他の変数との関連性を分析する研究と，Dechow and Dichev（2002）モデルおよび McNichols（2002）モデルを改良させたモデルを展開して算出した会計発生高の質を財務報告の質として内部統制との関連性を検証する研究へと展開していく。前者は，Francis et al.（2004）および Francis et al.（2005）によって展開される研究であり，後者は Dolye et al.（2007b）および Ashbaugh-Skaife et al.（2008）による研究である。

　Francis et al.（2004）は，7つの利益の質評価尺度として会計ベースの(1) Dechow and Dichev（2002）モデルによる会計発生高の質，(2)持続性，(3)予測可能性，(4)平準化，および市場ベースの(1)目的適合性，(2)適時性，(3)保守主義と，資本コストの関連性を検証した研究である。すなわち，この7つの利益の質評価尺度のうちどの尺度が低い資本コストという形で便益を享受しているかを分析したのである。

　この Francis et al.（2004）において「利益の質は，(1)経営者の裁量や意思決定，(2)企業のビジネスモデルや営業環境の本質的属性によって決定される」と示されており，こうした視点に Francis et al.（2008c）の源流があるといえる。Francis et al.（2004）は，分析した結果，(1)資本コストと利益の質の評価尺度（予測可能性および保守主義を除く）間には統計的に信頼しうる関連性が存在すること，(2)会計ベースの会計発生高の質，持続性，平準化は，市場ベースの価値関連性よりも資本コストの変動に強い説明力があること，そして(3)最も資本コストと最も強い関連性を有していたのは，会計発生高の質であることを提示した。

$$CofC_{j,t} = \lambda_{0,t} + \lambda_{1,t}Beta_{j,t} + \lambda_{2,t}Size_{j,t} + \lambda_{3,t}BM_{j,t} + \lambda_{4,t}Attribute^k_{j,t} + \zeta_{j,t}$$

　$CofC_{j,t}$：資本コスト

$Beta_{j,t}$：ベータ値
$Size_{j,t}$：市場価値の対数変換値
$BM_{j,t}$：市場価値によって除されたj企業の簿価の対数変換値
$Attribute_{j,t}^{k}$：利益の質

　その後 Francis et al.（2005）は，Francis et al.（2004）の結果をふまえて，会計発生高の質に焦点を合わせて資本コストとの関連性研究を深めていく。会計発生高の質モデルは，McNichols（2002）モデルに依拠したモデルを用いて，企業属性ファクターと裁量ファクターとに分けて検証を試みる。そして，分析の結果，(1)低い質の会計発生高を有する企業は，高い資本コストを有すること，(2)裁量ファクターの会計発生高の質と企業属性の会計発生高の質は，異なる資本コストを有していること，(3)裁量ファクターの会計発生高の質は，企業属性の会計発生高の質よりも価格効果が小さい。それは裁量ファクターに関しては企業間で不均質性があるためである，(4)裁量的発生高を用いて情報の不確実性を削減して質を高める経営者が存在するが，逆に質を低下させる経営者も存在するからであること，を提示するのである。

　こうして2002年に提示された Dechow and Dichev（2002）モデル，その修正モデルである McNichols（2002）モデルは，会計発生高の質を用いた資本市場研究へと展開されるとともに，内部統制報告制度のコスト・ベネフィット分析研究にも用いられていくようになる。そこで，次に，McNichols（2002）モデルおよびその改良モデルを展開して算出した会計発生高の質と内部統制の不備との関連性を検証した Dolye et al.（2007b）研究および会計発生高の質を中心概念としてその会計発生高の質の決定要因を分析した Ashbaugh-Skaife et al.（2008）研究について用いられたモデルを中心に考察する。

　Doyle et al.（2007b）は，脆弱な内部統制環境では，権限の分離が行われず，経営者の裁量行動を通した意図的な偏向を許したり，見積もりにおける経験不足が非意図的な誤謬を導いてしまうと予想し，会計発生高の質でこの内部統制による影響を測定した。すなわち，非意図的な誤謬と裁量行動両方に伴う誤差が把握できる，Dechow and Dichev（2002）と Jones（1991）とを統合させた McNichols

(2002) モデルを用いて会計発生高の質を算出した。

$$\Delta WC_t = \beta_0 + \beta_1 OCF_{t-1} + \beta_2 OCF_t + \beta_3 OCF_{t+1} + \beta_4 \Delta REV_t + \beta_5 PPE_t + \varepsilon_t$$

　Ashbaugh-Skaife et al.（2008）研究では，財務報告の質として会計発生高の質を中心概念に置き，会計発生高の質の決定要因を解明している。会計発生高の質は，Ball and Shivakumar（2006）に依拠して，保守主義の影響をコントロールするための変数を入れた次のモデルを用いて推定している。

$$WC_t = \beta_0 + \beta_1 OCF_{t-1} + \beta_2 OCF_t + \beta_3 OCF_{t+1} + \beta_4 ABNRET_t + \beta_5 DABNRET_t$$
$$+ \beta_6 DABNRET^*ABNRET_t + \varepsilon_t$$

$ABNRET_t$：当期に係る買い持ちリターンから買い推奨か売り推奨の間のリ
　　　　　　ターンを控除したもの
$DABNRET_t$：ABNRET が 0 以下である場合，0 とする

　また，Ashbaugh-Skaife et al.（2008）は，Ball and Shivakumar（2006）に依拠して保守主義の影響をコントロールするための変数を入れた，Kasznik（1999）モデルを展開する。

$$TA_t = \alpha_0 + \alpha_1 (1/\text{ASSET}_{t-1}) + \alpha_2 (\Delta REV_t - \Delta AR) + \alpha_3 PPE_t + \alpha_4 ABNRET_t$$
$$+ \alpha_5 DABNRET_t + \alpha_6 DABNRET^*ABNRET_t + \varepsilon_t$$

　　　　TA：全会計発生高
　　　ΔREV：売上高増加額
　　　ΔAR：売上債権増加額

$$WC_t = \alpha_0 + \alpha_1 (1/\text{ASSET}_{t-1}) + \alpha_2 (\Delta REV_t - \Delta AR) + \alpha_3 PPE_t$$
$$+ \alpha_4 ABNRET_t + \alpha_5 DABNRET_t + \alpha_6 DABNRET^*ABNRET_t + \varepsilon_t$$

　このように，Dechow and Dichev（2002）で示された会計発生高の質推定モデルは，モデル自体改良を加えながら，会計発生高の質を代理変数とした資本市場

研究，会計発生高の質を財務報告の質の代理変数とした研究へと進化を続けている。裁量的発生高推定モデルが最適なモデルを目指して発展してきたように，会計発生高の質推定モデルも，企業属性ファクターや裁量ファクターによる影響をうまくとらえるモデルを目指しコントロール変数を検討することによって精緻化を目指して展開してきたのである。一方，日本では会計発生高の質に関する実証研究は米国と比較するとまだ蓄積されてきていない。今後，日本企業の会計発生高の質に関する研究が構築されることに併せて，実務において財務報告の質評価尺度として財務分析領域で利害関係者に認知され，活用されることが期待される。

3.3.2 裁量的発生高に関する研究

裁量的発生高は，これまで裁量行動研究[16]における経営者の裁量行動をとらえる代理変数として特にその推定方法について改良が重ねられ今日まで研究が構築されてきた（Jones 1991；DeFond and Jianbalvo 1994；Dechow et al. 1995；Balsam 1998；Kasznik 1999）。特に，裁量行動研究は，1980年代から裁量的発生高推定モデルを用いて契約や資本市場に関連した動機と関連させた研究が多く構築されてきた（Healy 1985；Jones 1991；Dechow, Sloan, and Sweeney 1995；Kasznik 1999；須田 2000；Suda and Shuto 2007）。

本書では，Francis et al.（2008c）の視点に依拠して，裁量的発生高を会計発生高の質とは区別して利益の質評価尺度の1つと示している[17]。それは，裁量的発生高は企業属性ファクターによって影響を受けず，裁量ファクターによって影響を受ける利益の質を反映させるものであるが，会計発生高の質は企業属性ファクターおよび裁量ファクター両者から生じる影響を利益の質に反映させているもので，両者は異なる影響を利益の質に反映させているという論拠からである（Francis et al. 2008c）。

利益の質評価尺度としての裁量的発生高を財務報告の質として，財務報告の質における内部統制報告制度の影響を検証した研究としては，Lobo and Zhou（2006），Cohen et al.（2008），Epps and Guthrie（2008）がある。これらの研究内容についてはすでに本章3.2.2で述べた。本節では，裁量的発生高推定モデルを

考察する。まず，Jones（1991）モデルに基づいて非裁量的発生高の予測値を推定し（等式1），次に，この非裁量的発生高の予測値を，全会計発生高から控除することによって，裁量的発生高を算出する（等式2）。修正 Jones モデルは，Dechow et al.（2005）で展開されたモデルであり，独立変数として売上高増加額ではなく，売上高増加額から売上債権増加額を控除する変数を用いる。OCF 修正 Jones モデル（Kasznik 1999）[18] は，営業活動によるキャッシュ・フローを独立変数に加えるものである。Lobo and Zhou（2006）は OCF 修正 Jones モデルを，Cohen et al.（2008）は修正 Jones モデルを用いて，裁量的発生高を推定している。Epps and Guthrie（2008）は，ROA（全資産で除した純利益）（Kothari et al. 2005）を独立変数に含めて裁量的発生高を推定している。

$$TACC_{j,t} = \alpha_1(1/TA_{0,t-1}) + \alpha_2 \Delta REV_{i,t}/TA_{j-1} + \alpha_3 PPE_{i,t}/TA_{j,t-1} + \eta_{j,t} \quad (1)$$

TA：期間 t における企業 j の合計資産
$TACC_{j,t}$：合計資産でデフレートされた全会計発生高
ΔREV：売上高増加額
PPE：有形固定資産
η：誤差項

$$DACC_{j,t} = TACC - [\alpha_1(1/TA_{0,t-1}) + \alpha_2(\Delta REV_{i,t} - \Delta REC_{i,t})/TA_{j-1} \\ + \alpha_3 PPE_{i,t}/TA_{j,t-1} + \eta_{j,t}] \quad (2)$$

ΔREC：売上債権増加額

このように，内部統制報告制度の影響を検証する目的をもつ研究では，これまで裁量行動研究で用いられてきた裁量的発生高を財務報告の質の1つとして，裁量的発生高推定モデル自体も改良させながら，用いていることが分かった。経営者の裁量ファクターは利益の質に影響を及ぼすファクターの1つであるが，第2章で示したように，内部統制報告制度導入あるいは適用が，特に裁量ファクターに影響したことが予想され，その影響の結果を裁量的発生高の変化を通して分析

することは妥当なことといえる。日本では，裁量行動研究は盛んに行われている領域である（須田 2000；首藤 2000；木村 2004；首藤・須田 2004；須田他 2007）。また，裁量的発生高と株式リターンや将来リターンとの関連性研究も構築されている（須田 2008）。そこで今後は，裁量的発生高を財務報告の質の代理変数とした内部統制報告制度のコスト・ベネフィット分析など応用研究として展開されることが期待される。

3.3.3 持続性に関する研究

第1章でも述べたように，持続性は，持続性の高い利益（sustainable earnings）を質が高い利益とすると考え方でとらえられている（Schipper and Vincent 2003；Francis et al. 2008c）。持続性に関する先行研究のなかでは，Sloan（1996）研究がその後の持続性研究に影響を与えた研究の1つといえる。Sloan（1996）以前にも，Kormedi and Lipe（1987）および Lipe（1990）など，持続性と株価リターンとの関連性に焦点を合わせた研究がある。Kormedi and Lipe（1987）も，利益の変動や水準にたいする株価の回帰の斜辺係数を持続性尺度としてとらえている。Kormedi and Lipe（1987）は，(1)株価は，期待便益（benefits）の現在価値である，(2)修正した期待利益の現在価値は，概ね期待便益を改訂した現在価値である，(3)利益の自己回帰時系列モデル（autoregressive model, AR）は利益に関する市場の期待を表すという仮説を提示して，株価と利益との間の関連性の大きさが利益の持続性に依拠するかどうかを検証し，利益の期待外部分（earnings innovation）が利益の持続性と正の関連性を有するという仮説を支持する結果を示している。

Sloan（1996）は，当期利益のうちの会計発生高と営業活動によるキャッシュ・フローが将来利益の持続性にたいして異なる情報を有していること，利益の持続性はキャッシュ・フローと会計発生高の相対的大きさに依拠することを明らかにしている。Dechow and Schrand（2004, pp.16-17）は，利益の会計発生高部分がキャッシュ・フロー部分よりも持続性が低い理由として，当期における会計発生高の過大あるいは過小評価が将来期間の会計発生高を通して調整されることを示している。

その後，利益の会計発生高部分がキャッシュ・フロー部分よりも持続性が低いのは，会計発生高にある見積もりに伴う主観性によるというSloan (1996) の論拠について，Richardson et al. (2005) は会計発生高と持続性との関連性の検証を通して，持続性研究を展開させる。利益の会計発生高部分は，典型的に将来キャッシュ・フローの見積もり，過去のキャッシュ・フローの繰延べ，配分および評価を統合するが，キャッシュ・フローを見積もる主観性に関与し，利益の会計発生高部分が異常に振幅する場合に利益の持続性が低くなるという証拠を提示した。

Sloan (1996) 研究以降における持続性に関する研究には，利益，会計発生高，キャッシュ・フローの各持続性の関係に関する研究 (Fairfield et al. 2003a；Richardson et al. 2005)，持続性を利益の質評価尺度の1つとして分析した研究 (Francis et al. 2004；Machuga and Teitel 2007；Ashbaugh-Skaife et al. 2008；Leggett 2008) がある。利益の持続性に関しては，株式リターンとの関連性や，将来利益との関連性などの証拠を示した研究が日米において多く蓄積されている (Xie 2001；野間 2004；大日方 2006；音川 2006；Dechow and Ge 2006；須田・高田 2008) が，本節では，持続性を利益の質評価尺度とした研究に焦点を合わせている。

Leggett (2008) 研究は，持続性に焦点を合わせて持続性を1つの財務報告の質評価尺度としてSOX法導入による影響を検証した研究である。Leggett (2008) の結果は，SOX法による裁量行動や裁量的発生高の変化が総合的に持続性に影響を及ぼしたことを提示している。持続性における内部統制報告制度による影響に関してはまだそれほど蓄積はなされていない。今後の内部統制報告制度による影響に関する研究に関しては，持続性尺度単独で検証するだけでなく，持続性尺度と会計発生高の質など他の利益の質評価尺度との関連性とともに検証していき，より頑強な結果を導出することが期待される。

3.3.4 予測可能性に関する研究

米国では，予測可能性を利益の質評価尺度として検証した研究はそれほど多くないが，Francis et al. (2004) がある。Francis et al. (2004) は，予測可能性をLipe (1990) に依拠して利益が利益自体を予測する能力と定義し，将来利益を予

測指標として分析している。一方，日本では，キャッシュ・フロー予測精度を利益の質評価尺度とした研究として海老原（2004）と田澤（2004）がある。

田澤（2004）は，Dechow and Dichev（2002）モデルによって推定した会計発生高の質と1期先のキャッシュ・フロー予測モデルの予測精度の関係を分析している。会計発生高の質が高い企業は，会計発生高に含まれる経営者による将来キャッシュ・フローの見積もり誤差が小さいため会計発生高を組み込んだモデルが予測誤差が低いことを示している。また，会計発生高に依拠した予測モデルとキャッシュ・フローのみに基づいた予測モデルを比較した結果，会計発生高の質が将来キャッシュ・フロー予測における会計発生高の役割と関連していることを明らかにし，会計発生高の質が，会計情報利用者によるキャッシュ・フロー予測にたいする重要な影響要因となっていることを示している。

海老原（2004）は，概念フレームワークの視点，すなわち，個々の企業の財務報告には意思決定支援機能という目的があり，その会計情報には予測価値を要素とする目的適合性が求められるという論拠で，将来キャッシュ・フロー予測に役立つ程度を利益の質評価尺度としている。そして，Dechow and Dichev（2002）モデルによって発生主義会計のプロセスで生じる予測誤差の大きさを会計発生高の質ととらえ，キャッシュ・フロー予測モデルの予測能力と予測誤差に与える影響を分析している。具体的には，利益だけのモデル，営業活動によるキャッシュ・フローだけのモデル，営業活動によるキャッシュ・フローと短期会計発生高のモデル，営業活動によるキャッシュ・フロー，短期会計発生高および長期会計発生高のモデルでのキャッシュ・フローの予測能力について自由度修正済み決定係数の差異の有意性検定と，会計発生高の追加的貢献度の有意性検定から検証している。会計発生高の質が高いサブサンプルにおける自由度修正済み決定係数は，各モデルとも，会計発生高の質が低いサブサンプルの決定係数よりも上回り，会計発生高の質が高いほうが利益の将来キャッシュ・フロー予測能力が高まることを示している。また，短期会計発生高の追加的貢献度は有意に正の値を示していることから，会計発生高の質が高いサブサンプルのほうが，低いサブサンプルよりも短期会計発生高の追加的貢献度が高い証拠となり，このことは質の高い会計発生高のほうが将来キャッシュ・フロー予測にたいする有用性が高いことを示し

ている。さらに，各予測モデルにおける平均平方誤差（MSPE）は短期会計発生高を追加することによって予測精度が高まることを示している。実証結果から，会計発生高の予測誤差が会計発生高自体のキャッシュ・フロー予測能力，すなわち，会計発生高の質に影響を与え，会計発生高を構成要素とする利益のキャッシュ・フロー予測能力，すなわち利益の質にも影響を与えることが確認された。

田澤（2004）および海老原（2004）から，キャッシュ・フロー予測精度には会計発生高の質が重要な役割を果たしていることが分かった。こうして，キャッシュ・フロー予測精度と会計発生高の質との関連性については日本を中心に研究が構築されている。しかしながら，会計発生高の質と将来キャッシュ・フローを用いて利益の質に影響を及ぼす，企業属性ファクターや裁量ファクターとの関連性を検証した研究は，国際的にもそれほど根付いていない。

Bissessur（2008）は，まず会計発生高とキャッシュ・フロー情報の将来キャッシュ・フロー予測との関係を会計発生高の質の水準との関連性において検証し，会計発生高の質が低い場合に，キャッシュ・フローの持続性が低くなり，会計発生高が将来キャッシュ・フローの予測に目的適合的になるという仮説を設定し，この仮説を支持する結果を提示した。次に，裁量的発生高の将来キャッシュ・フロー予測能力と会計発生高の質の関連性を検証した。興味深いのは Bissessur（2008）は，経営者の裁量行動を発見する変数として用いられてきた裁量的発生高の将来キャッシュ・フロー予測能力と会計発生高の質の関連性に基づいて，裁量行動の目的が機会主義的か情報提供的かどうかを判断している点である。すなわち，裁量的発生高が機会主義的裁量行動を反映している場合は，裁量的発生高の将来キャッシュ・フロー予測能力が会計発生高の質に影響を受ける。逆に経営者が裁量的発生高を用いて将来業績に関する情報を提供している場合，裁量的発生高の将来キャッシュ・フロー予測能力は会計発生高の質に影響を受けないという仮説を設定し，この仮説を支持する結果を導出した。Bissessur（2008）は，Dechow and Dichev（2002）による会計発生高の質推定モデルを用いず，企業規模，ボラティリティ，営業循環などの企業属性を独立変数とするモデルで会計発生高の質を測定し，将来キャッシュ・フローとの関連性については従属変数を1期先キャッシュ・フローとした回帰モデルを設定している[19]）。

会計発生高の質とキャッシュ・フロー予測精度を用いて企業属性ファクターや裁量ファクターとの関連性を検証した研究が国際的に数少ないなか，会計発生高の質と将来キャッシュ・フロー予測能力を用いて裁量行動目的を把握する点を提示した点は貢献といえる。しかしながら，Bissessur（2008）独自の会計発生高の質推定モデルには，多重共線性の問題が存在する可能性があるし，将来キャッシュ・フローの予測能力を測定するのに，従属変数を1期先キャッシュ・フローとした回帰モデルで示しているが，この回帰モデルは1期先キャッシュ・フローとの関連性を測定したもので予測能力とはいえない。従来から用いられている会計発生高の質推定モデルと予測誤差を用いて裁量的発生高や会計発生高に着目することが期待される。

　キャッシュ・フロー予測精度と，価値関連性や保守主義など他の利益の質評価尺度[20]と関連させた研究には Kim and Kross（2005）がある。Kim and Kross（2005）は，1973年から2000年までのデータを用いて利益と将来キャッシュ・フローとの関連性を検証した研究である。利益と株式リターンや株価との関連性研究など多数の価値関連性研究が，利益の価値関連性がしだいに低下しているという証拠を示しているが[21]，彼女らは，株価が将来キャッシュ・フローの現在価値であるとするなら，利益と株価との関連性の低下は，利益が将来キャッシュ・フローを予測する能力が低下しているのではないかと予想するが，実証結果は，利益と将来キャッシュ・フローを予測する能力は向上しているという結果を示したのである。特に保守主義会計を高めた産業群の企業においてその関係が強化されたことを示している。

　以上の先行研究から，キャッシュ・フロー予測精度は，会計発生高の質との関連性（海老原 2004；田澤 2004），保守主義との関連性（Kim and Kross 2005）があることが分かった。今後は，キャッシュ・フロー予測精度を利益の質評価尺度とし，他の利益の質評価尺度との関連性[22]や，企業属性ファクターや裁量ファクターとの関連性を検証した研究が期待される。

　第1章でも述べたが，会計利益情報の将来キャッシュ・フロー予測精度に関する研究には蓄積があり（Bowen et al. 1986；Wilson 1986；Wilson 1987；Finger 1991；Lorek and Willinger 1996；Dechow et al. 1998；Barth et al. 2001；吉田 2002；

Nakashima and Ziebart 2007)[23]，日米両国において会計利益情報のほうがキャッシュ・フローの予測精度が高いという結果が示されている。会計利益情報のキャッシュ・フロー予測精度に関して規範的研究が多いなかで，日本において実証的証拠を提示した先駆的研究として吉田（2002）がある。

　吉田（2002）は，1975年から2000年までの日本の上場企業を分析対象とし，利益モデルと会計発生高成分モデルを用いて将来キャッシュ・フローにおける予測誤差を比較した研究である。吉田（2002）は，時系列では会計発生高成分モデルのほうが予測誤差が小さいこと[24]，産業別にみた場合にクロスセクションによる会計発生高成分モデルの推定が有用であることを示し，会計発生高が将来キャッシュ・フローとの関連性に関して有効に働いていることを日本企業において証明した研究といえる。

　キャッシュ・フロー予測精度に関する研究は，米国では1980年後半から2000年初頭にかけて，日本においてはキャッシュ・フロー計算書制度が導入される2000年ごろ多数提示された。近年の米国におけるキャッシュ・フロー予測研究としてはYoder（2007）がある。Yoder（2007）は，1989－2004年までのデータを用いて，キャッシュ・フロー予測モデルとして，ランダム・ウォークモデル（cash flow-based random walk model），キャッシュ・フロー基準回帰モデル（cash flow-based regression model），会計発生高成分モデル（accrual-based reversal model），Barth et al.（2001）モデルを発展させた，期末棚卸資産，期末売上高，および売上高予想として期末時点における1期先2期先間の売上高増減額を含めた，売上高予想会計発生高モデル（accrual-based regression model）を用いて1期先キャッシュ・フローに関するout-of-sampleの予測誤差を比較している。分析の結果，売上高予想会計発生高モデルが会計発生高成分モデルや，キャッシュ・フロー基準回帰モデルよりも将来キャッシュ・フローの予測能力が高い証拠を示し，会計発生高には経営者による将来売上高予想が含まれ予測精度が高まることを示している。こうしてキャッシュ・フロー予測研究はモデルの精緻化という方向で展開されている。

3.3.5 平準化に関する研究

平準化尺度には，当期純利益の標準偏差対営業活動によるキャッシュ・フローの標準偏差，(Leuz et al. 2003[25]；Francis et al. 2004)，会計発生高と営業活動によるキャッシュ・フロー間のスピアマン順位相関係数（Leuz et al. 2003；Machuga and Teitel 2007），利益変動額の絶対値対営業活動によるキャッシュ・フロー変動額の絶対値比率（Machuga and Teitel 2007）が用いられている。平準化尺度を利益の質評価尺度として用いている研究には，Francis et al.（2004），Machuga and Teitel（2007）および Brown et al.（2008）がある。

Machuga and Teitel（2007）は，平準化尺度を利益の質評価尺度の1つとして用いてメキシコ株式市場企業および ADR 企業がメキシコ版内部統制報告規制前後における利益の質の変化を分析している。検証の結果，第1の平準化尺度である $|\sigma NI|/|\sigma OCF|$ 比率は，両サンプルとも，内部統制報告規制以降に高まったこと，特に，ADR 企業のほうが平準化尺度がより高まったこと，また，第2の平準化尺度である全会計発生高と営業活動によるキャッシュ・フロー間におけるスピアマン順位相関係数は，負の係数が減少したことが観察された。これらの結果から，Machuga and Teitel（2007）は，メキシコ版内部統制報告規制が利益の質が高めたことを示している。Brown et al.（2007）も，平準化尺度として $|\sigma NI|/|\sigma OCF|$ および Δ 会計発生高と ΔOCF のスピアマン順位相関係数を通して，経営者が平準化が減少させたことを観察し，ドイツの内部統制報告規制が利益の質を増加させたことを示している。Machuga and Teitel（2007）および Brown et al.（2008）は，内部統制報告規制以降に，経営者が裁量を減らし，平準化を減らしたことを通して利益の質が高まったと結論づけている。

平準化を会計的裁量行動の1つとし，すべて機会主義的な会計的裁量行動としてとらえ，こうした平準化が減少することを利益の質が高いと容易に結びつけてしまっていいのだろうか。

平準化を会計的裁量行動，特に機会主義的な会計的裁量行動としてとらえ，こうした平準化が減少することを利益の質が高いという評価基準は注意しなければ

ならない論点として指摘できる。須田（2000, p.359）が指摘するように，「報酬契約との関係で経営者が機会主義的な会計手続きを選択し利益の平準化に結びついた場合，それが証券市場では情報提供的会計手続き選択として評価される」こともあるし，実際，Bao and Bao（2004）[26]は，利益の質が高い平準化企業のほうが，同じく利益の質の高い非平準化企業よりも高い株価収益率を有することを示している。裁量行動には，機会主義的な裁量行動だけではなく情報提供的な会計的裁量行動も含まれている可能性がある。

中島（2008）は，利益の平準化尺度が将来キャッシュ・フロー予測の観点から情報量（informativeness）を高めていることを示している。Barnea et al.（1975）によれば，平準化は経営者が当期利益の将来への持続性の程度としての情報を証券市場に伝達する効率的な方法であり，Hand（1989）によれば，利益の平準化は，当期利益の将来への持続性の程度に関する情報を証券市場に提供する効果的方法であり，経営者が，市場の期待値に近い一株あたり利益を創出するために利益の平準化を行うという。こうして，利益の平準化は，経営者の裁量行動の1つではあるが，情報提供的役割を果たすために行われる可能性もある。

したがって，平準化尺度を利益の質評価尺度として用いる場合は，平準化尺度単独で評価するのではなく，平準化尺度の定義を明確にして他の利益の質評価尺度と併せて用いることが有用であろう。

本節では，会計ベースによる各利益の質評価尺度すなわち，会計発生高の質，裁量的発生高，持続性，予測可能性，平準化に焦点を合わせた先行研究を調査し，検討した。各利益の質評価尺度は，用いられる分析指標自体が類似しているため明確に区別できない尺度も存在する[27]。また，どの利益の質評価尺度が優れているかどうかは一概にはいえない。財務報告の質における内部統制報告制度の影響研究としては，複数の利益の質尺度を用いて分析して包括的に検証していく必要があるといえる。

現在，保守主義，価値関連性などの市場ベースによる利益の質評価尺度を用いた研究が日米で多数構築されている。しかしながら，この市場ベースによる利益の質尺度に焦点を合わせた内部統制報告制度前後における変化を検証する研究はあまり提示されてはいない。そこで今後は，会計ベース，市場ベースの利益の質

尺度両者を用いて財務報告の質における内部統制報告制度の影響について分析していくことが課題といえる。図表3-6は，これまで示してきた利益の質の評価尺度1つ1つについての先行研究の概要をまとめたものである。

3.4　本章の要約

　本章では，内部統制と財務報告の質に関する研究として，財務報告の質における内部統制報告制度による影響および内部統制の不備と財務報告の質との関連性について，利益の質評価尺度として財務報告の質について，この3つの領域における先行研究を調査した。それは，第5章から第7章において行う実証分析を行う前に，各国における財務報告の質における内部統制報告制度による影響を概観して国際的な動向をふまえておく必要があったこと，それぞれどのような利益の質評価尺度やモデルを用いて内部統制報告規制の経済的帰結を導出したのかを明らかにしておく必要があったためである。また，利益の質評価尺度に焦点を合わせた研究を調査した目的は，各利益の質評価尺度が単独で用いられる場合，どのような研究目的で用いられたのか，どういう結果を提示したのかを把握することによって，本書のリサーチ・クエスチョンを解明するために用いる尺度としての妥当性を検討できると考えたからである。

　本章3.2.1では，財務報告の質における内部統制報告制度の影響研究を検討した。この研究は，SOX法の主要目的である財務報告の質が改善されたかどうかについて幾つかの利益の質評価尺度で提示した。その結果，日本以外の国では内部統制報告規制は財務報告の質を改善させたことが分かった。

　本章3.2.2では，内部統制の不備と財務報告の質との関連性研究を考察した。その結果，内部統制の不備を開示した企業は，赤字報告，小規模，創業年数が短い，事業が複雑など共通する企業属性と関連性を有することが分かった。そして第3節では，会計発生高の質，裁量的発生高，持続性，予測可能性，平準化という利益の質評価尺度に関する先行研究を調査した。会計発生高の質は，これまで利益の質評価尺度の代表的概念と考えられ，財務報告の質の経済的影響を測定す

る研究において，会計発生高の質推定モデルの精緻化もともにすすめられていることが分かった。裁量的発生高は裁量行動研究のほうで一般的用いられてきた変数であるが，財務報告の質にたいして裁量ファクターは重要なファクターであるので，裁量的発生高も，利益の質評価尺度として取り入れられてきていることが分かった。予測可能性は，これまで企業評価や会計情報の有用性に用いられてきた変数であり，利益の質評価尺度として用いている研究は数少ないが，会計発生高の質との関連性が明らかにされていることからも利益の質評価尺度として取り入れるべき変数の1つと考えられる。

　以上の先行研究レビューを通して，本書で行う利益の質における内部統制報告規制の経済的帰結に関する実証分析を差別化しておくことにする。米国では，Lobo and Zhou（2006）およびCohen et al.（2008）が裁量的発生高や会計的裁量行動と実体的裁量行動などの利益の質評価尺度を用いて，米国以外でもMachuga and Teitel（2007）およびBrown et al.（2008）が平準化，損失の適時認識，異常会計発生高などの尺度を用いて財務報告の質における内部統制報告規制の経済的結果を示しているが，日本では利益の質における内部統制報告規制の経済的帰結に関する研究はまだ存在しない。そこで，本書では，会計発生高の質，裁量的発生高，キャッシュ・フロー予測精度を用いて財務報告の質における内部統制報告規制の結果を分析する。

　これまでの利益の質測定には，利益の質評価尺度として，平準化，損失の適時認識，裁量的発生高が用いられているが，会計発生高の質やキャッシュ・フロー予測精度についてはまだそれほど用いられていない。田澤（2004）と海老原（2004）研究において会計発生高の質とキャッシュ・フロー予測精度の関連性が明らかにされていることから，この2つを利益の質評価尺度に追加して分析することは，財務報告の質に関する実証結果の頑強性を高めることになるであろうし，Bissessur（2008）の論拠を参考にして，会計発生高の質と予測誤差を同時横断的に分析することによって裁量行動の目的を把握する方法とすることが期待できる。平準化尺度に関しては，平準化尺度が低いほど利益の質が高いとする研究と，平準化尺度は経営者が当期利益の将来への持続性を証券市場に伝達する方法であるとする研究との間において相反する解釈基準が議論されている。こうしたことか

ら，平準化尺度は，本書では，利益の質評価尺度として内部統制報告規制による影響を分析していないが，平準化尺度を会計的裁量行動の1つとしてみることができるという方法をとる。

　裁量行動研究は，従来は主に会計発生高に基づく会計的裁量行動を中心に展開されてきた。Graham et al.（2005）や須田・花枝（2008）のサーベイ調査のインプリケーションで示された内部統制報告規制による裁量行動手法の変化，すなわち会計的裁量行動と実体的裁量行動の変化をSEC基準適用日本企業に適用して検証する。この会計的裁量行動と実体的裁量行動の変化について背後にある経営者の動機を包括的に分析した研究はそれほど蓄積されていない。そこで，第5章で，この会計的裁量行動と実体的裁量行動の変化の背後にある経営者の動機を検証する。さらに，この会計的裁量行動と実体的裁量行動の分析を，会計発生高の質とキャッシュ・フロー予測誤差との関連性分析を併用させて会計的裁量行動だけではなく実体的裁量行動の目的についても機会主義的か情報提供的かを解明する。

　内部統制の不備との財務報告の質に関しては，重大な欠陥開示企業数が少ないため実証分析を行っていないが，内部統制の不備と会計発生高の質との関連性が先行研究において明らかにされているので，第7章では会計発生高の質に焦点を合わせて企業属性や裁量行動が決定要因かどうか検証する。

注
1）　SOX法では，「内部統制の不備」に「重大な欠陥」が含まれ，米国における「内部統制の不備と利益の質」研究の多くは，重大な欠陥開示企業を研究対象としている。「内部統制の不備」および「重大な欠陥」についての定義は第2章の付録資料で説明しているのでそちらを参照されたい。
2）　SEC基準適用日本企業では，日立製作所，アドバンテスト，トレンドマイクロ，三菱UFJファイナンシャル・グループ，クボタ，日本電気の6社が重大な欠陥を開示した。
3）　内部統制に関する実証研究は，SOX法施行以前にはあまり構築されていない。その理由として，Kinney（2000, p.88）は，「第1には，企業の戦略および組織計画，経営過程，リスク，およびリスク測定についての情報が限定されていること，第2には，内部統制過程自体にある本質的複雑性によって，内部統制過程の質をとらえることが難しいこと，第3には，データや組織，人事情報などの入手が限定されていること，第4には，内部統制は，企業間，

産業間，組織上および規制上の構造，および文化間で異なるため，研究結果の潜在的一般化が非常に難しいこと，第5には，内部統制について関心を持つ人が少ないため，研究を公表する機会が限定されていることである」と示している。

4） 連邦預金保険公社（Federal Deposit Insurance Corporation, FDIC）は，1933年に，銀行破綻を背景に預金保険基金として創設された。しかしながら，1980年代の相次ぐ銀行破綻によってFDICの財政基盤が弱体化した。このため，FDICの機能を強化を目的として，連邦預金保険公社改善法（FDICIA）が1992年に制定されたのである。このFDICIAのなかに，米国の大規模銀行経営者にたいして財務報告に係る内部統制についての有効性評価を毎年要請する規定がある。このFDICIAが，SOX法規定のモデルとなったのである。http://www.fdic.gov/regulations/laws/rules/8000-2400.html, http://www.fdic.gov/regulations/laws/important/index.html

5） Altamuro and Beatty（2006）は，FDICIA規制によって影響を受けた銀行グループは，増大した精査を受け利益の質を改良インセンティブをもつかもしれないという仮説を設定し検証したのである。

6） ADR企業は，内部統制報告制度導入以前から，米国会計基準に準拠しなければならなく，また規制当局による高度な規制や投資者による精査があり，ADR企業は平準化尺度や異常会計発生高においてメキシコ上場企業よりも高い質を有していた。メキシコ版内部統制規制は，メキシコ国内上場企業にたいして家族経営企業に保守的な会計を強制するようになった可能性もある（Machuga and Teitel 2007, p.54）。

7） Machuga and Teitel（2007, p.54）によれば，この結論は，経営者による会計発生高にたいする見積もりが，将来の業績を示し，機会主義的な行動を示したものではないことと整合するものであるという。すなわち，こうした利益の質の増加は，内部統制報告規制が経営者の行動を変化させたことを示唆するものであるという。

8） この日本におけるサーベイ調査（佐々木他 2008）とアーカイバル・データを融合させた研究に奥田他（2009）研究がある。彼らは，(1)内部統制システム構築における決定要因の分析，(2)内部統制システム構築の決定要因の経年変化（2005年と2007年について），(3)監査の質における決定要因分析と経年変化（2005年と2007年について）を分析している。

9） 本書では，GAAP範囲での経営者による裁量を「裁量行動」とし，GAAPを逸脱した裁量を「利益操作」と区別して示している。

10） Ge and McVay（2005）によれば，当該重大な欠陥開示企業は複数の内部統制の不備を報告しているので，サンプル企業が493の内部統制の不備を開示し，平均すると，各企業は1.9の内部統制の不備を開示したことになる。

11） Kinney and McDaniel（1989）は，四半期利益訂正企業には，小規模，低収益，多額の負債，低成長，不確実性に直面などの企業属性があることを示している。DeFond and Jiambalvo（1991）は，誤謬を開示した41社とコントロール企業41社についてこの誤謬が経営者の裁量行動手段として用いられたかどうかを調査している。その結果，41社の誤謬訂正は利

益上方修正であることが分かり，利益増加型インセンティブによることが示されたが，これらの企業は，株式所有が集中していない，低収益であるという企業属性を有することが示された。
12) 奥田他 (2009) は，内部統制の不備や会計発生高の質との関連性ではなく，内部統制の有効性にたいする経営者意識との関連性を検証している。
13) Schipper and Vincent (2003) は，さらに，利益の時系列特性に基づいた利益の質評価尺度として持続性，予測可能性，ばらつき (variability) を，利益，会計発生高およびキャッシュ・フローとの関連性に基づいた利益の質評価尺度として営業活動からのキャッシュ・フローと利益の比率，全会計発生高の変動，会計発生高と現金の関連性に関する直接的見積もりを示している。
14) 一ノ宮 (2008) は，利益の質を「利益の持続可能性と会計処理の保守性に基づいて，将来の利益の予見可能性を評価するための視点」と定義し，これまでの利益の質研究を財務諸表構成要素アプローチ，ファンダメンタル分析アプローチ，実証分析アプローチ，キャッシュ・フロー分析アプローチの4つに分類して体系化するとともに，一ノ宮 (2008) 自身は，事業上の質の検討と会計上の質という二段階評価プロセスにおいて利益の持続可能性と会計処理の保守性という利益の質評価尺度を用いる「利質分析モデル」を構築し，企業評価へ適用している。
15) Francis et al. (2004) は，投資者の資源配分意思決定としての要約的指標として資本コストを用いて，会計発生高の質，持続性，予測可能性，平準化などの7つの利益の質概念と，投資者の資源配分意思決定との間の関連性を実証的に検証している。最大の資本コストの影響は，会計発生高の質に観察されたことを示している。すなわち，低い会計発生高の質を有する企業は，高い会計発生高の質を有する企業よりも高い資本コストを有することを示し，利益の質と資本コストの関連性があることを示している。
16) 2000年以降には，動機以外のファクターとの関連性について符号なしの裁量行動尺度を用いて展開する研究が構築されるようになってきた (Leuz et al. 2003; Hribar and Nichols 2007)。Leuz et al. (2003) は，1990年から1999年の31か国の8,000社以上のデータを調査し，平準化尺度として(1)会計発生高を用いた平準化された利益，(2)会計発生高の変動と営業活動によるキャッシュ・フロー間の相関，裁量行動尺度として，(3)利益における裁量：会計発生高の大きさ，(4)報告利益の裁量：損失回避性に焦点を合わせて，(1)発達した株式市場，分散化した所有権，強い投資者保護権利，強い法的強制力を有する国（英国，米国），(2)未発達株式市場，集中的所有権，弱い投資者保護権利，強い法的強制力を有する国（ドイツ，日本，スウェーデン），(3)弱い法的強制力を有する国（イタリア，インド）の3つのクラスターに分類し，3つのクラスター間における裁量行動尺度を比較検証している。その結果，裁量行動尺度は，強い投資者保護，大規模株式市場および分散した所有権を有するクラスターにおいて，低いことが示された。
17) Francis et al. (2008c) は，裁量的発生高を利益の質研究における利益の質評価尺度とし

て用いる場合は，裁量的発生高の絶対値を変数として用い，裁量行動研究の裁量行動尺度として用いる場合は符号ありの裁量的発生高を変数とし，裁量的発生高をそれぞれの研究領域に応じて区別して扱っている。本書では，裁量ファクターは利益の質に影響を及ぼすという論拠に基づき，符号ありの裁量的発生高を利益の質評価尺度の1つとして検討している。

18) Lobo and Zhou (2006) は，推定される裁量的発生高が低い利益を有する企業では負の偏向，高い利益を有する企業では正の偏向を示すという Kasznik (1999) の論拠を提示してこの OCF 修正 Jones モデルを用いる妥当性を示している。

19) 会計発生高の質は，次のモデルを考案して算出している。

$$AQ\_score_t = Size_t + Sales\_Volatility_t + Earnings\_Volatility_t + Cashflow\_Volatility_t$$
$$+ Accruals\_Volatility_t + Accrual\_Magnitude_t + Operating\_Cycle_t$$
$$+ Negative\_Earnings_t$$

将来キャッシュ・フローと裁量的発生高との関連性は次のモデルから導出している。

$$OCF_{t+1} = \alpha_0 + \phi_1 OCF_t + \phi_2 NOA\_excludingAbnormal\ Accrual_t + \phi_3 Abnormal\ Accrual_t + \iota_t$$

20) Francis et al. (2008c) は，会計ベースの利益の質評価尺度として，適時性や保守主義，価値関連性も示している。

21) Kim and Kross (2005) は，1990年代後半から2000年前半までの価値関連性研究について言及している。吉田 (2005) は，Vuolteenaho (2002) モデルに依拠して会計発生高やキャッシュ・フローと株式リターンとの関連性を検証した，価値関連性研究の1つといえるが，1990年代以降，裁量的発生高の将来キャッシュ・フローとの関連性が強くなっていることを示している。

22) 平準化尺度とキャッシュ・フロー予測精度との関連性を検証した研究に，Gu (2005) や中島 (2008) がある。

23) Barth et al. (2002) および Nakashima and Ziebart (2007) は，利益総額モデルよりも会計発生高を構成要素に分類したモデルのほうが将来キャッシュ・フローの予測能力が高いという証拠を提示している。

24) Nakashima and Ziebart (2007) も，SEC 基準適用日本企業データを用いて企業別時系列分析において会計発生高モデルが将来キャッシュ・フロー関連性において有効であることを示している。

25) Leuz et al. (2003) は，平準化尺度を経営者の裁量行動尺度として企業群間における経営者の裁量行動水準を比較した調査研究であり，詳細は注15を参照されたい。

26) Bao and Bao (2004) は，サンプルを利益の質が高い平準化企業，利益の質が高い非平準化企業，利益の質が低い平準化企業，利益の質が低い非平準化企業の4つに分類して，この4つの企業群間における価値関連性を比較した研究である。Bao and Bao (2004) は，Sloan (1996) の持続性尺度を利益の質評価尺度として用いている。

27) 例としては，第1章の注35でも示したように，Leuz et al. (2003) の平準化尺度である利益標準偏差値/OCF 標準偏差値は，保守的会計的裁量行動尺度としてみることができる。

第4章

利益の質評価尺度としての会計発生高の質と持続性

4.1　本章の目的

　第3章では，利益の質評価尺度を用いて財務報告の質における内部統制報告制度の影響を検証した研究および各利益の質評価尺度に関する研究を調査した。財務報告の質は，特に裁量的発生高や会計的裁量行動と実体的裁量行動，平準化，損失の適時認識，異常会計発生高などの利益の質評価尺度に焦点を合わせた分析を通して，内部統制報告規制によって高まったことが確認できた。米国に上場する日本企業における財務報告の質は改良されたであろうか。そこで，本書第5章から第7章では裁量的発生高，キャッシュ・フロー予測精度，会計発生高の質を利益の質評価尺度として用いて内部統制報告制度適用の影響を検証する。

　その前に本章では，第5章から第7章での実証分析の前提となる利益の質評価尺度として会計発生高の質および持続性[1])を取り上げて，検証を行う。先に，第6章および第7章で用いる会計発生高の質推定モデルがSEC基準適用企業データにおいて適合するかどうかを分析する。次に，利益の質評価尺度の1つである会計発生高の質が，利益の質に影響を及ぼすファクターである企業属性ファクターとの関連性を有しているかどうかを検証する。さらに，利益の質評価尺度の

1つである利益の持続性は，会計発生高の質や会計発生高の大きさとの間に有意な関連性があるかどうかを分析する。

本章の第2節以降の構成は，第2節で会計発生高の質推定モデルを考察し，第3節で仮説を展開し，第4節でリサーチ・デザインを提示する。そして第5節で実証結果を示し，第6節で要約を示す。

4.2　会計発生高の質推定モデル

会計発生高の質を利益の質評価尺度として用いたのは Dechow and Dichev (2002) を嚆矢とする。本節では，会計発生高の質を推定するモデルとして Dechow and Dichev (2002) モデルおよび McNichols (2002) モデルを検討する。

Dechow and Dichev (2002) の理論は，会計発生高が仮定および見積もりの際に，基礎となっているキャッシュ・フローにあるタイミングと対応の問題を解決する一時的な調整項目であること，発生主義過程において見積もり精度が高ければ，当期の会計発生高と過去，現在あるいは将来キャッシュ・フローの実現化間の対応関係が強くなるが，見積もり精度が低ければ，会計発生高にはノイズが発生し，会計発生高のキャッシュ・フローへの実現化間の対応関係が弱くなり，会計発生高の調整項目としての役割は減じてしまうというものである。

こうした理論をふまえて，Dechow and Dichev (2002) は，会計発生高の質を，会計発生高が有するキャッシュ・フローを見積もる精度と定義し，運転資本の前期，当期，1期先営業活動によるキャッシュ・フローの企業別回帰からの残差の標準偏差で表している。さらに，Dechow and Dichev (2002) は，会計発生高の質が経営者による見積もり誤差に関連しているだけではなく，企業が有する属性にも関連していることを提示し，企業属性は，会計発生高の質を引き出す代替的な方法であることを示している。次節では，Dechow and Dichev (2002)，McNichols (2002) モデルがどのように導出されるかを考察する。

4.2.1 Dechow and Dichev（2002）モデル

Dechow and Dichev（2002）モデルは，当期の会計発生高と，1期先営業活動によるキャッシュ・フローと前期営業活動によるキャッシュ・フローとの関係に焦点を合わせている点が特徴である。すなわち，Dechow and Dichev（2002）モデルは，運転資本に関するキャッシュ・フローの実現が一般的に1年以内に起こる，運転資本会計発生高，すなわち，売上債権増加額 + 棚卸資産増加額 − 支払債務増加額 − 未払税金の増加額 + その他の資産（正味）に焦点を合わせてモデルを構築している。

発生主義会計では，キャッシュ・フローの実際の受取り，支払いと，キャッシュ・フローが収益・費用として認識されることの2つが重要である。下付き文字は，キャッシュ・フローが受け取られたり，支払われたりする期のことであり，上付き文字は，キャッシュ・フローが収益・費用として認識される期を示している。したがって，t期におけるキャッシュ・フローは次の3つから構成されていることが分かる。

OCF_t^{t-1}：$t-1$期において見越し計上された額の現金の受取りあるいは支払い
OCF_t^t　　：当期のキャッシュ・フロー（正味）
OCF_t^{t+1}：$t+1$期に繰延べ計上されるキャッシュ・フロー

OCF_t^{t-1}は，$t-1$期に収益・費用として認識され，t期にキャッシュ・フローの受取り・支払いがあることを表している。たとえば，売掛金の回収である（図表4-1，事例1）。OCF_t^tはキャッシュ・フローが収益・費用として認識される同じ時期にキャッシュ・フローの受取りや支払いがあることを表している。OCF_t^{t+1}は，t期にキャッシュ・フローの受取り，支払いがあり，1期先において収益や費用として繰延べ計上されるものを表している。たとえば，棚卸資産にたいする現金支払いである（図表4-1，事例4）。したがって，当期のキャッシュ・フローは，次の式で示すことができる。

$$OCF_t = OCF_t^{t-1} + OCF_t^t + OCF_t^{t+1} \tag{1}$$

　発生主義会計では，会計発生高は，収益・費用の見越し・繰延べ計上を通してキャッシュ・フローの発生と収益・費用の認識とを期間的に対応させる"一時的調整"を行う役割を果たしている。

　収益・費用が認識された後キャッシュ・フローが発生する場合，経営者は将来受け取ったり，あるいは支払う現金の金額を見越し計上する必要がある。経営者の会計発生高の見越し計上が実際のキャッシュ・フローと異なる程度が，会計発生高の見積もり誤差となる。たとえば，会計発生高 $A_{OCFt+1/t}^o$ は，実際の1期先のキャッシュ・フロー OCF_{t+1}^t に，会計発生高の見積もりと実現キャッシュ・フローとの間の誤差を反映する誤差項 ε_{t+1}^t を加えたものに等しい。

　$A_{OCFt/t-1}^o$ は，t 期において受け取ったり，支払ったりした実際のキャッシュ・フロー $-OCF_t^{t-1}$ に前期において見越し計上した見積もりと今期の実際のキャッシュ・フローとの間の差異を反映する誤差項 $-\varepsilon_t^{t-1}$ を加えたものに等しい[2]。すなわち，以下のような等式となる。

t 期において，$t+1$ 期のキャッシュ・フローの受取り・支払いのために収益・費用の見越し計上を行う会計発生高

$$A_{OCFt+1/t}^o = OCF_{t+1}^t + \varepsilon_{t+1}^t \quad (\text{図表}4-1,\ \text{事例}1) \tag{2}$$

$t-1$ 期において，t 期のキャッシュ・フローの受取り・支払いのために収益・費用の見越し計上を行う会計発生高

$$A_{OCFt/t-1}^c = -OCF_t^{t-1} - \varepsilon_t^{t-1} \tag{3}$$

　また，収益・費用を認識するのに先立ってキャッシュ・フローの受取り・支払いがある場合，キャッシュ・フローの金額は，繰延収益（キャッシュ・インフロー）か繰延費用（キャッシュ・アウトフロー）のいずれかで認識される。$A_{OCFt+1/t}^o$ は，実際の1期先のキャッシュ・フロー OCF_t^{t+1} に関連している。繰延べキャッシュ・フローは，収益・費用を認識する前に発生するものなので，この会計発生高に誤差は含まれない。すなわち，以下のような等式となる。

図表4-1　収益・費用の認識とキャッシュ・フローの受取り・支払いの期間的対応関係

	収益・費用が認識されるのに先立って$t-1$期にキャッシュ・フローが発生する。	収益・費用が認識された後にキャッシュ・フローが$t+1$期に発生する。
t期に収益として認識	事例(3)： 現金の受取り：収益の繰延べ 会計発生高の発生，負債の発生 例：前受収益	事例(1)： 現金の受取り：収益の見越し 会計発生高の発生，資産の増加 例：売掛金
t期に費用として認識	事例(4)： 現金の支払い：費用の繰延べ 会計発生高の発生，資産の増加 例：棚卸資産・前払家賃	事例(2)： 現金の支払い：費用の見越し 会計発生高の発生，負債の発生 例：債務保証

以下は，収益・費用が認識される前後におけるキャッシュ・フローの受取り，支払いに関する取引についての概略を示したものである。

出典：Dechow and Dichev（2002, p.54）に依拠して著者が作成した。

t期にキャッシュ・フロー受取り・支払いがあって，$t+1$期に収益・費用の繰延べ計上を行う会計発生高

$$A_{OCFt/t+1}{}^o = -OCF_t^{t+1} \tag{4}$$

$t-1$期にキャッシュ・フロー受取り・支払いがあって，t期に収益・費用の繰延べ計上を行う会計発生高

$$A_{OCFt-1/t}{}^c = OCF_{t-1}^{t} \quad (図表4-1，事例4) \tag{5}$$

図表4-1は，収益・費用の認識とキャッシュ・フローの受取り・支払いの期間的対応関係を示したものである。

利益は，キャッシュ・フローと会計発生高で構成される（$E_t = OCF_t + A_t$）ので，$OCF_t + A_t$それぞれに等式(1)の右辺および等式(2)，(3)，(4)，(5)の左辺を代入すると，等式(6)のようになる。

$$E_t = (OCF_t^{t-1} + OCF_t^t + OCF_t^{t+1}) + (A_{OCFt+1/t}{}^o + A_{OCFt/t-1}{}^c \\ + A_{OCFt/t+1}{}^o + A_{OCFt-1/t}{}^c) \tag{6}$$

等式(6)の会計発生高を等式(2)，(3)，(4)，(5)の右辺であるキャッシュ・フロ

ーに置き換えると,等式(7)になる。

$$E_t = (OCF_t^{t-1} + OCF_t^t + OCF_t^{t+1}) + (OCF_{t+1}^t + \varepsilon_{t+1}^t - OCF_t^{t-1} - \varepsilon_t^{t-1} - OCF_t^{t+1} + OCF_{t-1}^t) \tag{7}$$

さらに等式(7)を再配列すると等式(8)になる。

$$E_t = OCF_{t-1}^t + OCF_t^t + OCF_{t+1}^t + \varepsilon_{t+1}^t - \varepsilon_t^{t-1} \tag{8}$$

　この等式(8)は,利益が過去,現在,将来のキャッシュ・フローの合計に加えて,見積もり誤差を加えた合計であることを表している。$E_t = OCF_t + A_t$であるので,等式(8)の左辺を

$$OCF_t + A_t = OCF_{t-1}^t + OCF_t^t + OCF_{t+1}^t + \varepsilon_{t+1}^t - \varepsilon_t^{t-1}$$

に置き換える。

左辺のOCF_tを右辺に移項すると,

$$A_t = OCF_{t-1}^t - OCF_t + OCF_t^t + OCF_{t+1}^t + \varepsilon_{t+1}^t - \varepsilon_t^{t-1}$$

$OCF_t = OCF_t^{t-1} + OCF_t^t + OCF_t^{t+1}$であるので,右辺の$OCF_t$に$OCF_t^{t-1} + OCF_t^t + OCF_t^{t+1}$を代入すると以下のとおりになる。

$$A_t = OCF_{t-1} - (OCF_t^{t-1} + \cancel{OCF_t^t} + OCF_t^{t+1}) + \cancel{OCF_t^t} + OCF_{t+1}^t + \varepsilon_{t+1}^t - \varepsilon_t^{t-1}$$

OCF_t^tが消去されて,以下の等式(9)が導出される。

$$A_t = OCF_{t-1}^t - (OCF_t^{t-1} + OCF_t^{t+1}) + OCF_{t+1}^t + \varepsilon_{t+1}^t - \varepsilon_t^{t-1} \tag{9}$$

　この等式(9)から,会計発生高が,実際のキャッシュ・フローの発生に伴い繰延べや見越し計上をする一時的調整に誤差項を加えたものであること,会計発生高が当期のキャッシュ・フローとは負の関連性,過去および将来キャッシュ・フローとは正の関連性を有していること,誤差項は会計発生高がキャッシュ・フローを見積もる精度をとらえるもの,すなわち,会計発生高の質尺度であることが

分かる。

　こうして，Dechow and Dichev（2002）は，以下の回帰モデル（等式(10)）を用いて，運転資本会計発生高の残差を推定している。この回帰式から推定された残差がキャッシュ・フローの実現に関連しない会計発生高を表すことになり，Dechow and Dichev（2002）は，企業別時系列回帰式を用いて，残差の標準偏差を会計発生高の質の代理変数としたのである。

$$\Delta WC_t = b_0 + b_1 OCF_{t-1} + b_2 OCF_t + b_3 OCF_{t+1} + \varepsilon_t \qquad (10)$$

　すなわち，Dechow and Dichev（2002）では，会計発生高の質は，運転資本会計発生高が営業活動によるキャッシュ・フローを見積もる精度として表される。

4.2.2　Jones（1991）モデル

　本分析で用いるのは，Dechow and Dichev（2002）およびMcNichols（2002）が中心であるが，Jones（1991）モデルについて概略を示しておく。これまで，かなりの研究が経営者の裁量行動を検出するために会計発生高を裁量部分と非裁量部分に分けて認識するモデルの構築において蓄積されてきている[3]。そして，裁量的発生高を検出するために，非裁量的発生高を推定するモデルが検討されてきた。近年の代表的な非裁量的発生高を推定するモデルの1つとしてJones（1991）モデルを示すことができる。Jones（1991）モデルは次のとおりである。

$$ACCRUAL_t = b_0 + b_1 \Delta Sales_t + b_2 PPE_t + \varepsilon_t$$

$ACCRUAL_t$：全会計発生高
$\Delta Sales_t$：売上高増加額
PPE_t：有形固定資産

　Jones（1991）モデルは，$b_0 + b_1(\Delta 売上高) + b_2(有固定固定資産)$ から裁量的発生高の予測値を推定する。この予測値を非裁量的会計発生高として，実際の会計発生高からこの非裁量的発生高が控除されて算出される ε が残差であり，この

残差が裁量的発生高とされる。Jones（1991）モデルでは，非裁量的発生高が不変であることを仮定して[4]，非裁量的発生高を企業の経済状況の変動による影響をコントロール変数として用いている。

4.2.3 McNichols（2002）モデル

前項で示したように，Dechow and Dichev（2002）の理論では，会計発生高の質は，将来キャッシュ・フロー額を見積もる会計発生高における，経営者の見積もりに生じる誤差に基づいて推定するものであった。こうした理論に依拠して，Dechow and Dichev（2002）モデルは，キャッシュ・フローと当期の会計発生高との関係に基づいた見積もり誤差から会計発生高の質を測定している。しかしながら，有形固定資産や収益に付随する企業属性が反映されていないこと，意図的な裁量行動から誤差が反映されていないこと，短期のキャッシュ・フローと会計発生高の関係に焦点を合わせていること（Schipper and Vincent 2003；McNichols 2002）というモデル上の問題が指摘されている。

また，会計発生高におけるキャッシュ・フロー予測精度は，経済的および構造的ファクターや，報告過程における経営者の裁量行動だけではなく，経営者の見積もりに関する熟練度も影響を及ぼしている。したがって，McNichols（2002）は，会計発生高の質に影響を及ぼすファクターとして，企業環境における不確実性，経営者による見積もりの熟練度，裁量行動が影響を及ぼすことを示し，会計発生高の質モデルとしては，裁量的発生高を非裁量的発生高とを区別しているモデルである Jones（1991）モデルと，Dechow and Dichev（2002）モデルに統合させたモデルを構築した[5]。すなわち，Jones（1991）モデルの裁量的発生高尺度と，Dechow and Dichev（2002）モデルの会計発生高の質とを関連させる誤差が測定できるようなモデルを展開したのである。McNichols（2002）モデルは次のとおりである。

$$\Delta WC_t = b_0 + b_1 OCF_{t-1} + b_2 OCF_t + b_3 OCF_{t+1} + b_4 \Delta Sales_t + b_5 PPE_t + \varepsilon_t$$

ΔWC_t：キャッシュ・フロー計算書で開示される運転資本の変動
OCF_t：営業活動によるキャッシュ・フロー[6]
$\Delta Sales_t$：期首資産によってデフレートされる売上高増加額
PPE_t：期首資産によってデフレートされる有形固定資産額

また，Dechow and Dichev（2002）モデルのΔWCの定義には，長期的会計発生高（繰延税金や減価償却費）が含まれていないことが指摘されている。これについては従属変数を全会計発生高にすることによって繰延税金や減価償却など実際長いリードおよびラグに関連する科目に関連する見積もり誤差も含めることで，解決している（Ashbaugh-Skaife et al. 2008）。

4.3 仮説展開

第3章で考察したように，米国企業を対象にした会計発生高の質と企業属性との関連性研究では，企業規模，営業活動によるキャッシュ・フローボラティリティ（OCFボラティリティ），売上高ボラティリティ，営業循環，赤字報告頻度などの企業属性が会計発生高の質と有意な関連性を有しているという証拠を提示している（Dechow and Dichev 2002；Doyle et al. 2007b）。この企業属性に加えて，海外売上高やM&Aで測定する事業の複雑性，増収率や棚卸資産投資で測定する成長性なども会計発生高の質の決定要因であるという証拠も示されている（Ashbaugh-Skaife et al. 2008）。また，内部統制の不備と会計発生高の質に関する研究では，重大な欠陥開示企業には低収益，小規模，創業年数が短い，事業が複雑，急成長，組織再編中という属性を有するという共通の特長があり，これらの企業属性が会計発生高の質と関連するという証拠も提示されている（Ge and McVay 2005；Doyle et al. 2007b；Ashbaugh-Skaife et al. 2008）。こうした先行研究レヴューを通して，利益の質評価尺度の1つとしての会計発生高の質は，企業属性ファクターとの関連性を有することが予想できる。利益の質に影響を及ぼすことが予想されるビジネスモデルや営業環境のなかから妥当な企業属性を選択するこ

とが重要なことであり（Francies et al. 2008c），会計発生高の質と関連すると予想できる企業属性として，営業活動上のボラティリティ，営業循環，企業規模を取り上げて検討する。

ボラティリティ（volatility）

ボラティリティとは会計数値の変動性のことであり，ある一定期間の標準誤差で測定される。財務分析領域では，ボラティリティは営業活動上で必然的に発生するものであり，会計発生高を通して企業評価に価値関連性がないキャッシュ・フローのボラティリティを平準化すれば，利益の質は改良されるが，会計発生高を通して価値関連性の高いキャッシュ・フローの変動を隠して将来修正や訂正を導くような機会主義的な平準化を行うと利益の質は減じるという考え方をとっている（Dechow and Schrand 2004, p. 7）。したがって，どのような価値関連性を有するボラティリティを平準化したかで利益の質が変化するので，ボラティリティのなかでも特に基礎となるOCFボラティリティや売上高ボラティリティが会計発生高の質と関連性があると予想できる。米国企業を対象にした研究では，OCFボラティリティや売上高ボラティリティが会計発生高の質と関連性があるという証拠が提示されている（Dechow and Dichev 2002；Doyle et al. 2007b；Ashbaugh-Skaife et al. 2008）。売上高ボラティリティやOCFボラティリティの高い企業は，ボラティリティの高い営業環境で，見積もりの頻度が増える傾向にあり，結果として予測誤差が大きくなり，会計発生高の質が低くなるからである（Dechow and Dichev 2002；Doyle et al. 2007b）。

会計発生高の質尺度は会計発生高の残差に基づいて推定したものであり，会計発生高ボラティリティと会計発生高の質は，少なくとも一部は概念上関連している。利益は，キャッシュ・フローと会計発生高の総計的数値である。したがって，会計発生高，利益の各ボラティリティは会計発生高の質と負の関連性があると予想できる（Dechow and Dichev 2002；Doyle et al. 2007b）。

営業循環

会計発生高はキャッシュ・フローのタイミングおよび対応の問題を解消するた

めに用いられるものであり，企業の営業循環が長いほど不確実性が高まり，見積もり自体も増えるし，見積もり誤差も増え，結果として，会計発生高の質は低くなることが示されている（Dechow and Dichev 2002, p. 46）。また，産業別の営業循環と運転資本会計発生高ボラティリティ間における相関関係から，営業循環が長くなるほど，運転資本会計発生高ボラティリティが大きくなるという証拠が示されている（Dechow 1994, pp. 42-43）。営業循環の長さが運転資本会計発生高ボラティリティを決定する要素の1つであり（Dechow 1994），運転資本会計発生高ボラティリティが会計発生高の質と関連性が示されれば，営業循環も会計発生高の質に影響を及ぼすことが予想できる。

企業規模

会計発生高のばらつきを決定づける企業属性ファクターの1つとして企業規模を示すことができる。大規模企業は規模の経済を享受し安定した状態で営業活動を行うことができるし，多角化経営で事業セクターごとに異なる営業活動のボラティリティを有しているが全体としては会計発生高のばらつきは低くなる（Gu et al. 2005）。また，大規模企業は，小規模企業より事業が安定して営業活動も予測可能なため予測誤差も小さいし，多角化経営により事業部および事業活動間でポートフォリオ効果によって予測誤差の相対的影響を削減可能である（Dechow and Dichev 2002, p. 47）。大規模企業には，多角化経営により比較的安定した収益の時系列があり，小規模企業に比べて，利益に高い自己相関と低いボラティリティを有している（Lev et al. 1993）。したがって，企業規模が大きくなるほど，会計発生高の質は高くなることが予想される（Dechow and Dichev 2002；Doyle et al. 2007b）。

こうして，会計発生高の質は，営業活動上のボラティリティや営業循環，企業規模と有意な関連性があることが予想され，次の仮説を設定する。

仮説1　会計発生高の質は，企業属性との間に有意な関連性を有する。

図表4-2は，1997年から2002年における損益計算書およびキャッシュ・フロー計算書項目の持続性を示している（Dechow and Schrand 2004, p. 13）。すなわち，

図表4-2　損益計算書とキャッシュ・フロー計算書項目の持続性

項　目	推定される持続性パラメータ
売上高	0.85
減価償却費控除前営業利益	0.76
減価償却費控除後営業利益	0.76
税金控除前利益	0.72
特別項目控除前利益	0.71
異常項目控除前利益	0.71
営業活動によるキャッシュ・フロー	0.65
フリーキャッシュ・フロー	0.41
財務活動によるキャッシュ・フロー	0.30
投資活動によるキャッシュ・フロー	0.25

出典）Dechow and Schrand（2004, p.13, 表2.1.）

　図表4-2では，利益の持続性をキャッシュ・フロー計算書における主要科目である，営業活動によるキャッシュ・フロー，フリーキャッシュ・フロー，財務活動によるキャッシュ・フロー，投資活動によるキャッシュ・フローの持続性と比較させて示している。図表4-2から，減価償却費控除前後の営業利益の持続性が0.76，特別項目や異常項目控除前利益の持続性は0.71であることが分かり，利益の持続性は営業活動以外の項目を含めるほど減少することが指摘できる（Dechow and Schrand 2004, p. 13）。

　次に，利益を各構成要素に分解して各構成要素の持続性をみてみると，利益の各構成要素が異なる持続性を有している証拠が示されている（Sloan 1996；Scott 2006；Dechow and Schrand 2004）。図表4-3および図表4-4は，それぞれ利益，キャッシュ・フロー，会計発生高の各持続性を示している。利益の持続性，会計発生高の持続性，営業活動によるキャッシュ・フローの持続性は，それぞれ0.841，0.765，0.855であり，会計発生高の持続性は，営業活動によるキャッシュ・フローの持続性より低くなっている。利益の持続性は各構成要素が有する異なる持続性の平均となっている（Scott 2006）。

　それでは，なぜ会計発生高の持続性は，営業活動によるキャッシュ・フローの持続性よりも低いのだろうか。その論拠としては，当期における会計発生高にたいする見積もりの際の過大表示および過小表示が，将来において会計発生高を通して調整されるが，会計発生高の過大表示・過小表示に関する当期の記録および

図表4-3　当期利益への将来利益の回帰結果

	蓄積データ	平均値	Q1	中央値	Q3
	$EARN_{t+1}=\beta_0+\beta_1 EARN_t+v_{t+1}$				
α_0	0.015 32.57**	0.021	0.041	0.019	0.027
α_1	0.841 303.98**	0.773	0.708	0.774	0.863

注）** 両側1％水準で有意。
出典）Sloan（1996, p.299, 表2）

図表4-4　当期会計発生高および営業活動によるキャッシュ・フローへの将来利益の回帰結果

	蓄積データ	平均値	Q1	中央値	Q3
	$EARN_{t+1}=\gamma_0+\gamma_1 ACCRUAL_t+\gamma_2 OCF_t+v_{t+1}$				
γ_0	0.011 24.05**	0.019	0.009	0.016	0.022
γ_1	0.765 186.53**	0.721	0.635	0.703	0.780
γ_2	0.855 304.56**	0.781	0.733	0.777	0.873

注）** 両側1％水準で有意。
出典）Sloan（1996, p.300, 表3）

次期に起こる反転によって，会計発生高のボラティリティが，キャッシュ・フローのボラティリティよりも高くなり，結果として会計発生高の持続性が営業活動によるキャッシュ・フローの持続性よりも低くなるためである（Dechow and Schrand 2004, pp. 16-17）。したがって，実現したキャッシュ・フローの時系列属性が定常であると仮定した場合，会計発生高の誤差が加えられると利益の持続性は低くなるのである（Dechow and Dichev 2002, p. 49）。

Richardson et al.（2005）は，Sloan（1996）が会計発生高部分がキャッシュ・フロー部分よりも持続性が低いのは，会計発生高にある見積もりに伴う主観性の差異によると述べたことを受け，この Sloan（1996）の会計発生高に付随する主観性や信頼性概念と持続性との間の関連性を検証した。そして，利益のうちの会計発生高には，将来キャッシュ・フローを当期の利益に見越したり，過去のキャッシュ・フローを将来の利益に繰延べる際の見積もりが含まれ，高い主観性が介入するので，会計発生高部分のボラティリティが大きくなり，利益の持続性が低

くなるという証拠を示した（Richardson et al. 2005）。そこで，会計発生高の質と利益の持続性との間には関連性があると予想でき，次の仮説を設定して検証する。

仮説2　会計発生高の質は，利益の持続性との間に有意な関連性を有する。

Sloan（1996）は，利益の構成要素である営業活動によるキャッシュ・フローと会計発生高が将来利益にたいして異なる持続性をもっているかどうかを検証している。Sloan（1996）は，将来利益を被予測指標，当期の利益，会計発生高と営業活動によるキャッシュ・フローを予測指標として以下の回帰式で検定した。

$$EARN_{t+1} = \beta_0 + \beta_1 EARN_t + \upsilon_{t+1}$$

$$EARN_{t+1} = \gamma_0 + \gamma_1 ACCRUAL_t + \gamma_2 OCF_t + \upsilon_{t+1}$$

図表4-3および図表4-4から，利益，会計発生高および営業活動によるキャッシュ・フローの各利益の持続性は次のように説明することができる。企業が1ドルの利益を稼得した場合，平均して84.1セントが次年度の利益まで持続する。会計発生高が大部分である利益1ドルは，76.5セントが次年度の利益まで持続する。営業活動によるキャッシュ・フローが大部分である1ドルの利益は，85.5セントが次年度の利益まで持続する。すなわち，キャッシュ・フローが多くを占める利益は，会計発生高が多くを占める利益よりも持続性が高くなるのである（Dechow and Schrand 2004, p. 16）。

こうした実証結果から，Sloan（1996）は，当期利益のうち，会計発生高とキャッシュ・フローは将来利益にたいして異なる持続性を有していること，当期利益が会計発生高への依拠が高い場合に持続性が低くなること，すなわち，キャッシュ・フローへの依拠が高い利益は，会計発生高への依拠が高い利益より高い持続性となることを示し，当期利益の持続性は，会計発生高の大きさが大きくなるほど減少し，当期利益の持続性は，利益を占めるキャッシュ・フローの大きさが大きくなるほど増加するという仮説を支持する結果を導出した（Sloan 1996）。すなわち，Sloan（1996）は，利益の構成要素としての会計発生高部分の持続性がキャッシュ・フロー部分の持続性よりも低いことから，会計発生高が大きい企業

図表4-5 利益の持続性にたいする会計発生高の質の情報内容と会計発生高の大きさ

ポートフォリオ	会計発生高の質の大きさに基づいたポートフォリオ				
	会計発生高の質（残差の標準偏差）	|ΔWC|	持続性（δ）	調整 R^2	観測数
1	0.006	0.023	0.943	0.830	3,047
2	0.013	0.033	0.816	0.651	3,043
3	0.020	0.042	0.799	0.619	3,049
4	0.032	0.058	0.756	0.545	3,045
5	0.069	0.086	0.551	0.280	3,050

出典）Dechow and Dichev（2002, p.50, 表5）

が，質の低い利益を有することになると示唆している[7]。

Dechow and Dichev（2002）は，低い会計発生高の質を有する企業の利益の持続性が低くなることを予想し，会計発生高の質と利益の持続性間における関連性を検証している。図表4-5は，会計発生高の質を5つに分けて各ポートフォリオごとの会計発生高の大きさと持続性を示している。会計発生高の質が低下するにつれて，持続性は0.943から0.551へと減少し，モデルの調整 R^2 も0.830から0.280へと減少している。この結果から，利益の持続性は，会計発生高の大きさに依拠していることが観察できる（Dechow and Dichev 2002, p.51）。

会計発生高の大きさと利益の持続性に関する実証研究に Dechow and Ge（2006）および須田・高田（2008）がある。Dechow and Ge（2006）は，会計発生高の大きさを10のポートフォリオに分けてそのポートフォリオごとの利益と営業活動によるキャッシュ・フローの持続性を示している。その結果，全体的には利益のほうがキャッシュ・フローよりも持続性が高いこと，会計発生高の絶対値が大きくなるにつれ利益とキャッシュ・フローの持続性は減少することを示している。また，Dechow and Ge（2006）は，ポートフォリオ1ではキャッシュ・フローが利益よりも持続性が高く，絶対値が大きい負の会計発生高で構成されていた。さらに，Dechow and Ge（2006）は，会計発生高の大きさと持続性と特別項目間の関連性を検証し，ポートフォリオ1に属する企業は，金額が大きい特別項目を報告していること，それ以外のポートフォリオにおいて特別項目が報告される頻度は非常に低いことを示している。すなわち，偶発的な事象など特別項目がある場合は，利益の持続性が減少することが分かる。日本企業データを用いて分析し

た須田・高田（2008）も，Dechow and Ge（2006）と整合する結果を導出している。したがって，SEC基準適用日本企業データにおいても，利益の持続性は会計発生高の大きさに依拠していると予想でき，次の仮説を設定する。

仮説3 利益の持続性は，会計発生高の大きさとの間に有意な関連性を有する。

4.4　リサーチ・デザイン

4.4.1 モデル

本研究では，会計発生高の質を推定する回帰式として Dechow and Dichev（2002）モデル，Jones（1991）モデルおよび McNichols（2002）モデルの3つのモデルを用いる。見積もり誤差は，企業属性や経営者の見積もり熟練度だけではなく，経営者の裁量行動にも影響を受けていることから，Dechow and Dichev（2002）モデルおよび Jones（1991）モデルを統合させた McNichols（2002）モデルを用いることによって見積もり誤差に影響を及ぼす裁量ファクターを把握することができる。

$\Delta WC_t = \beta_0 + \beta_1 OCF_{t-1} + \beta_2 OCF_t + \beta_3 OCF_{t+1} + \varepsilon_t$
　　　　　　　　　　　　　　　　　　　　Dechow and Dichev（2002）モデル
$\Delta WC_t = \beta_0 + \beta_1 \Delta SALES_t + \beta_2 PPE_t + \varepsilon_t$　　　　Jones（1991）モデル
$\Delta WC_t = \beta_0 + \beta_1 OCF_{t-1} + \beta_2 OCF_t + \beta_3 OCF_{t+1} + \beta_4 \Delta SALES_t + \beta_5 PPE_t + \varepsilon_t$
　　　　　　　　　　　　　　　　　　　　McNichols（2002）モデル

$\Delta WC_t =$ 売上債権増加額 ＋ 棚卸資産増加額 ＋ 支払債務増加額 ＋ 未払消費税等増加額 ＋ 割引手形増加額 ＋ その他の流動資産増加額（正味）

会計発生高の質は，上の回帰モデル式から企業別に算出した残差の標準偏差によって推定する。そして，高い標準偏差が低い質とする。

4.4.2 企業属性ファクターモデル

利益の質の決定要因には，企業属性ファクターと裁量ファクターの2つがあり，企業属性ファクターはビジネスモデルや営業環境に基づくものであることはすでに第2章で述べた（Francis et al. 2004 ; Francis et al. 2008c）。Palepu et al.（2004）および Dechow and Dichev（2002）は，Francis et al.（2008c）のフレームワークでいえば，利益の質の評価尺度の1つである，会計発生高の質に焦点を合わせて企業属性と会計発生高の質との間の関係をみている。見積もり誤差は会計発生高の質に影響を与えるファクターの1つであり，この見積もりの正確性は企業環境などの企業属性ファクターによって異なる。したがって，経営者の裁量ファクターが存在しなくても，会計発生高の質は体系的に企業属性や産業特徴に関連する（Palepu et al 2004 ; Dechow and Dichev 2002, p. 36）。

本節の目的は，実際に企業属性が会計発生高の質の決定要因となっているかどうかを検証することである。企業属性が会計発生高の質の決定要因となっているかどうかをみるには，まず企業属性ファクターおよび裁量ファクターを区別する必要がある（Dechow and Dichev 2002 ; Francis et al. 2008c）[8]。企業属性ファクターおよび裁量ファクターを区別する方法には2つある（Francis et al. 2008c, pp. 20-24）。第1の方法は，会計発生高の質など利益の質評価尺度を従属変数としてビジネスモデルや営業環境である企業属性を独立変数とする次の回帰分析モデルを行い，その誤差を裁量ファクターとする方法である。Dechow and Dichev（2002）および Doyle et al.（2007b）は，企業属性として，企業規模，営業活動のばらつき，売上高のばらつき，営業循環，および赤字報告頻度を含めてこの第1の方法を用いている。

$$Total\ EQ_{j,t} = \lambda_0 + \lambda_1 (Size)_{j,t} + \lambda_2 \sigma(OCF)_{j,t} + \lambda_3 \sigma(Sale)_{j,t} + \lambda_4 OperatingCycle_{j,t} + \lambda_5 NegEarn_{j,t} + \mu_{j,t}$$

$Total\ EQ_{j,t}$：利益の質合計
$Size_{j,t}$：合計資産の対数変換値
$\sigma(OCF)_{j,t}$：ある一定期間にわたって推定される営業活動によるキャッシュ・フローの標準偏差
$\sigma(Sales)_{j,t}$：ある一定期間にわたって推定される売上高の標準偏差
$OperatingCycle_{j,t}$：営業循環の対数変換値
$NegEarn_{j,t}$：赤字（異常項目控除当期純損失）をある一定期間に報告する回数
$\mu_{j,t}$：誤差項

　第2の方法は，利益の質評価尺度を従属変数とする回帰モデルにおいて企業属性ファクターを独立変数として含めることによって利益の質に影響を与える企業属性をコントロールするものである。この第2の方法をとった場合，回帰式における検証する変数の係数が利益の質をとらえるものであり，裁量ファクターを示している（Francis et al. 2008c, p. 21）。たとえば，ある会計手続きが低い（高い）利益の質と関連性を有しているかを分析する場合，分析の結果 $\gamma_1 > 0$（$\gamma_1 < 0$）が示された場合，その会計手続きは低い（高い）利益の質と関連することを示すのである。この2つめの方法は，Francis et al.（2008c）で採用されている方法である。

$$TotalEQ_j = \gamma_0 + \gamma_1 AccMethod_j + \lambda_k Innate(k)_j + \varepsilon_{j,t}$$

$AccMethod_j$：ある会計手続きを用いた場合は1で，そうでない場合は0とする
$Innate(k)_j$：企業属性ファクターのベクトル。

　第1の方法は，企業属性ファクター対裁量ファクターの各構成要素の係数を提示することができるので，企業属性ファクターと裁量ファクターによる利益の質に与える影響を比較することが可能であるという利点がある。一方で，企業属性ファクターからはずされた属性の影響が誤差項におけるノイズを増加させるという欠点もある（Francis et al. 2008c, p. 22）。第2の方法は，企業属性による影響を

コントロールした後の裁量ファクターの影響を提示するが,企業属性ファクター群が完全なものでない場合,裁量ファクターの係数が高めに偏向して TotalEQ の係数が高めに偏向される結果となる (Francis et al. 2008c, p. 22)。こうして,属性ファクターと裁量ファクターと区別する2つの方法にはそれぞれ長所短所があるので両者を代替的に用いるよりもむしろ,両者の方法とも用いて利益の質と企業属性ファクターの関連性を検証することが奨励される (Francis et al. 2008c, p. 23)。しかしながら,本章における検証では,企業属性ファクターにある各属性と利益の質との関連性を個別に導出する必要があるため,企業属性ファクターと裁量ファクターを区別する方法として,第1の分析方法を用いる。

4.4.3 サンプルデータ,基本統計量と相関

本章で実施する分析対象企業は,SEC 基準適用日本企業である[9],[10]。データは,1989年から2006年までの当該企業の連結財務諸表データを LexisNexis,日本証券業協会証券広報センターおよび各企業の WEB サイトから入手している[11]。

図表4-6は,会計発生高の質推定モデルの変数に関する基本統計量を示している。図表4-6から,$EARN$ が OCF よりも値が大きくなっていること,ΔWC は正の値となっていること,利益から OCF を差し引いた値である $ACCRUAL_t$ は負の値(-0.040)になっていることが分かる。この結果は Dechow and Dichev(2002)と整合している。

図表4-7パネル A は,各変数間の相関係数,パネル B は OCF の影響をコントロールした後の相関係数を示している。$EARN_t$ と OCF_t 間は正の相関(ピアソン相関係数0.774;スピアマン順位相関係数0.797),ΔWC_t と OCF_t 間は負の相関(ピアソン相関係数-0.322;スピアマン順位相関係数-0.306),$ACCRUAL_t$ と ΔWC_t 間は正の相関(ピアソン相関係数0.571;スピアマン順位相関係数0.593),ΔWC と1期先 OCF 間は負の相関(ピアソン相関係数-0.038;スピアマン順位相関係数-0.043)で,いずれも1%の有意水準で係数は有意である。この相関結果も,Dechow and Dichev(2002)における相関結果と整合する。

パネル B からは,ΔWC と1期先 OCF 間が正の相関(0.220),ΔWC と1期前

図表 4-6　基本統計量（観測数431）

変数	平均値	中央値	標準偏差	最小値	最大値	第1四分位	第3四分位
OCF_t	0.061	0.061	0.037	−0.035	0.186	0.036	0.087
ΔWC_t	0.003	0.003	0.025	−0.221	0.085	−0.011	0.018
NI_t	0.022	0.017	0.028	−0.121	0.149	0.005	0.037
$ACCRUAL_t$	−0.040	−0.039	0.031	−0.219	0.050	−0.059	−0.019
OCF_{t-1}	0.061	0.061	0.037	−0.035	0.186	0.036	0.087
OCF_{t+1}	0.061	0.061	0.037	−0.035	0.186	0.036	0.087
$EARN_{t+1}$	0.064	0.065	0.038	−0.103	0.190	0.040	0.088
ΔAR_t	−0.005	−0.006	0.020	−0.064	0.118	−0.016	0.005
ΔINV_t	−0.004	−0.004	0.020	−0.068	0.236	−0.012	0.005
ΔAP_t	0.003	0.004	0.017	−0.057	0.074	−0.005	0.013
$\Delta SALES_t$	0.027	0.030	0.169	−2.108	0.863	−0.013	0.077
PPE_t	0.220	0.232	0.073	0.014	0.420	0.182	0.267
$logOC$	−1.560	−1.611	0.243	−2.277	−0.595	−1.700	−1.513
$logTA$	6.284	6.326	0.494	5.210	7.051	5.817	6.719
$ASSET$	3224148.3	2091269.5	2908494.6	158069.0	10614984.5	646079.0	5323359.0

注）変数は，次のとおりに定義される。すべての変数は，期首期末平均資産でデフレートされている。

OCF_t	t 期における営業活動によるキャッシュ・フロー
ΔWC_t	運転資本会計発生高：$\Delta AP+\Delta INV-\Delta AP-\Delta$ その他の資産（正味），t 期における運転資本の変動
NI_t	t 期における当期純利益
$ACCRUAL_t$	t 期における当期純利益−OCF
OCF_{t-1}	$t-1$期における営業活動によるキャッシュ・フロー
OCF_{t+1}	$t+1$期における営業活動によるキャッシュ・フロー
$EARN_{t+1}$	$t+1$期における $OCF+\Delta WC$
ΔAR_t	t 期における売上債権増加額
ΔINV_t	t 期における棚卸資産増加額
ΔAP_t	t 期における支払債務増加額
$\Delta SALES_t$	t 期における売上高増加額
PPE_t	t 期における有形固定資産
$logOC$	営業循環：[（売上高/360）/（売掛金期首期末平均額）+（売上原価/360）/棚卸資産期首期末平均額] の対数変換値
$logTA$	企業規模：期首期末総資産の対数変換値
$ASSET$	期首期末平均資産

OCF 間が正の相関（0.442）で，いずれも 1％の有意水準で有意であることが観察でき，Dechow and Dichev（2002）の結果と一致する結果であった。ΔWC と1期前 OCF 間の正の相関および ΔWC と1期先 OCF 間の正の相関は，等式(9) $A_t=CF_{t-1}{}^t-(CF_t{}^{t-1}+CF_t{}^{t+1})+CF_{t+1}{}^t+\varepsilon_{t+1}{}^t-\varepsilon_t{}^{t-1}$ を具現化したもの，すなわち，運転資本会計発生高が実現キャッシュ・フローの繰延べや見越し計上をするという特徴を示した結果である。

図表 4 – 7　相関係数（観測数431）

パネル A：	NI_t	$EARN_t$	OCF_t	ΔWC_t	OCF_{t+1}	OCF_{t-1}	$EARN_{t+1}$	$ACCRUAL_t$
NI_t	1.000	0.708 ***	0.577 ***	0.205 ***	0.402 ***	0.529 ***	0.519 ***	0.218 ***
$EARN_t$	0.759 ***	1.000	0.774 ***	0.350 ***	0.587 ***	0.699 ***	0.711 ***	−0.282 ***
OCF_t	0.608 ***	0.797 ***	1.000	−0.322 ***	0.619 ***	0.619 ***	0.699 ***	−0.671 ***
ΔWC_t	0.213 ***	0.266 ***	−0.306 ***	1.000	−0.038	0.129 ***	0.029	0.571 ***
OCF_{t+1}	0.416 ***	0.589 ***	0.605 ***	−0.043	1.000	0.516 ***	0.774 ***	−0.375 ***
OCF_{t-1}	0.601 ***	0.719 ***	0.605 ***	0.145 ***	0.489 ***	1.000	0.587 ***	−0.260 ***
$EARN_{t+1}$	0.622 ***	0.768 ***	0.719 ***	0.050	0.797 ***	0.604 ***	1.000	−0.364 ***
$ACCRUAL_t$	0.079	−0.325 ***	−0.687 ***	0.593 ***	−0.396 ***	−0.280 ***	−0.366 ***	1.000

右上半分はピアソン相関係数，左下半分はスピアマン順位相関係数を示している。

パネル B：	ΔWC_t	OCF_{t-1}	OCF_{t+1}
		相関（OCFの影響のコントロール後）	
ΔWC_t	1.000	0.442 ***	0.220 ***
OCF_{t-1}	0.442 ***	1.000	0.213 ***
OCF_{t+1}	0.220 ***	0.213 ***	1.000

注）変数は，次のとおりに定義される。すべての変数は，期首期末平均資産でデフレートされている。

- OCF_{t-1}　　$t-1$期における営業活動によるキャッシュ・フロー
- OCF_t　　　t期における営業活動によるキャッシュ・フロー
- OCF_{t+1}　　$t-1$期における営業活動によるキャッシュ・フロー
- ΔWC_t　　運転資本会計発生高：$\Delta AP+\Delta INV-\Delta AP-\Delta$ その他の資産（正味）
- $EARN_t$　　$OCF_t+\Delta WC_t$
- $\Delta SALES_t$　t期における売上高増加額
- PPE_t　　　t期における有形固定資産
- *10%水準，** 5%水準，*** 1%水準で有意

4.5 実証分析の結果

4.5.1 回帰分析

　図表 4-8 は，各会計発生高の質推定モデルの回帰分析結果を示している。すなわち，これは，各企業ごとの時系列データを用いて回帰した結果の平均値である。各モデルに示した 2 列目は White（1980）の共分散推定に基づく t 値である。

　この 3 つのモデルからの発見事項は次のとおりである。Dechow and Dichev（2002）モデルにおける 1 期前 OCF，当期 OCF，1 期先 OCF の係数（t 値）は，それぞれ 0.338（9.390），-0.493（-12.535），0.108（2.996）であり，McNichols（2002）モデルにおける 1 期前 OCF，当期 OCF，1 期先 OCF の係数（t 値）はそれぞれ 0.308（8.844），-0.543（-14.170），0.091（2.496）であり，いずれも 1％有意水準で有意である。すなわち，会計発生高は，1 期前 OCF の間および 1 期先 OCF の間には正の関連性，当期 OCF との間には強い負の関連性があること

図表 4-8　会計発生高の回帰分析

$\Delta WC_t = \beta_0 + \beta_1 OCF_{t-1} + \beta_3 OCF_t + \beta_4 OCF_{t+1} + \varepsilon_t$ (1)
$\Delta WC_t = \beta_0 + \beta_1 \Delta SALES_t + \beta_2 PPE_t + \varepsilon_t$ (2)
$\Delta WC_t = \beta_0 + \beta_1 OCF_{t-1} + \beta_2 OCF_t + \beta_3 OCF_{t+1} + \beta_4 \Delta SALES_t + \beta_5 PPE_t + \varepsilon_t$ (3)

モデル	(定数項)	OCF_{t-1}	OCF_t	OCF_{t+1}	$\Delta SALES_t$	PPE_t	調整 R^2	F 値
Dechow and Dichev (2002) モデル(1)	0.006 2.537 **	0.338 9.390 ***	-0.493 -12.535 ***	0.108 2.996 ***			0.288	58.749 ***
Jones (1991) モデル(2)	-0.004 -1.055				0.019 2.629 ***	0.029 1.756 *	0.020	5.884 **
McNichols (2002) モデル(3)	-0.003 -0.790	0.308 8.844 ***	-0.543 -14.170 ***	0.091 2.496 **	0.029 4.930 ***	0.061 3.741 ***	0.351	47.300 ***

注）変数の定義は，図表 4-6 を参照されたい。*10％水準，** 5％水準，*** 1％水準で有意。

が分かる。Jones（1991）モデルにおいて，$\Delta SALES$ および PPE の係数（t 値）は，それぞれ0.019（2.629），0.029（1.756）で，有意である。会計発生高が売上高の変動および有形固定資産と有意な正の関連性を有していることが観察できる。McNichols（2002）モデルにおいて，会計発生高が，キャッシュ・フロー，売上高の変動および有形固定資産と有意な関連性を有していることが分かる。これらの結果は Dechow and Dichev（2002）および McNichols（2002）の結果と整合し，SEC 基準適用日本企業データにたいする Dechow and Dichev（2002）および McNichols（2002）モデルの適合性を確認することができた。

3つのモデルのあてはまりは調整 R^2 からみることができる。Jones（1991）モデル，Dechow and Dichev（2002）モデル，McNichols（2002）モデルの各調整 R^2 はそれぞれ0.020，0.288，0.351で，3つのモデルの中では McNichols（2002）モデルの調整 R^2 が最も高い。この3つのモデルの調整 R^2 の比較から，McNichols（2002）モデル，Dechow and Dichev（2002）モデル，Jones（1991）モデルの順でモデルのあてはまりがよいことが分かる，特に，McNichols（2002）モデルが最もあてはまりがよいことから，会計発生高の質には，見積もり誤差，裁量行動，企業属性が反映されることが示唆できる。

4.5.2　会計発生高の質および企業属性の基本統計量の相関

図表4-9は，企業別に推定した会計発生高の質および会計発生高の質に影響を及ぼすと予想される企業属性の基本統計量を示したものである。Dechow and Dichev（2002）モデルを用いて推定した会計発生高の質の平均値（中央値）は，0.007（0.006）で田澤（2004）および海老原（2004）の値と近似値であるが，Dechow and Dichev（2002）の平均値（中央値）は0.029（0.020）であり，SEC 基準適用日本の会計発生高の平均値は，米国上場企業よりも低い傾向にあることが示された。また，営業循環については，156日で Dechow and Dichev（2002）モデルの結果である141日と近く，米国上場企業と類似して SEC 基準適用日本企業の運転資本会計発生高は，1年以内にはキャッシュ・フローとなるといえる。

図表 4-9　基本統計量（観測数429）

	平均値	中央値	標準偏差	最小値	最大値	第1四分位	第3四分位
AQ_DD	0.007	0.006	0.008	0.000	0.138	0.003	0.008
AQ_MN	0.006	0.005	0.008	0.000	0.141	0.003	0.008
AQ_Jones	0.008	0.007	0.010	0.000	0.149	0.003	0.010
logOC	−1.560	−1.611	0.243	−2.277	−0.595	−1.700	−1.513
logTA	6.284	6.326	0.494	5.210	7.051	5.817	6.719
SDofΔSALES	0.059	0.031	0.103	0.001	1.510	0.015	0.064
SDofOCF	0.021	0.018	0.016	0.000	0.088	0.009	0.028
SDofΔWC	0.013	0.010	0.013	0.000	0.159	0.005	0.017
SDofEARN	0.021	0.017	0.016	0.000	0.118	0.008	0.031
absΔWC	0.018	0.014	0.018	0.000	0.221	0.007	0.025

注）変数は，次のとおりに定義される。

AQ_DD	Dechow and Dichev（2002）モデルを用いて推定される会計発生高の質（残差の標準偏差）
AQ_MN	McNichols（2002）モデルを用いて推定される会計発生高の質（残差の標準偏差）
AQ_Jones	Jones（1991）モデルを用いて推定される会計発生高の質（残差の標準偏差）
logOC	営業循環：[（売上高/360）/（売掛金期首期末平均値）+（売上原価/360）/（棚卸資産期首期末平均値）］の対数変換値
logTA	企業規模：期首期末総資産の対数変換値
SDofΔSALES	売上高の変動ボラティリティ：売上高の変動の標準偏差
SDofOCF	営業活動によるキャッシュ・フローボラティリティ：営業活動によるキャッシュ・フローの標準偏差
SDofΔWC	運転資本会計発生高ボラティリティ：運転資本の変動の標準偏差
SDofEARN	利益ボラティリティ：利益の標準偏差
absΔWC	会計発生高の大きさ：運転資本の変動の絶対値

4.5.3　仮説1の検定結果：会計発生高の質と企業属性との関連性

仮説1は，利益の質の決定要因といわれる，企業属性ファクターが，会計発生高の質に影響を及ぼしているのかを検証することである。すなわち，ここで会計発生高の質を決定する企業属性を把握する。

図表4-10は，会計発生高の質と企業属性間の相関係数を示している。会計発生高の質は，営業循環，売上高ボラティリティとの間にはそれぞれ比較的低い相関（ピアソン相関係数0.048：スピアマン順位相関係数0.101）（ピアソン相関係数0.122：スピアマン順位相関係数0.138）を示し，それぞれ5％有意水準で有意である。一方，会計発生高の質は，運転資本会計発生高ボラティリティ，利益ボラティリティとの間には，それぞれ比較的高い相関（ピアソン相関係数0.671：スピアマン順位相関係数0.107）（ピアソン相関係数0.423：スピアマン順位相関係数0.152）

図表 4-10　相関係数（観測数429）

	AQ_DD	logOC	logTA	SDofΔSALES	SDofOCF	SDofΔWC	SDofEARN	absΔWC
AQ_DD	1.000	0.048	0.022	0.122 **	0.098 **	0.671 ***	0.423 ***	0.660 ***
logOC	0.101 **	1.000	0.390 ***	0.091 *	0.235 ***	0.083 *	0.228 ***	0.073
logTA	0.082 *	0.394 ***	1.000	0.090 *	0.013	−0.031	0.041	−0.041
SDofΔSALES	0.138 ***	0.206 ***	0.192 ***	1.000	0.103 **	0.087 *	0.224 ***	0.073
SDofOCF	0.086 *	0.167 ***	0.004	0.180 ***	1.000	0.135 ***	0.629 ***	0.136 ***
SDofΔWC	0.107 **	0.055	−0.010	0.053	0.065	1.000	0.281 ***	0.987 ***
SDofEARN	0.152 ***	0.112 **	0.023	0.261 ***	0.571 ***	0.070	1.000	0.276 ***
absΔWC	0.097 **	0.051	−0.017	0.034	0.071	0.962 ***	0.072	1.000

注）右上半分はピアソン相関係数，左下半分はスピアマン順位相関係数を示している。変数の定義は図表 4-9 を参照されたい。*10％水準，** 5％水準，*** 1％水準で有意。

を示し，それぞれ 1 ％有意水準で有意である。また，会計発生高の質は，会計発生高の絶対値との間に比較的高い相関（ピアソン相関係数0.660；スピアマン順位相関係数0.097）を示している。これらの相関結果は Dechow and Dichev (2002) と整合している。

　企業属性のどの組み合わせが，各企業属性単独よりも会計発生高の質をうまくとらえることができるかを検証するため，次の 4 つの回帰式を最小二乗法を用いて推定する。(1)利益ボラティリティだけを独立変数とするモデル，(2)運転資本会計発生高ボラティリティと OCF ボラティリティを独立変数とするモデル，(3)利益ボラティリティと運転資本会計発生高ボラティリティを独立変数とするモデル，(4)運転資本会計発生高ボラティリティと売上高ボラティリティを独立変数とするモデル。

　図表 4-11は，各モデルによる回帰結果を示している。各モデルにおいて，会計発生高の質は運転資本会計発生高ボラティリティとの関連性が強いことが分かる。また，モデル(1)とモデル(2)の調整 R^2 を比較してみると，モデル(2)の調整 R^2 が，モデル(1)の調整 R^2 よりも高いこと（0.177と0.448）が分かる。このことから，

図表 4-11　回帰分析

$$\Delta WC_t = b_0 + b_1 SDofEARN_t + \varepsilon_t \quad (1)$$
$$\Delta WC_t = b_0 + b_1 SDof\Delta WC_t + b_2 SDofOCF_t + \varepsilon_t \quad (2)$$
$$\Delta WC_t = b_0 + b_1 SDofEARN_t + b_2 SDof\Delta WC_t + \varepsilon_t \quad (3)$$
$$\Delta WC_t = b_0 + b_1 SDof\Delta WC_t + b_2 \Delta SALES_t + \varepsilon_t \quad (4)$$

	(Constant)	SDofEARN	SDofΔWC	SDofOCF$_t$	SDofΔSALES	調整 R^2	F 値
1	0.002 3.588 ***	0.218 9.635 ***				0.177	92.842 **
2	0.001 1.694 *		0.451 18.496 ***	0.004 0.221		0.448	174.774 ***
3	−0.001 −2.228 *	0.131 7.208 ***	0.404 16.990 ***			0.508	222.014 ***
4	0.001 1.667 *		0.448 18.533 ***		0.005 1.769 *	0.452	177.578 ***

注) 変数の定義は図表4-9を参照されたい。*10%水準，** 5 %水準，*** 1 %水準で有意。

モデル(2)のほうがあてはまりがよいことが分かる。

　モデル(3)の結果からは，利益ボラティリティおよび運転資本会計発生高ボラティリティはそれぞれ会計発生高の質と有意な正の関連性を有し，利益ボラティリティ単独よりも利益ボラティリティに運転資本会計発生高ボラティリティを追加することが，モデルのあてはまりをよくさせることが分かった。したがって，会計発生高の質を測定する際に，利益ボラティリティや運転資本会計発生高ボラティリティを評価することが実際に有効となる（Dechow and Dichev 2002）。

　図表 4-12は，Dechow and Dichev（2002）および McNichols（2002）を用いて推定した会計発生高の質と企業属性との関連性についての結果を示している。会計発生高の質と企業属性との関連性をみるのに，Dechow and Dichev（2002）モデルおよび McNichols（2002）モデルを適用するのは，先行研究との整合性を確認するためであり，図表 4-8 から McNichols（2002）モデルが，モデルとしてのあてはまりが最もよかったことが分かったためである。

　Dechow and Dichev（2002）モデルを用いて推定した会計発生高の質は，売上高ボラティリティ，運転資本会計発生高ボラティリティの係数（t 値）がそれぞれ0.006（1.933），0.314（18.013）でそれぞれ10%水準，1 %水準で有意である。

図表 4 -12　会計発生高の質と企業属性との関連性

	(定数項)	SDofΔSALES	SDofΔWC	logOC	logTA	調整 R^2	F値
AQ_DD	−0.007	0.006	0.314	−0.001	0.001	0.439	84.229
	−1.267	1.933	18.013	−0.752	1.423		***
		*	***				
AQ_MN	−0.012	0.002	0.308	−0.003	0.001	0.414	76.307
	−2.115	0.651	17.356	−1.942	1.892		***
	**		***	*	*		

注）変数の定義は図表 4 - 9 を参照されたい。*10％水準，** 5 ％水準，*** 1 ％水準で有意。

　McNichols（2002）モデルを用いて推定した会計発生高の質は，運転資本会計発生高ボラティリティ，営業循環，および企業規模がそれぞれ0.308（17.356），−0.003（−1.942），0.001（1.892）で 1 ％水準，10％水準，10％水準で有意である。

　相関および回帰分析結果から，会計発生高の質に影響を及ぼしている企業属性は，一般的に運転資本会計発生高ボラティリティであることが析出できた。この結果は，Dechow and Dichev（2002）の実証結果および「当期における会計発生高にたいする見積もりの際の過大表示および過小表示が，将来期間において会計発生高を通して調整される」という Dechow and Schrand（2004, pp.16-17）の論拠と整合する。

4.5.4　仮説 2 の検定結果：会計発生高の質と利益の各持続性との関連性

　会計発生高の質と利益の持続性との関連性を考察する前に，利益，会計発生高，営業活動によるキャッシュ・フロー（OCF）の各持続性を分析する。図表 4 -13は，Sloan（1996）に依拠して推定した， 1 期先利益にたいする当期利益，会計発生高，営業活動によるキャッシュ・フローの持続性（回帰係数）を示している。パネル A は，利益の持続性，パネル B は会計発生高の持続性および営業活動によるキャッシュ・フローの持続性を示している。利益，会計発生高，営業活動によるキャッシュ・フローの持続性がそれぞれ0.711，0.229，0.836であり，会計発生高の持続性がこの 3 つのなかで最も小さくなっていることを示している。

図表 4-13　回帰分析

パネル A

$$EARN_{t+1}=\beta_0+\beta_1 EARN_t+\upsilon_{t+1} \quad (1)$$

(定数項)	EARN	調整 R^2	F 値
0.018	0.711	0.504	436.972
7.294	20.904		***
***	***		

パネル B

$$EARN_{t+1}=\gamma_0+\gamma_1 ACCRUAL_t+\gamma_2 OCF_t+\upsilon_{t+1} \quad (2)$$

(定数項)	ACCRUAL	OCF	調整 R^2	F 値
0.022	0.229	0.836	0.506	220.760
8.849	4.133	18.070		***
***	***	***		

注) 変数の定義は図表 4-9 を参照されたい。*10%水準，** 5%水準，*** 1%水準で有意。

図表 4-14　会計発生高の質と利益の持続性についての分析結果（観測数：各企業ごと17）

	利益の持続性				Dechow and Dichev (2002)モデルの会計発生高の質			会計発生高の大きさ（ΔWC の絶対値）		
	調整 R^2	β	t 値	有意水準	平均値	中央値	標準偏差	平均値	中央値	標準偏差
蓄積データ	0.504	0.711	20.904	***	0.007	0.006	0.008	0.018	0.014	0.018

注) 変数の定義は図表 4-9 を参照されたい。*10%水準，** 5%水準，*** 1%水準で有意。

Dechow and Schrand (2004, p.16) は，会計発生高の持続性が低いのは当期の会計発生高にたいする過大および過小評価が将来期間における会計発生高を通して調整されるためであると述べている。この結果は，こうした Dechow and Schrand (2004, p.16) の論拠を支持する結果といえる。

図表 4-14は，Dechow and Dichev (2002) モデルを用いて推定された会計発生高の質，運転資本の変動の絶対値，および利益の持続性についての分析結果を示している。利益の持続性 (β) は，Sloan (1996) に準拠して $EARN_{t+1}=\beta_0+\beta_1 EARN_t+\upsilon_{t+1}$ の回帰式から係数 β_1 を各企業ごとに推定している。会計発生高の大きさについては，当期の運転資本の変動の絶対値を企業別に推定する。会計発生高，運転資本の変動の絶対値，利益の持続性の値は，Dechow and Dichev (2002) の結果とほぼ近似している。蓄積データでは，利益の持続性と会計発生高の質との間に有意な関連性が観察できた。

図表 4-15　相関係数

	持続性	会計発生高の質 (残差の標準偏差：中央値)	会計発生高の大きさ (ΔWC の絶対値)
持続性	1.000	−0.059	0.381 *
会計発生高の質 (残差の標準偏差：中央値)		1.000	0.315
会計発生高の大きさ (ΔWC の絶対値)			1.000

注) 右上はピアソン相関係数である。変数の定義は図表 4-9 を参照されたい。*10％水準，** 5％水準，*** 1％水準で有意。

　図表 4-15は，利益の持続性，運転資本の変動の絶対値，会計発生高の質との相関係数を示している。利益の持続性は，会計発生高の質との間に低い負の相関（ピアソン相関係数−0.059）を示しているが有意でない。したがって，仮説 2「会計発生高の質は，利益の持続性との間に有意な関連性を有する」を支持するとはいえない。

4.5.5　仮説 3 の検定結果：利益の持続性と会計発生高の大きさ

　図表 4-15は，利益の持続性，会計発生高の質，会計発生高の大きさ間の相関係数を示している。この相関結果から，利益の持続性が，会計発生高の大きさと有意な正の相関関係があることが観察でき，利益の持続性が会計発生高の大きさに依存することが分かる。この結果は，Dechow and Dichev（2002）の実証結果と整合するものである。

4.6　本章の要約

　本章の目的は，会計発生高の質推定モデルが SEC 基準適用日本企業のデータにおいて適合するかどうか，会計発生高の質が，企業属性ファクターと有意な関連性を有しているかどうか，利益の持続性と会計発生高の質との間にはどのよう

な関係があるのかを解明することであった。本章における分析結果から次の3点が明らかになった。

　第1に，回帰分析結果から，McNichols（2002）モデルにおいて，会計発生高が，キャッシュ・フロー，売上高の変動および有形固定資産と有意な関連性を有していること，McNichols（2002）モデル，Dechow and Dichev（2002）モデル，Jones（1991）モデルの順であてはまりがよいことなど，Dechow and Dichev（2002）および McNichols（2002）の結果と整合し，SEC 基準適用日本企業データにおける Dechow and Dichev（2002）および McNichols（2002）モデルの適合性を確認することができた。

　第2に，本章では，SEC 基準適用日本企業の会計発生高の質と企業属性との関係を分析した。会計発生高の質は，利益ボラティリティ，運転資本会計発生高ボラティリティと間には比較的高い相関があること，利益ボラティリティおよび運転資本会計発生高ボラティリティそれぞれと有意な正の関連性を有していることが分かった。Dechow and Dichev（2002）モデルにおいては，売上高ボラティリティ，運転資本会計発生高ボラティリティが有意な正の関連性を，McNichols（2002）モデルにおいて，運転資本会計発生高ボラティリティ，営業循環，および企業規模が有意な正の関連性を有していることが分かった。以上から，会計発生高の質に影響を及ぼしている企業属性は一般的に運転資本会計発生高ボラティリティであることが明らかとなり，Dechow and Dichev（2002）の実証結果と整合する結果が得られた。

　第3に，本章では，会計発生高の質と利益の持続性との関連性について検証し，会計発生高の持続性が，営業活動によるキャッシュ・フローの持続性と比較して低いこと，利益の持続性は会計発生高の大きさに依存することを示すことができたが，利益の持続性と会計発生高の質との間における負の関連性は有意ではないことが示された。この先行研究と整合しなかった持続性と会計発生高の質との関連性に関しては，さらに検討していかなければならない。

　本章で，SEC 基準適用日本企業のデータにおける Dechow and Dichev（2002）および McNichols（2002）モデルの適合性が示されたので，第6章および第7章において，会計発生高の質は両モデルを用いて推定する。また，SEC 基準適用

日本企業が，内部統制報告規制の影響を受けていない期間において，会計発生高の質がOCFボラティリティと有意な関連性を有していなかったという結果をふまえて，第5章において内部統制報告制度前後における会計的裁量行動と実体的裁量行動の変化，第6章において会計発生高の質と予測誤差との関連性，第7章において内部統制報告規制前後における会計発生高の質，裁量的発生高，実体的裁量行動の変化および，ボラティリティなどの企業属性との関連性を検討する。

注
1) 第2章ですでに示したように，利益の質評価尺度の1つとして持続性がある（Resvine et al. 2002；Schipper and Vincent 2003；Scott 2006；Francis et al. 2004；Francis et al. 2008c）。
2) Dechow and Dichev（2002）は，実際のキャッシュ・フローの受取り・支払いと，収益・費用の認識の期間対応関係に関して，Opening を t 期期首における見越し，繰延べ計上のための会計発生高，Closing を $t-1$ 期期末における見越し，繰り延べ計上のための会計発生高としてそれぞれ上付き文字のO，上付き文字のCで表している。
3) Jones（1991）モデルなど非裁量的発生高の推定方法は，浅野・首藤（2007）が詳しいので参照されたい。
4) Jones（1991）は，輸入免税（import relief）からの恩恵を享受している企業が裁量行動を通して利益下方型修正を試みるかどうかを検証している。Jones（1991）モデルは，売上高が非裁量的であると仮定しているモデルであるが，Dechow et al.（1995）は，経営者が期末において収益を見越す裁量を用いる可能性を提示している。すなわち，経営者による裁量は，受取債権の増加に伴って収益と全会計発生高を増加させることになるので，Jones（1991）モデルの収益，全会計発生高に歪みが生じることになると，Jones（1991）モデルの限界を指摘している。そこで，Dechow et al.（1995）は，売上高から売上債権を控除する，修正Jonesモデルを提唱している。
5) McNichols（2002, p.165）は，Jones（1991）モデルを用いて推定された裁量的発生高には，裁量ファクターだけが含まれているわけではないことを示している。その理由として，Jones（1991）モデルは，会計発生高は当期の売上高の変動に反応することを想定し，1期前および1期先の売上高の変動との関連性を想定していないが，Bernard and Stober（1991）および Dechow et al.（1995）が仮定しているように，会計発生高は当期の売上高変動ではなく，1期先の売上高変動に対応し将来の売上高増加への期待が経営者の見積もりに影響を及ぼしている可能性があり，それが会計発生高に反映されていることもあると示している。
6) Dechow and Dichev（2002）では営業活動によるキャッシュ・フローをCFOと示しているが，本書ではCFOは最高財務責任者として用いることもあり，略語一覧で示したように営業活動によるキャッシュ・フローはすべてOCFで統一している。
7) Sloan（1996, p.314）は，会計発生高に依拠する利益の持続性が低い理由として裁量行動

に原因がある可能性を示唆している。

8) Dechow and Dichev (2002) は，経営者の裁量行動は観察不可能ではあるが，企業属性や産業特徴は観察可能であり，企業属性と裁量行動を区別し，企業属性を会計発生高の質をみる手段とすることは重要なことであると示している。Francis et al. (2008c, p.24) は，実際のところ，この企業属性ファクターと裁量ファクターについて完全には二分できないこと指摘している。例として，監査法人の選択が裁量的か裁量的ではないかに関しては企業規模や事業の複雑性によって変化するし，政府による規制の影響は裁量ファクター，属性ファクター両者に影響を及ぼすことを示している。

9) 本章における分析では，1989年以降のキャッシュ・フロー計算書データを用いて先行研究との整合性を検討する必要があること，会計発生高の質は7年間の時系列データが必要なことから，長期間のデータが入手可能な1989年からSEC基準に基づいて年次報告書を提出している企業をサンプルとした。SEC基準適用日本企業の中には，1977年に連結財務諸表制度が導入されると，米国SEC基準に準拠して作成された連結財務諸表を，証券取引法のもとで日本に連結財務諸表として提出することが特例として認められてきた企業がある。本章では，このような米国SEC基準で連結財務諸表を作成，開示してきた日本の上場企業をサンプルとしている。すなわち，日本ハム，ワコール，富士写真フイルム（現富士フイルムホールディングス），コマツ，クボタ，日立製作所，東芝，三菱電機，日本電気，松下電器産業（現パナソニック），ソニー，三洋電機，TDK，オムロン，パイオニア，村田製作所，マキタ，京セラ，本田技研工業，キヤノン，リコー，伊藤忠商事，丸紅，三井物産の24社である。その後米国株式市場に上場した企業には，この特例が認められず，これらの企業には日本には日本基準の連結財務諸表，米国には米国SEC基準連結財務諸表と2種類の財務諸表を作成開示することが要請されてきた。金融庁は，この負担軽減のために，2002年3月以降，こうした2種類の財務諸表の作成開示が要請されてきた日本企業にたいして米国SEC基準の連結財務諸表で提出することを容認するようにした。金融庁（2002）「財務諸表等の用語，様式および作成方法に関する規則等の一部を改正する内閣府令案の公表について」平成14年3月6日を参照されたい。

10) 本章で用いるサンプルデータは，SEC基準適用日本企業24社の1989年から2006年までのデータであり，第5章から第7章において用いたサンプルデータ（SEC基準適用日本企業32社の2000年から2008年のデータ）とは一致していないが，SEC基準適用企業データにおける会計発生高の質モデルの適合性をみるための検証など，第5章から第7章の実証分析のための予備的分析としてお許しいただきたい。

11) 日本電気は，2007年中間決算期から米国基準から日本基準に変更して年次財務報告をし，米国SEC基準の2006年データは公表されていない。したがって，日本電気の2006年データは，欠損データとして扱っている。パイオニアは，2006年1月24日にNY証券取引所上場廃止したが，本研究は1999年度から2006年度までを分析期間としているのでパイオニアをサンプルに含めている。

第5章

会計的裁量行動，実体的裁量行動と内部統制報告制度の分析

5.1　本章の目的

　本章では，利益の質評価尺度の1つである裁量的発生高に焦点を合わせて内部統制報告制度の影響を検証する。本章における検証は，本研究の中核をなす1つめの実証分析である。すなわち，本章の目的は，内部統制報告制度適用前後における裁量行動[1]，すなわち会計的裁量行動（岡部 1997；須田 2000）および実体的裁量行動（岡部 1997；須田 2000）の変化と経営者の各裁量行動の背後にある動機要因および抑制要因の変化を解明することである。

　Graham et al.（2005）は，サーベイ調査結果に基づいて「エンロン社やワールド・コム社の会計不正事件および SOX 法による会計規制以降，裁量行動に用いる会計的裁量行動および実体的裁量行動の組み合わせにたいする経営者の選好が変化した可能性がある」と示唆している。また，須田・花枝（2008）も，「日本企業も，カネボウ事件や，いわゆる J-SOX 法の適用以降，日本企業の経営者は，裁量行動の方法を会計的対応から実体的対応に移したのであろう」と Graham et al.（2005）と同様の解釈を導出している。Cohen et al.（2008）は，会計的裁量行動，実体的裁量行動に焦点を合わせて会計不正事件発生前後および SOX 法適用

前後で各裁量行動に変化があったかどうかを調査し，会計的裁量行動が SOX 法適用前に増加し，SOX 法適用以降に有意に減少し，実体的裁量行動が SOX 法適用以前は減少していたが，SOX 法適用以降有意に増加した証拠を提示している。こうしたサーベイ調査結果および実証結果からのインプリケーションをふまえて SEC 基準適用日本企業の経営者が裁量行動手法を SOX 法の適用を受けてから変化させたのかを検証する。

　裁量行動の動機分析についての先行研究では，わが国経営者が赤字回避による利益調整に積極的であること（Suda and Shuto 2007），その赤字回避の利益調整の動機は，契約関係では経営者報酬，経営者交代や財務制限条項であること（首藤 2007）が提示されている。須田（2006）はサーベイ調査結果に依拠して内部統制システム構築に与える影響について実証分析を実施し，良好な内部統制システムの構築の決定要因の1つは負債規律であることを明らかにしている。そこで，内部統制報告制度の適用が経営者の会計的裁量行動および実体的裁量行動を変化させたとすれば，それは証券市場インセンティブからなのかあるいは負債レバレッジによる規律からなのか，裁量行動の変化と，その背後にあるインセンティブと制約との関係を検証する。

　本章における研究の貢献は次のとおりである。第1に，内部統制報告制度が経営者の裁量行動に全体としてどのような影響を及ぼしたのか明らかにすることは，財務諸表利用者にとって内部統制報告規制にたいするコスト・ベネフィット検討にとって1つの手がかりになると思われる。第2に，経営者の裁量行動，すなわち会計的裁量行動および実体的裁量行動それぞれの問題点を明らかにして内部統制報告制度適用前後における各裁量行動の変化を示している点が先行研究とは異なる。第3に，本章の研究は，内部統制報告制度がわが国経営者の裁量行動と証券市場インセンティブおよび，裁量行動と負債レバレッジとの関連性にたいして影響を及ぼしたのかを示すことができた点が貢献といえる。また，裁量行動はこれまで特に動機要因に焦点を合わせた研究が多かったが，本分析は SOX 法を通した制約とともに検証することができた。さらに，Lobo and Zhou（2006）モデル[2]では交差項を分析していなかったが，本分析では，SOX 法適用以降とコントロール変数と間の交差項を含めたモデルを用いて SOX 法適用前後における裁量

行動に関連する影響を分析することが可能である。

残りの構成は，次のとおりである。第2節では，会計的裁量行動，実体的裁量行動の内容について検討する。第3節で仮説展開を示し，第4節で，データおよびリサーチ・デザインを提示する。第5節で実証結果を示す。最後に要約を述べる。

5.2 会計的裁量行動と実体的裁量行動

利益は会計発生高とキャッシュ・フローに分けられることから，経営者の裁量行動も，主に会計発生高にたいする会計手続きを行うことによって利益額に影響を及ぼす裁量行動と，キャッシュ・フローを調整する実際の経済活動を通して利益額に影響を及ぼす裁量行動の2つに分けることができる（Dechow and Skinner 2000；Dechow and Schrand 2004）。すなわち，本書では，経営者がある意図をもってGAAP範囲内における会計手続きを施して利益額を変更する活動を会計的裁量行動，経営者が実際の経済活動によって利益額を操作し，結果的にキャッシュ・フローに影響を与える活動を実体的裁量行動とそれぞれ定義する[3]。

さらに，裁量行動は，保守的裁量行動，中立的裁量行動，攻撃的裁量行動の3つの指標で裁量行動内容をみることができる（Dechow and Skinner 2000；須田 2007）。図表5-1は，会計的裁量行動および実体的裁量行動をGAAP範囲内の保守的会計，中立的会計，攻撃的会計[4]，GAAP範囲外の会計不正に焦点を合わせて比較したものである。保守的裁量行動については，引当金や準備金の過大計上，研究開発費の過大計上，再構築費用や減損損失の過大表示などが会計的裁量行動になり，販売のための出荷を遅らせたり研究開発費や広告宣伝費の支払いを早めたりすることが実体的裁量行動となる。

中立的裁量行動は，合理的な期間利益計算に基づいて算出される利益であり，具体的には利益平準化を示すことができる（須田 2007, p.21）[5]。すなわち，発生主義会計に基づいた自然の結果として，会計発生高の変動と営業活動によるキャッシュ・フロー間の負の相関となって現れてくる（Leuz et al. 2003）ものとい

図表 5-1　会計不正と裁量行動（会計的裁量行動と実体的裁量行動）の分類

	会計的裁量行動	実体的裁量行動
会計の名称	会計手続き選択 GAAP 範囲内	キャッシュ・フローに影響を及ぼす実際の経済的行動
「保守的」会計	引当金や準備金の過大計上 研究開発費の過大計上 再構築費用および資産の除却や減損損失の過大表示	販売による出荷を遅らせる 研究開発費や広告宣伝費の支払いを早める
「中立的」会計	合理的期間利益計算に基づき算出される利益	
「攻撃的」会計	不良債権引当金の過小評価 過度な方法での引当金や準備金の引き下げ	研究開発費や広告宣伝費の支払いを遅らせる 販売による出荷を早める
「不正」会計	GAAP 違反 「実現可能」前の売上高計上 架空売上計上 売上請求の前倒し 架空在庫を記録することによる在庫の過大計上	

出典）Dechow and Skinner（2000, p.239, 図1）および須田（2007, p.22）に依拠して筆者が作成した。

える。攻撃的裁量行動は須田（2007, p.21）に依拠して「特定の状況下にある企業の経営者が，一般に認められた会計基準の枠内で行ったきわめて意図的な利益増加型の利益調整」と定義する。たとえば，不良債権の引当金の過小評価，過度な方法での引当金や準備金の引き下げが会計的裁量行動であり，販売のための出荷を早めたり研究開発費や広告宣伝費の支払いを遅らせることが実体的裁量行動となる。須田（2007, p.21）が示すように，このような「攻撃的利益調整により財務諸表利用者が大きな経済的損失を被る場合を想定」できるので，「攻撃的利益調整は粉飾決算に近い利益調整として位置づけられる」。

こうして，裁量行動は，保守的裁量行動，中立的裁量行動，攻撃的裁量行動に分けてみることができるが，実体的裁量行動は，企業による実際の取引に依拠して適切になされた会計処理の結果であり，実際に，一般公表データから企業の実体的裁量行動を把握することは難しい（Dechow and Schrand 2004）。また，実体

的裁量行動は，保守的裁量行動，中立的裁量行動，攻撃的裁量行動に分けることも難しい。ただ，Graham et al.（2005）のサーベイ調査によると，四半期末に近づいたころ目標利益以下となってしまう場合に，実際に経営者たちは，広告費などの裁量的支出を減らし，設備投資などを減額して目標値を満たす傾向があることが分かる。

また，実体的裁量行動の可能性を示した研究も，次のとおり幾つかある。Baber et al.（1991）は，黒字報告にたいする懸念が研究開発にたいする投資支出に影響を与えているかどうかを検証し，当期において黒字あるいは増益を報告できないような場合に研究開発費の支出が有意に減少することを示している。このことから，経営者は黒字あるいは増益を報告できないような場合，目標利益のために実体的裁量行動手法を用いる可能性があることが分かる。

Thomas and Zang（2002）は，在庫変動がある企業では，過去5年にわたって収益性水準，成長性，異常リターンのトレンドが在庫変動後即座に反転することを示している。彼らは，こうしたトレンドの背後には，在庫を不正表示する利益操作の可能性，製品単位に配賦される固定製造間接費用に影響を与えて売上原価を小さく調整するという，生産量に関連する実体的裁量行動の可能性ではないかと示唆している。

Bartov（2003）は，経営者が有形固定資産の売却において収益認識時期を通して裁量行動を行うかどうかについてを，利益平準化仮説と負債比率仮説[6]を設定して検証している[7]。その結果，資産の売却利益で，利益の変動を平準化し，負債契約における会計ベースの制限条項を減らしていることを示し，固定資産売却が実体的裁量行動に用いられる可能性を示唆している。

5.3　仮説展開

SOX法は，財務諸表に関する会計基準自体を改革した規制ではないが，第3章での先行研究レヴューで示したように，財務報告の質にたいして変化をもたらしている。すなわち，先行研究は，SOX法導入が会計情報の質を高めた証拠を

提示している。これらの会計情報の質の変化の背後には，経営者の裁量行動の変化があり，その裁量行動の変化が会計情報の質に影響を及ぼしていると考えられないだろうか。たとえば，株式提供のようなインセンティブがあると，経営者は裁量的発生高を用いて裁量行動を実施するという実証結果が示されている（Rangan 1998；Teoh et al.1998；Cohen et al. 2008)[8]。そのようなエクイティ・インセンティブなどは，赤字回避，減益回避など証券市場インセンティブの動機となっていることが示されている（首藤 2007）。Zang（2007）は，実体の裁量行動と会計的裁量行動が抑制要因と負の関連性，裁量行動のインセンティブが正の相関を有していることから，会計的裁量行動と実体的裁量行動がトレード・オフ関係になっていることを示している[9]。そこで本章では，SOX法適用によって，経営者の各裁量行動の動機要因と抑制要因がどのように変化し，その変化が会計的裁量行動と実体的裁量行動にたいしてどのように影響を及ぼしたのかを分析する。

5.3.1　SOX法適用が裁量行動に及ぼす影響

ここでは，SOX法適用が裁量行動にどのような変化をもたらすかについて考察する。

監査人および規制当局の精査による会計的裁量行動の抑制

会計的裁量行動は，価格や生産に関する実際の意思決定よりも監査人や規制当局の精査の影響を受けやすい（Roychowdhury 2006；Gunny 2005）。Key（1997）は，議会による精査期間中におけるケーブルTV産業に関する政治コストを検証し，政治コストに依拠して利益の裁量行動が決定されることを提示している。すなわち，ケーブルTV産業は，議会の精査がある期間において利益減少型の会計発生高を有することを示している。この結果は，精査によって会計的裁量行動が抑制されることを示唆するものといえる。

SOX法導入以降，経営者は帳簿上会計的裁量行動がないことを利害関係者に保証しなければならなかった。また，たとえ適切な会計手続き選択でも，その会計処理が利益の裁量行動から引き出された結果であると規制当局によって，結論

づけられるリスクを恐れ（Graham et al. 2005），おのずと経営者は，会計的裁量行動を抑制するようになることが予想できる。

罰則による会計的裁量行動の抑制

　SOX法は，第302条宣誓書で全米国上場企業のCEOおよびCFOにたいして財務諸表の適正性と完全網羅性について宣誓させるとともに[10]，第906条宣誓書でSOX法の規定を満たしていない財務諸表であることを知りながら宣誓することにたいする罰則[11]を科した。こうした罰則の強化は，CEOおよびCFOが利益を過大表示するための会計的裁量行動を抑制することが予想できる。

　Cohen et al.（2008）は，会計不正期とSOX法導入前後における会計的裁量行動と実体的裁量行動の変化およびストックオプション報酬との関連性を検証している。彼らは，ストックオプションと会計的裁量行動との関連性が会計不正時期には増加していたが，SOX法適用以降減少しているを観察し，これは重大な遵守違反によるインセンティブ報酬は返還しなければならないという302条や404条の規定によるものと説明している。また，Cohen et al.（2008, p.777）によれば，正の裁量的発生高は，会計不正時期には未行使オプションとの間に正の関連性を有していたが，SOX法導入以降は負の関連性を有し有意であることを観察している。この負の関連性は，SOX法によって導入されたインセンティブ報酬にたいする罰則である可能性が高いことを示唆している。

良好な内部統制による会計的裁量行動の防止

　第2章ですでに述べたように，SOX法第404条宣誓書は，CEOおよびCFOにたいして内部統制の有効性を評価する内部統制報告書を提出することを義務づけた規定である。公開会社会計監視委員会（PCAOB）が「内部統制（システム）は，財務諸表の虚偽記載となる誤謬や不正を防止および（あるいは）検出することを目指している」（PCAOB 2004, para. 7, p. 155）と明示しているように，内部統制報告制度は，企業にGAAP違反である虚偽記載や粉飾決算につながる誤謬や不正を防止できる内部統制システムを整備させ，経営者に内部統制システムが有効に働くことに責任をもたせる制度である。すなわち，内部統制報告制度によって，

会計基準の弾力性を残したまま,粉飾決算を防止することが期待できるのである(須田 2007, p.20)。

　Ge and McVay (2005)の調査によると,内部統制上の重大な欠陥は,不十分な収益認識基準に関連している傾向があった。効果的な内部統制システムのもとでは,不十分な認識基準,権限分離の不備が解決され,経営者の裁量行動を防止できることが予想できる。一方,内部統制に弱点があると,見積もりミスや経営者による意図的な裁量行動が発生するリスクが増大する。たとえば棚卸資産に関する正確な計算や記録,新顧客の信用保証のための手続きが不十分であったり,モニタリングが不十分であったりすると,非意図的なミスによって財務諸表は不正表示となったり,意図的な裁量行動を見逃して不正表示になったりするからである (Bedard 2006, p.9)。したがって,整備された内部統制報告システムは,経営者にたいして会計的裁量行動を抑制させることになると予想できる。

ガバナンスによる会計的裁量行動の抑制

　小佐野 (2005, pp.160-162)によれば,「大口債権者としてのメインバンクによる経営者に対する圧力は,必ずしも株式価値を最大化するという意味でのコーポレート・ガバナンスにつながらないかもしれないが,経営者の規律づけの面で重要な役割を果たしている」という。Bushee (1998)は,機関投資家が,経営者が研究開発費を短期利益目標にあわせて削減するインセンティブに影響を与えているかを検証し,機関投資家の資本構成が高い場合に減益回避目的で研究開発費を抑制する傾向は少ないことを示し,機関投資家が短期目的のための裁量行動にたいしてモニタリング的役割を果たしていることを意味している。こうして,機関投資家や債権者などガバナンスが機能している場合,会計的裁量行動は抑制されると予想できる。

監査の質による会計的裁量行動の抑制

　Becker et al. (1998)は,六大監査法人 (BIG6)以外を監査法人とする企業の裁量的発生高が,BIG6を監査法人とする企業の裁量的発生高よりも高いことを明らかにしている。BIG6が企業の利益増加型の会計的裁量行動を抑制する働き

があることから，監査の質が会計的裁量行動抑制に影響を及ぼすことが予想できる。

業績による会計的裁量行動の抑制

Lobo and Zhou（2006）は，利益や営業活動によるキャッシュ・フローなどの業績がいい企業の場合，会計的裁量行動を実施して業績を上向きにするインセンティブが抑制されることを示している。良好な営業活動によるキャッシュ・フローを有する企業は良好な利益業績を有しているので，会計的裁量行動を行わないため，営業活動によるキャッシュ・フローは会計的裁量行動の抑制要因となるが，一方で営業活動によるキャッシュ・フローが多いと実体的裁量行動を行う可能性も高くなることが予想される。そこで，会計的裁量行動にたいする営業活動によるキャッシュ・フローの予想符号は負であるが，実体的裁量行動にたいする営業活動によるキャッシュ・フローの予想符号は正とする。

上での検討からSOX法の宣誓書規定それに伴う罰則規定，SOX法による良好な内部統制システム，ガバナンス規律，監査の質によってSOX法適用以降，経営者は会計的裁量行動を抑制させることが予想できる。それでは，SOX法導入以降の実体的裁量行動についてはどうであろうか。Graham et al.（2005）によれば，経営者が実体的裁量行動を選好するようになった理由には，監査人によって企業の会計手続きが精査されるようになったが，実体的裁量行動にたいしては通常の一連の経済活動とみなされ容易には見抜けないこと，前でも示したが帳簿に会計的裁量行動がないことを利害関係者に保証する必要があること，会計的裁量行動はたとえ妥当な会計手続きであっても規制当局に裁量行動によって生じた処理と結論づけられるリスクがあることが考えられる。

経営者は赤字回避や減損回避目的で裁量行動を実施することが示されている（Burgstahler and Dichev 1997；Suda and Shuto 2007）。上場企業の赤字回避や減損回避という証券市場インセンティブは，たとえSOX法が導入，適用されても，上場を続ける限り維持されると予想できる。こうしたことから，経営者は赤字回避や減損回避という証券市場インセンティブ維持のために，SOX法に抵触しな

い，裁量行動の手法を変化させるという道を選択するのではないだろうか。すなわち，経営者は，SOX 法適用以降，会計的裁量行動から実体的裁量行動に手法を変更すると予想できる。そこで，次のような仮説 1 を設定する。

仮説 1　SOX 法適用以降，経営者の会計的裁量行動が減少するが，実体的裁量行動は増加する。

5.3.2　赤字回避あるいは減益回避という証券市場にたいするインセンティブ[12]

　これまで，裁量行動の動機分析研究は，須田（2007，p.34）が示すように「株式市場が経営者の裁量行動を見抜くために，経営者は利益調整を通じて株価に影響を与えることができない」と考えられ，債務契約，報酬契約，政府契約など契約支援機能の観点から検討されてきた（須田 2000）。市場は，とりわけ情報の非対称性がある場合は裁量行動を見抜けない。しかしながら，近年には経営者は，赤字回避，減益回避，利益予想値を満たすために利益調整を行っていることを明らかにする研究が構築されてきた（Burgstahler and Dichev 1997；Suda and Shuto 2007）。こうした赤字回避，減益回避，利益予想値を満たすための裁量行動は，市場の期待に応えようとしたものであり（須田 2007，p.34），首藤（2007）は，特に，損失回避，減益回避，利益予想値達成に焦点を合わせた，利益調整のインセンティブについて契約関係と証券市場に着目して検証し，損失回避の利益調整行動が，経営者報酬，経営者交代，財務制限条項などの契約に関するインセンティブがあること，減益回避と経営者予想値達成の利益調整行動は，証券市場に関する要因，エクイティ・インセンティブ，利益の株式価値関連性，成長性，直接金融にあることを解明した。

　Graham et al.（2005）および須田・花枝（2008）のサーベイ調査結果によれば，裁量行動の理由は，「資本市場の信頼性を構築，株価の安定あるいは向上，経営者にたいする外部からの評判，投資者にたいして将来の成長予想を伝達する，株価ボラティリティの削減，利害関係者との取引保障の安定，従業員のボーナス報酬達成，望ましい格付け達成，財務制限条項違反の回避」の順で回答が多かった。

すなわち，上位の回答は株式市場にたいするものであり，下位の回答は契約に関するものである。須田・花枝（2008）が指摘するように，日米の経営者は，契約だけではなく資本市場を意識して利益調整を実施しているのである。

そして，具体的な裁量行動手法としては，米国では80％の回答企業が，研究開発費，広告宣伝費などの裁量的支出を削減して，半数以上（55.3％）の企業は，新規プロジェクトの開始を遅らせること，わが国でも，広告費などの支出削減（67.0％），設備投資等を減額（36.5％）することによって裁量行動を行うと回答している。特に，Graham et al.（2005）のサーベイ調査結果では，四半期利益が利益予想値を下回るような場合に，研究開発費，広告宣伝費，修繕費などの裁量的支出を減額する（79.9％），新規プロジェクト開始を遅延させる（55.3％）[13]，会計的裁量行動に該当する，費用計上を繰り延べる（21.3％），会計上の見積もり（引当金や年金など）を変更する（7.9％）となっており，利益予想値を満たすためには実体的裁量行動を会計的裁量行動用よりも実施していることが分かる。

SEC 基準適用日本企業は，SOX 法適用以降も，赤字回避，減益回避という証券市場インセンティブを維持することが予想されるが，SOX 法適用前後で株式市場インセンティブが関連する裁量行動の手法は変化したかもしれない。そこで，次のような仮説を設定する。この減益回避，赤字回避が裁量行動の動機であるとしたら，どの裁量行動を用いて実施しているのかを検証する。

仮説 2　SOX 法適用以降，減益回避や赤字回避という株式市場インセンティブは，会計的裁量行動よりも実体的裁量行動に強い影響を与えている。

5.3.3　ガバナンス規律あるいはインセンティブとしての負債レバレッジ

SEC 元会長 A. Levitt 氏は，「投資者にとって質が高く有用な情報を保証するのは，強いコーポレート・ガバナンスである」「情報は生命体の血液であり，もし投資者がこの情報を信頼しなければ，投資者の自信は失われ，流動性は消滅し，資本は枯渇し，公正かつ整然とした市場は停止する。したがって，情報量が増加

するにつれて，投資者にたいする情報の質や投資者が構成する市場の質について，われわれは注目すべきである」(Levitt, 1999) と述べ，質の高い会計情報を提供するためにはコーポレート・ガバナンスが重要であると説く。

　わが国には，メインバンク制という独自の関係が企業と金融機関間に存在している (Patrick 1994, pp. 358-361)。大口債権者である銀行は，企業にたいして資本提供するだけではなく，モニタリング機能も発揮している。通常の場合においてはコーポレート・ガバナンスにたいする介入は限定されているが，特に清算時にはメインバンクに管理機能が移行することになる (Aoki et al. 1994, p. 41)。小佐野 (2005, pp.160-162) によれば，こうしたメインバンクによる経営者に対する圧力は，必ずしも株式価値を最大化するという意味でのコーポレート・ガバナンスにつながらないかもしれないが，経営者の規律づけの面で重要な役割を果たしているという。

　ただ，企業と金融機関の関係は，同じモニタリングでも，1990年代初期と1990年代後半とではモニタリング自体の性質は変わってきている可能性もある（木村・山本・辻川 2007, p.128)。すなわち，1990年代後半以降，金融機関の不良債権処理が進み，いわゆる「貸し渋り」「貸しはがし」が行われ，金融機関は不良債権の保有を忌避し，「検査マニュアル」にしたがったシステマティックな処理を行うことによって貸出先の財務状態についてより慎重にモニタリングするようになるのである（木村・山本・辻川 2007, p.127)。現在，日本企業のなかでも直接金融によって資金調達する企業が3分の1，残りがメインバンクなどに依然として依存している (Arikawa and Miyajima 2007)[14]。こうした金融機関におけるモニタリング機能に基づいて，負債レバレッジはガバナンス規律の変数として用いられることもある。ただ，異なる局面からみると，負債比率が高くパフォーマンスの悪い企業では，債権者による資産の清算が行われることを恐れて，経営の合理化に励む（小佐野 2005, p.136) という，負債規律として考えることができる。

　債務契約は企業にたいして通常最低限の正味有形固定資産と毎年の黒字を要求するものであり，企業が赤字を出すと財務制限条項がより厳格となる (Roychowdhury 2006)。したがって，Roychowdhury (2006) は，債務契約がある企業が赤字を出すような場合には実体的裁量行動を行うインセンティブが増加す

ると予想して検証し，債務契約が実体的裁量行動と正の関連性を有することを示した。日本企業の場合，長期借入金はこれまでの銀行との関係から予想すると，モニタリングとして機能し，会計的裁量行動，実体的裁量行動にも抑制要因として働くと予想できる。

一方，須田（2000, pp.224-225）は，試験研究費を資産計上する決定要因の1つとして負債比率が有意な説明力をもち，負債比率の大きい企業ほど研究開発費を資産計上したり，後入れ先出法を採用しない傾向があることを示して，債務契約が経営者の会計手続き選択に大きな影響を与えていると述べている。すなわち，須田（2000）は，債務契約における財務制限条項に抵触する企業の経営者ほど，利益増加型の裁量行動をとることを示している。

Lobo and Zhou（2006）も，経営者は，裁量的発生高を用いて裁量行動を行うことによって財務制限条項を満たすので，負債レバレッジの高い企業ほど裁量行動するインセンティブが高いと述べている。すなわち，Lobo and Zhou（2006）は，財務制限条項を満たすために経営者が裁量的発生高を用いて利益調整を行うと予想し，代理変数に負債比率を用いて検証した。その結果，負債比率には正の係数が観察され，債務契約と利益調整との間には正の関連性があることが示された。首藤（2007）も，財務制限条項に抵触する可能性がある企業の経営者が，裁量行動をとることを示している。

木村（2004）は，負債による資金調達を行っている企業について，裁量行動の決定要因として社債発行と借入れを分けて社債発行，借入れそれぞれの裁量行動との関連性を検証し，借入金の割合が多い場合には金融機関が裁量行動にたいするモニタリングとしての機能すること，社債の割合が多い場合は財務制限条項が利益増加型裁量行動のインセンティブとなることを示唆している。

以上から，負債レバレッジはガバナンス規律[15]あるいは裁量行動インセンティブとして，裁量行動との関連性があると予想し，次のような仮説を設定し検証してみる。

図表5-2　分析期間と関連する会計不正と会計規制

年	2000	2001	2002	2003	2004	2005	2006	2007	2008
米国	エンロン社・ワールドコム社会計不正		SOX法公布		SOX法施行		SEC基準適用日本企業にたいするSOX法適用		
日本	キャッシュ・フロー計算書基準導入				カネボウ粉飾決算事件		金融商品取引法」成立	「意見書」公表（2月）	J-SOX法施行（4月）
	SOX法適用以前の期間						SOX法適用以降の期間		

仮説3　SOX法適用以降，負債レバレッジは，会計的裁量行動よりも実体的裁量行動に強い影響を与えている。

5.4　データとリサーチ・デザイン

5.4.1　データとサンプル

　わが国経営者の裁量行動の内部統制報告制度による影響を検証するには，日本の上場企業すべてをサンプルとすべきである。しかしながら，わが国における内部統制報告制度は2008年4月から施行され，わが国上場企業の内部統制報告書は2009年度3月期以降から開示され，実証分析を行えるのに妥当な期間の蓄積はまだない。そこで，本章では，米国株式市場に上場する日本企業の経営者の裁量行動にたいするSOX法による影響を検証対象としている。

　本章における分析対象企業[16,17]は，2000年から2008年において，(1)SEC基準適用日本企業，(2)一般事業会社（金融・証券・保険を除く）(3)販売費および一般管理費，広告・宣伝費，研究開発費のデータが入手できる，の基準で選択されている。分析には前年度の情報を必要とするため，1999年から2008年度までを対象としている。データは，日本経済新聞デジタルメディアの総合経済データバンク

「NEEDS」(連結決算)から収集している。なお、会計発生高の推定には、Collins and Hribar (2002) および中島 (2004) に依拠してキャッシュ・フロー計算書データを用いている。

5.4.2 分析期間

SOX法は、2002年に公布され、2004年11月15日以降終了する会計年度から米国上場企業にたいして適用が規定されたが、外国企業は猶予期間が与えられ、SEC基準適用日本企業は2006年7月15日以降に終了する会計年度から適用が規定された。本章における研究では、2000年か2005年をSOX法適用以前期間、2006-2008年をSOX法適用以降期間として分析を行う[18]。図表5-2は、本章における分析期間と日米における会計不正事件および内部統制報告規制などの重要な事項をそれぞれ示している。なお、日本では、2004年にカネボウ粉飾決算事件が起こっている。J-SOX法は、2007年に「意見書」が公表され、2008年4月から施行されている。

5.4.3 仮説検定モデル

本章における研究の目的は、内部統制報告制度適用前後における裁量行動の変化および裁量行動の決定要因の変化を解明することである。そこで本章の研究では、SOX法導入前後の裁量的発生高の変化を検証したLobo and Zhou (2006) モデルに基づいた以下の回帰モデルを用いて仮説の検証を行う。

$$\begin{aligned} AM\ or\ RM = &\beta_0 + \beta_1 SOX + \beta_2 DECAVOID + \beta_3 DECAVOID^*SOX \\ &+ \beta_4 LOSSAVOID + \beta_5 LOSSAVOID^*SOX + \beta_6 LDEBT \\ &+ \beta_7 LDEBT^*SOX + \beta_8 SIZE + \beta_9 OCFvolatility \\ &+ \beta_{10} SALESvolatility + \beta_{11} OC + \beta_{12} ROA + \beta_{13} GROWTH \\ &+ \beta_{14} AGE + \beta_{15} SEGMENT + \beta_{16} OCF + \beta_{17} AUDIT + \varepsilon \end{aligned}$$

但し，
- AM：会計的裁量行動尺度
- RM：実体的裁量行動尺度
- SOX：SOX法適用以降の期間を1とし，SOX法適用以前を0とするダミー変数とする
- $DECAVOID$：裁量的発生高を加えた当期純利益と前期純利益の差額が 0.006（DA1），0.0075（TA1），0.0024（DA2）から0の場合を1とする
- $LOSSAVOID$：裁量的発生高を加えた当期純利益が0.038（DA1），0.033（TA1），0.0319（DA2）から0の場合を1とする[19]
- $LDEBT$：負債比率：長期借入金/前期資産
- $SIZE$：企業規模：売上高の対数変換値
- $OCFvolatility$：営業活動によるキャッシュ・フローボラティリティ：OCFの標準誤差
- $SALESvolatility$：売上高ボラティリティ：売上高の標準誤差
- OC：営業循環：{(360/売上高/売掛金期首期末平均値)}＋(360/売上原価/棚卸資産期首期末平均値) の対数変換値
- ROA：利益率：当時純利益/前期資産
- $GROWTH$：増収率：前期売上高にたいする当期売上高の増加率
- AGE：実質設立年数
- $SEGMENT$：総セグメント数の対数変換値
- OCF：営業活動によるキャッシュ・フロー
- $AUDIT$：監査の質：監査法人がBIGNの場合は1でそうでない場合は0とする[20]

なお，$LDEBT$[21]およびOCFについては吉田（2005）に依拠して，年度間調整を行うためその年度の平均値を引いた変数を用いる。

本分析で用いる回帰式には，SOXの係数がSOX以外のファクターによって

影響を受けないようにコントロール変数として監査の質，企業規模，営業活動の特徴を含める。監査の質をコントロール変数として用いるのは，Becker et al. (1998) が，非BIG6を監査法人とする企業の裁量的発生高が高めであるという結果を析出し，BIG6は監査の質が高いこと，また，監査の質における差異をコントロールすると裁量的発生高に関わる検証が頑強性を高めることを示しているからである。

企業規模をコントロール変数として用いるのは，大規模企業は，事業が多く複雑なために内部統制を完璧に実施できないし外部利用者が利益の過大表示を検出することが困難であるため裁量行動を行う機会が増える可能性がある（Lobo and Zhou 2006）が，一方で大規模企業は，人的資源や予算を多く内部統制システムに投入可能であり，裁量行動を防止可能となることから，裁量行動と関連性があると示されているからである。また，営業活動の特徴をコントロール変数として用いるのは，内部統制の不備を報告する企業に共通する企業属性に，OCFボラティリティや売上高ボラティリティ，営業循環がある（Doyle et.al 2007b；Ashbaugh-Skaife et al. 2008）と示されているからである。

5.5 裁量行動尺度

5.5.1 会計的裁量行動尺度

本分析では，会計的裁量行動尺度として裁量的発生高（$DA1, TA1, DA2$）を用いる。裁量的発生高を推定する方法には，時系列推定とクロスセクショナル型推定があるが（浅野・首藤 2007, pp.93-94），本分析では，DeAngelo（1986）モデルを用いて企業別時系列で算出したもの（$DA1$ と $TA1$）と，Jones（1991）モデルによって年度別にクロスセクショナルで裁量的発生高を推定する（$DA2$）ものと両方行っている。また，従属変数に運転資本の変動を用いる変数（$DA1$）および全会計発生高を用いる変数（$TA1$）[22] を用いる。DeAngelo（1986）モデルは次

のとおりである。回帰式で推定された非裁量的発生高の期待値を実際の会計発生高から控除して裁量的発生高を推定する。

$$\Delta WC_t = \Delta WC_t - \Delta WC_{t-1}$$
$$\Delta TA_t = \Delta TA_t - \Delta TA_{t-1}$$

Jones（1991）モデルの推定式は次のとおりである。

$$\Delta WC_t = \beta_0 + \beta_1 \Delta Sales + \beta_2 PPE + \varepsilon_t$$

$\beta_0 + \beta_1 \Delta Sales + \beta_2 PPE$ が非裁量的発生高であり，ε_tすなわち，上の等式の回帰式から推定される残差が裁量的発生高である。

5.5.2. 実体的裁量行動尺度

本分析では，実体的裁量行動尺度として異常営業活動によるキャッシュ・フロー（異常 OCF）(abnormal operating cash flows, abnOCF)，異常製造費用（abnormal production costs, abnPROD)[23] および異常裁量的支出（abnormal discretionary expenses, abnDE)[24]を用いる。実体的裁量行動には，売上の出荷時期調整による利益増加や，製造費用を意図的に増加させ棚卸資産を増加させたり，売上原価を低減させたりすることによる利益増加がある。これは OCF および全体の製造費用に影響を及ぼす（Roychowdhury 2006；Cohen et al. 2008）。そこで，売上の出荷時期操作による OCF にたいする影響を異常 OCF，製造費用の操作による製造費用水準にたいする影響を異常製造費用でとらえる。また，企業は，広告宣伝費，研究開発費，一般管理費を削減して当期における利益を増加させることもある。広告宣伝費，研究開発費，一般管理費の合計を裁量的支出として売上高水準にたいする影響を異常裁量的支出でとらえる。異常 OCF は，実績 OCF と以下の回帰モデルから推定された OCF との差，すなわち，残差である。

$$OCF_t = \alpha_0 + \alpha_1 Sales_t + \alpha_2 \Delta Sales_t + \varepsilon_t$$

異常製造費用は，売上原価 COG_t と棚卸資産の変動 ΔINV_t の合計であり，異常

図表 5-3　基本統計量（観測数256）

	平均値	中央値	標準偏差	最小値	最大値	第1四分位	第3四分位
ΔWC	0.002	0.002	0.029	−0.167	0.139	−0.010	0.014
ΔSALES	0.048	0.042	0.107	−0.414	0.686	0.001	0.089
ROA	0.039	0.031	0.049	−0.102	0.229	0.010	0.058
Total Accruals	−0.044	−0.042	0.048	−0.232	0.141	−0.066	−0.014
SALES	1.040	0.923	0.472	0.103	2.403	0.754	1.148
SIZE	−0.073	−0.086	0.504	−2.273	0.877	−0.285	0.138
adjustOCF	−0.001	−0.012	0.060	−0.119	0.222	−0.043	0.021
adjustLDEBT	0.003	−0.034	0.124	−0.116	0.370	−0.099	0.061
DA1	0.002	0.001	0.041	−0.306	0.131	−0.013	0.020
TA1	0.001	0.002	0.051	−0.271	0.186	−0.020	0.023
DA2	0.000	0.000	0.020	−0.136	0.075	−0.009	0.009
abnOCF	0.000	0.001	0.021	−0.080	0.127	−0.009	0.009
abnPROD	0.000	0.000	0.015	−0.044	0.063	−0.007	0.006
abnDE	0.000	0.000	0.021	−0.096	0.117	−0.004	0.002
DECAVOIDDA1	0.003	0.006	0.075	−0.626	0.203	−0.016	0.033
DECAVOIDTA1	0.001	0.007	0.089	−0.573	0.313	−0.027	0.032
DECAVOIDDA2	0.001	0.002	0.247	−1.688	1.730	−0.013	0.023
LOSSAVOIDDA1	0.040	0.038	0.246	−1.549	1.678	0.001	0.070
LOSSAVOIDTA1	0.038	0.033	0.249	−1.342	2.183	−0.001	0.076
LOSSAVOIDDA2	0.040	0.032	0.298	−2.206	2.402	0.007	0.066
OC	4.873	4.835	0.353	4.240	6.060	4.620	5.128
OCFvolatility	0.031	0.024	0.028	0.001	0.157	0.012	0.043
SALESvolatility	0.249	0.182	0.222	0.001	0.969	0.081	0.338
GROWTH	6.020	4.880	13.738	−63.680	79.950	0.255	9.540
AGE	61.469	59.500	19.070	17.000	104.000	54.500	72.750
SEGMENT	2.055	2.079	0.316	1.609	2.833	1.792	2.250

注）変数は，次のとおりに定義される。なお，変数はすべて前期資産でデフレートされている。

ΔWC	運転資本の変動 =Δ 受取債権 +Δ 棚卸資産 −Δ 支払債務 −Δ 税金支出 +Δ その他の資産（正味）
ΔSALES	売上高増加額
ROA	当期純利益/前期資産
Total Accruals	全会計発生高：当期純利益から営業活動によるキャッシュ・フローを差し引いた値
SALES	売上高
SIZE	企業規模：売上高の対数変換値
adjustOCF	OCF から OCF 平均値を控除して調整した OCF
adjustLDEBT	LDEBT（負債比率：長期借入金/前期資産）から LDEBT 平均値を控除して調整した DEBT
DA1	DeAngelo（1986）モデルを用いて推定される裁量的運転資本発生高
TA1	DeAngelo（1986）モデルを用いて推定される裁量的全会計発生高
DA2	Jones（1991）モデルを用いて推定される裁量的運転資本発生高の絶対値
abnOCF	異常 OCF：$OCF_t = SALES_t + \Delta SALES_t$ 式から推定される残差
abnPROD	異常製造費用：$COG + \Delta INV = PRODUCTION = SALES_t + \Delta SALES_t + \Delta SALES_{t-1}$ 式を用いて推定される残差
abnDE	異常裁量的支出：広告宣伝費，研究開発費および一般管理費の合計額 $= SALES_{t-1}$ 式を用いて推定される残差
DECAVOIDDA1	前年度当期利益-DeAngelo モデルを用いて推定される裁量的運転資本会計発生高控除前当期利益が（0, −0.0040）である場合は1，そうでない場合は0とする。
DECAVOIDTA1	前年度当期利益-DeAngelo（1986）モデルを用いて推定される裁量的全会計発生高控除前当期利益が（0, −0.0060）である場合は1，そうでない場合は0とする。
DECAVOIDDA2	前年度当期利益-Jones（1991）モデルを用いて推定される裁量的発生高控除前当期利益が（0, −0.00332）である場合は1，そうでない場合は0とする。
LOSSAVOIDDA1	DeAngelo（1986）モデルを用いて推定される裁量的運転資本発生高控除前当期利益が（0, −0.00226）である場合は1，そうでない場合は0とする。
LOSSAVOIDTA1	DeAngelo（1986）モデルを用いて推定される裁量的発生高控除前当期利益が（0, −0.0266）である場合は1，そうでない場合は0とする。
LOSSAVOIDDA2	Jones（1991）モデルを用いて推定される裁量的発生高控除前当期利益が（0, −0.00337）である場合は1，そうでない場合は0とする。
OC	営業循環={(360/売上高/売掛金期首末平均値)}+(360/売上原価/棚卸資産期首末平均値)の対数変換値
OCFvolatility	営業活動によるキャッシュ・フローボラティリティ：売上高の標準偏差
SALESvolatility	売上高ボラティリティ：売上高の標準編差
GROWTH	増収率：売上高の前年度比
AGE	実質設立年数
SEGMENT	総セグメント数の対数変換値

製造費用は，実績製造費用と以下の2つのモデルから推定された残差である。

$$PROD_t = \alpha_0 + \alpha_1 Sales_t + \alpha_2 \Delta Sales_t + \alpha_3 \Delta Sales_{t-1} + \varepsilon_t$$

裁量的支出は，広告宣伝費，研究開発費，一般管理費の合計であり，異常裁量的支出は，実績裁量的支出と次のモデルから推定された残差である[25]。

$$Discretionary\ Expenses(DE)_t = \alpha_0 + \alpha_1 \Delta Sales_{t-1} + \varepsilon_t$$

5.5.3 裁量行動尺度の基本統計量

図表5-3は，蓄積データに基づいた各変数の基本統計量である。$DA1$, $TA1$, $DA2$, $abnOCF$, $abnPROD$, $abnDE$ の平均値（標準偏差）は，それぞれ0.002（0.041），0.001（0.051），0.000（0.020），0.000（0.015），0.000（0.021）である。Cohen et al.（2008）の DA の平均値は0.00，$abnOCF$ は-0.002，$abnPROD$ は-0.006で，SEC基準適用日本企業の DA の平均値は，米国上場企業の DA の平均値よりも比較的小さく，$abnOCF$, $abnPROD$ の各平均値は米国上場企業の $abnOCF$, $abnPROD$ の平均値は若干大きいことが観察できた。

5.6　実証分析の結果

5.6.1 仮説1の検定結果：内部統制報告制度適用前後における裁量行動の変化

図表5-4は，相関分析結果である。Cohen et al.（2008）の結果とほぼ整合して $DA1$ と $abnOCF$ 間（ピアソン相関係数-0.531；スピアマン順位相関係数-0.502），$DA1$ と $abnPROD$ 間（ピアソン相関係数-0.104，スピアマン順位相関係数-0.134）にはそれぞれ有意な負の相関係数，$DA2$ と $abnOCF$（ピアソン相関係数-0.719；スピアマン順位相関係数-0.619），$DA2$ と $abnPROD$ 間（ピアソン相関係

図表 5 - 4　相関係数（観測数256）

	SOX	DA1	TA1	DA2	abnOCF	abnPROD	abnDE
SOX	1.000	−0.016	−0.005	0.142	−0.002	0.010	−0.030
	.	0.803	0.933	0.023	0.971	0.877	0.634
				**			
DA1	−0.050	1.000	0.795	0.614	−0.531	−0.104	−0.065
	0.426	.	0.000	0.000	0.000	0.096	0.303
			***	***	***	*	
TA1	−0.049	0.790	1.000	0.462	−0.443	−0.117	−0.208
	0.439	0.000	.	0.000	0.000	0.031	0.001
		***		***	***	**	***
DA2	0.117	0.621	0.495	1.000	−0.719	−0.214	−0.152
	0.032	0.000	0.000	.	0.000	0.001	0.015
	**	***	***		***	***	**
abnOCF	0.038	−0.502	−0.453	−0.619	1.000	0.020	0.039
	0.549	0.000	0.000	0.000	.	0.751	0.534
		***	***	***			
abnPROD	−0.011	−0.134	−0.107	−0.175	−0.112	1.000	−0.098
	0.865	0.032	0.087	0.005	0.074	.	0.119
		**	*	***	*		
abnDE	0.029	−0.026	−0.057	−0.071	0.009	−0.102	1.000
	0.648	0.674	0.366	0.259	0.881	0.103	.

注）右上はピアソン相関係数，左下はスピアマン順位相関係数である。
　　各裁量行動の定義は図表5-3を参照。*10％水準，**5％水準，***1％水準で有意。

数−0.214；スピアマン順位相関係数−0.175），$DA2$ と $abnDE$ 間（ピアソン相関係数−0.152；スピアマン順位相関係数−0.071）にそれぞれ有意な負の相関係数が観察された。この結果から，会計的裁量行動と実体的裁量行動がトレード・オフ的に用いられていることが示唆できる。

　図表5-5および図表5-6は，それぞれ会計的裁量行動尺度および実体的裁量行動の実績値および絶対値の時系列推移を示している。図表5-5から，会計的裁量行動尺度 $DA2$ が2003年から2007年まで増加し，2008年には減少に転じたこと，実体的裁量行動尺度 $abnOCF$ は2004年にピークとなるが，2005年にゼロの近似値となり2008年まで微増傾向となっていることが観察できる。実体的裁量行動尺度 $abnPROD$ は，2004年から2006年まで増加するが，2007年に減少し，2008年に増加することが観察される。図表5-6からは，会計的裁量行動尺度

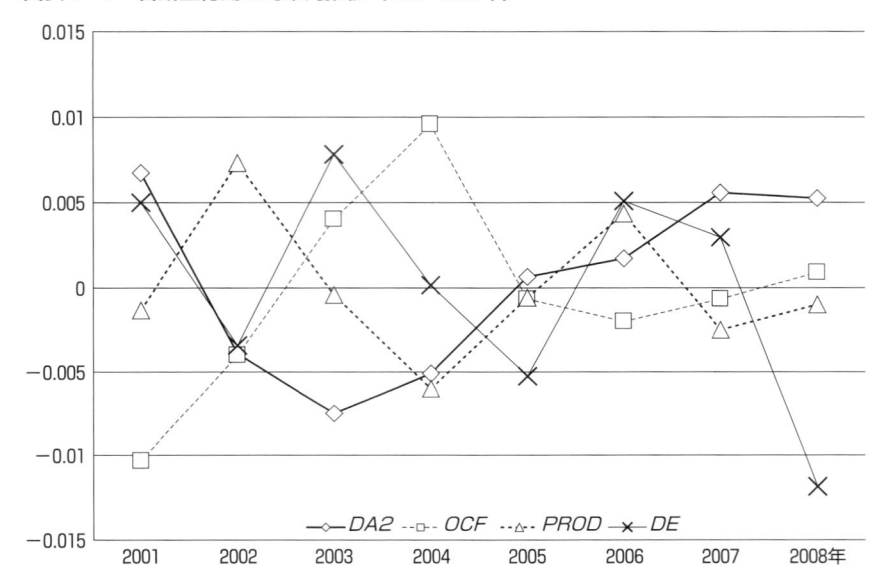

figure 5-5 各裁量行動の時系列推移 (2001-2008年)

abnDA は2001年から2004年までは減少傾向にあるが，カネボウによる粉飾決算事件が社会問題化する2005年まで微増する。しかし，SOX法の適用を受けた2006年以降から減少し続け，2008年にはさらに減少する。一方，実体的裁量行動尺度 *abnOCF* は，カネボウ粉飾決算事件の2004年ごろまで増加するが，2006年まで減少し，2008年に微増している。実体的裁量行動尺度 *abnPROD* は，2002年をピークに2004年まで減少するが，再び増加する。実体的裁量行動尺度裁量的支出 *abnDE* は2006年以降減少し，2008年には激減が観察される。この図表5-6から，会計的裁量行動が減少し，実体的裁量行動が増加するという相互互換的関係が観察できる。

SEC基準適用日本企業の経営者は，SOX法適用後裁量行動手法を変化させたのであろうか。SOX法適用以前とSOX法適用以降の2つの期間にグループ分けし，それぞれの母平均に有意な差があるかどうかを検討する。図表5-7は，平均差検定の結果である。時系列推定でもクロスセクションでも有意水準5％で棄却できたのは *DA2* である。すなわち，*DA2* の母平均に有意なSOX法適用前後

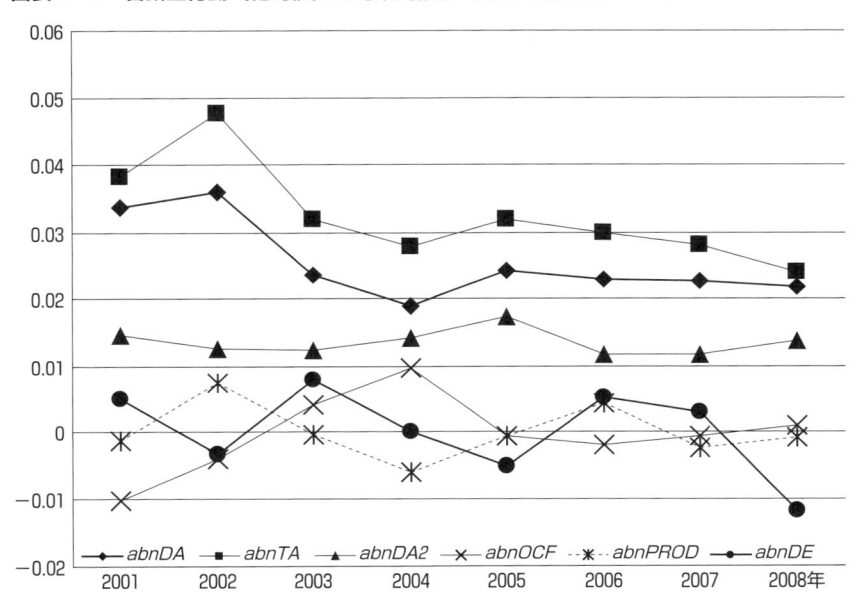

図表 5-6　各裁量行動（絶対値）の時系列推移（2001-2008年）

図表 5-7　内部統制報告制度適用前後における各裁量行動の基本統計量

変数	SOX法適用以前			SOX法適用以降			t値	有意確率
	N	平均値	標準偏差	N	平均値	標準偏差		
DA1	160	0.002	0.045	96	0.001	0.031	−0.249	0.803
TA1	160	0.001	0.057	96	0.000	0.040	−0.084	0.933
DA2	160	−0.002	0.022	96	0.004	0.017	2.292	0.023
abnOCF	160	0.000	0.022	96	−0.001	0.019	−0.037	0.971
abnPROD	160	0.000	0.016	96	0.000	0.013	0.163	0.871
abnDE	160	0.000	0.023	96	−0.001	0.016	−0.477	0.634

注）各裁量行動の定義は図表 5-3 を参照。*10％水準，** 5％水準，*** 1％水準で有意。

で有意な差はあるという結果であった。ただし，この平均差の t 検定は母集団の分布に問題がある可能性もある。そこでノンパラメトリックの Mann-Whitney の U 検定を行ってみた。Mann-Whitney の U 検定でも有意水準 5％で棄却できるのは，裁量的運転資本発生高（$DA2$）だけであった。

　本節では，各裁量行動の決定要因を包括的に検証するために多変量回帰分析を

図表 5 - 8　裁量行動の決定要因分析

会計的裁量行動の決定要因分析

パネル A：	DA1				TA1			
	B	t値	有意確率		B	t値	有意確率	
(Constant)	0.040	1.022	0.308		0.075	1.670	0.097	*
SOX	−0.004	−0.735	0.463		−0.006	−1.030	0.304	
DECAVOIDDA1	−0.005	−0.535	0.594		−0.009	−1.114	0.267	
LOSSAVOIDDA1	0.004	0.269	0.788		0.002	0.300	0.764	
DECAVOIDDA1*SOX	0.003	0.571	0.569		0.008	0.327	0.744	
LOSSAVOIDDA1*SOX	−0.007	−0.715	0.476		−0.019	−1.594	0.113	
adjustLDEBT	0.033	0.935	0.351		0.026	0.648	0.518	
adjustLDEBT*SOX	−0.059	−1.677	0.095	*	−0.032	−0.816	0.416	
SIZE	0.011	1.491	0.138		0.010	1.118	0.265	
OCFvolatility	−0.059	−0.531	0.596		0.146	1.137	0.257	
SALESvolatility	−0.027	−1.809	0.072	*	−0.043	−2.508	0.013	**
OC	−0.015	−2.209	0.028	**	−0.025	−3.055	0.003	***
AUDIT	0.001	0.181	0.857		0.001	0.150	0.881	
ROA	0.210	2.718	0.007	***	0.378	4.177	0.000	***
GROWTH	0.001	4.084	0.000	***	0.000	0.808	0.420	
AGE	0.000	1.245	0.215		0.000	0.901	0.369	
SEGMENT	0.010	1.118	0.265		0.015	1.460	0.146	
adjustOCF	−0.020	−0.264	0.792		−0.055	−0.613	0.541	
abnOCF	−0.798	−5.415	0.000	***	−0.741	−4.322	0.000	***
abnOCF*SOX	−0.087	−0.384	0.702		−0.197	−0.750	0.454	
R^2		0.491				0.431		
調整 R^2		0.438				0.372		
F値 (Pr > F)		9.326(<0.0000)				7.336(<0.0000)		

パネル B：	DA1				TA1			
	B	t値	有意確率		B	t値	有意確率	
(Constant)	−0.006	−0.155	0.877		0.044	0.921	0.358	
SOX	−0.004	−0.773	0.440		−0.008	−1.328	0.186	
DECAVOIDDA1	−0.001	−0.104	0.917		−0.005	−0.517	0.606	
LOSSAVOIDDA1	−0.002	−0.328	0.743		−0.003	−0.429	0.669	
DECAVOIDDA1*SOX	0.002	0.144	0.886		0.010	0.361	0.718	
LOSSAVOIDDA1*SOX	−0.015	−1.455	0.147		−0.016	−1.344	0.181	
adjustLDEBT	−0.028	−0.765	0.446		−0.019	−0.454	0.650	
adjustLDEBT*SOX	−0.032	−0.881	0.380		−0.020	−0.485	0.628	
SIZE	0.019	2.430	0.016	**	0.014	1.541	0.125	
OCFvolatility	−0.058	−0.501	0.617		0.180	1.348	0.179	
SALESvolatility	−0.031	−1.983	0.049	*	−0.052	−2.912	0.004	***
AUDIT	0.004	0.549	0.584		0.004	0.442	0.659	
ROA	0.357	4.569	0.000	***	0.519	5.743	0.000	***
GROWTH	0.001	3.445	0.001	***	0.000	0.477	0.634	
AGE	0.000	0.412	0.681		0.000	0.229	0.819	
SEGMENT	0.016	1.685	0.094	*	0.020	1.768	0.079	*
adjustOCF	−0.307	−4.807	0.000	***	−0.337	−4.469	0.000	***
OC	−0.008	−1.127	0.261		−0.020	−2.345	0.020	**
abnPROD	−0.484	−2.996	0.003	***	−0.464	−2.465	0.015	**
abnPROD*SOX	1.248	4.239	0.000	***	0.958	2.749	0.007	***
R^2		0.432				0.366		
調整 R^2		0.373				0.300		
F値 (Pr > F)		7.367(<0.0000)				5.584(<0.0000)		

注）従属変数は，DA1，TA1 あるいは DA2 のいずれかである。各変数の定義は図表 5 - 3 を参照。*10％水準，** 5％水準，

	DA2			
	B	t値	有意確率	
(Constant)	−0.022	−1.371	0.172	
SOX	0.006	2.780	0.006	***
DECAVOIDDA2	−0.001	−0.158	0.875	
LOSSAVOIDDA2	0.004	1.479	0.141	
DECAVOIDDA2*SOX	0.003	0.362	0.718	
LOSSAVOIDDA2*SOX	−0.010	−2.448	0.015	**
adjustLDEBT	0.005	0.304	0.761	
adjustLDEBT*SOX	−0.021	−1.421	0.157	
SIZE	0.000	0.033	0.974	
OCFvolatility	−0.083	−1.751	0.082	*
SALESvolatility	−0.002	−0.320	0.749	
OC	0.001	0.475	0.635	
AUDIT	0.001	0.419	0.676	
ROA	0.140	4.205	0.000	***
GROWTH	0.000	−1.524	0.129	
AGE	0.000	0.458	0.647	
SEGMENT	0.004	0.989	0.324	
adjustOCF	−0.076	−2.328	0.021	**
abnOCF	−0.639	−10.160	0.000	***
abnOCF*SOX	0.217	2.242	0.026	**
R^2		0.626		
調整 R^2		0.587		
F値 (Pr > F)		16.202(<0.0000)		

	DA2			
	B	t値	有意確率	
(Constant)	−0.049	−2.497	0.013	**
SOX	0.003	1.094	0.275	
DECAVOIDDA2	−0.007	−1.185	0.237	
DECAVOIDDA2*SOX	−0.001	−0.382	0.703	
LOSSAVOIDDA2	0.005	0.609	0.543	
LOSSAVOIDDA2*SOX	−0.005	−1.065	0.288	
adjustLDEBT	−0.026	−1.486	0.139	
adjustLDEBT*SOX	−0.020	−1.158	0.248	
SIZE	0.005	1.350	0.179	
OCFvolatility	−0.100	−1.769	0.079	*
SALESvolatility	−0.005	−0.690	0.491	
AUDIT	0.002	0.587	0.558	
ROA	0.245	6.377	0.000	***
GROWTH	0.000	−1.762	0.080	*
AGE	0.000	−0.522	0.602	***
SEGMENT	0.006	1.395	0.165	*
adjustOCF	−0.280	−8.880	0.000	***
OC	0.006	1.752	0.081	*
abnPROD	−0.346	−4.342	0.000	***
abnPROD*SOX	0.471	3.281	0.001	***
R^2		0.450		
調整 R^2		0.394		
F値 (Pr > F)		7.933(<0.0000)		

*** 1％水準で有意。

図表5-8　裁量行動の決定要因分析（つづき）

実体的裁量行動の決定要因分析

パネルC：	abnOCF					abnOCF			
	B	t値	有意確率			B	t値	有意確率	
(Constant)	0.033	1.649	0.101		(Constant)	0.002	0.105	0.916	
SOX	0.001	0.417	0.677		SOX	0.006	2.424	0.016	**
DECAVOIDDA1	−0.006	−1.126	0.261		DECAVOIDDA2	0.003	0.518	0.605	
LOSSAVOIDDA1	0.007	2.190	0.030	**	DECAVOIDDA2*SOX	0.006	2.436	0.016	**
DECAVOIDDA1*SOX	0.002	0.308	0.758		LOSSAVOIDDA2	0.006	0.691	0.491	
LOSSAVOIDDA1*SOX	0.001	0.154	0.878		LOSSAVOIDDA2*SOX	−0.008	−1.787	0.076	*
adjustLDEBT	0.059	3.301	0.001	***	adjustLDEBT	0.036	2.243	0.026	**
adjustLDEBT*SOX	−0.029	−1.624	0.106		adjustLDEBT*SOX	−0.018	−1.152	0.251	
SIZE	−0.003	−0.743	0.459		SIZE	−0.004	−1.103	0.271	
OCFvolatility	0.035	0.620	0.536		OCFvolatility	−0.038	−0.750	0.454	
SALESvolatility	0.000	0.065	0.948		SALESvolatility	0.003	0.404	0.686	
OC	−0.007	−1.814	0.071	*	OC	−0.002	−0.524	0.601	
AUDIT	−0.004	−0.983	0.327		AUDIT	−0.002	−0.485	0.629	
ROA	−0.104	−2.624	0.009	***	ROA	−0.019	−0.495	0.621	
GROWTH	0.000	1.493	0.137		GROWTH	0.000	−0.995	0.321	
AGE	0.000	1.619	0.107		AGE	0.000	0.989	0.324	
SEGMENT	−0.001	−0.299	0.765		SEGMENT	0.001	0.309	0.758	
adjustOCF	0.297	8.974	0.000	***	adjustOCF	0.179	5.335	0.000	***
DA1	−0.203	−5.207	0.000	***	DA2	−0.665	−9.802	0.000	***
DA1*SOX	−0.085	−1.171	0.243		DA2*SOX	0.063	0.477	0.634	
R^2		0.541			R^2		0.636		
調整 R^2		0.493			調整 R^2		0.598		
F値 (Pr>F)		11.392(<0.000)			F値 (Pr>F)		16.919(<0.000)		

注）従属変数は，abnOCF1，abnPROD あるいは abnDE のいずれかである。各変数の定義は図表5-3を参照。*10％水準，

行っている。図表5-8は，その多変量回帰分析結果を示している。SOX の符号結果において，SOX 法適用前後における裁量行動の変化をみることができる。SOX 法によって裁量行動を減少させた企業はこの係数が負となる。図表5-8のパネル A では，DA1 および TA1 の SOX の符号は負であるが，有意ではないし，DA2 の SOX の符号は正であった。これらの結果から，SOX 法適用以降，会計的裁量行動が抑制されたことは確認できない。パネル B では，abnOCF の SOX の係数は有意な正の値になっているが，abnPROD の SOX の符号は正であるが有意ではなかった。この結果から，SOX 法適用以降，実体的裁量行動が増加したと示すことは難しい。

ただ，図表5-8から，SOX 法適用以前の abnOCF，SOX 法適用以降の abnOCF は，会計的裁量行動（DA1，TA1）と負の関連性，SOX 法適用以前の abnPROD は，会計的裁量行動と有意な負の関連性，SOX 法適用以降の

	abnPROD		
	B	t値	有意確率
(Constant)	−0.005	−0.226	0.821
SOX	0.002	0.559	0.577
DECAVOIDDA2	−0.011	−1.729	0.086	*
DECAVOIDDA2*SOX	−0.001	−0.440	0.661
LOSSAVOIDDA2	0.006	0.677	0.499
LOSSAVOIDDA2*SOX	−0.001	−0.150	0.881
adjustLDEBT	−0.003	−0.149	0.882
adjustLDEBT*SOX	−0.001	−0.058	0.954
SIZE	0.005	1.181	0.239
OCFvolatility	0.082	1.341	0.182
SALESvolatility	−0.003	−0.305	0.761
OC	0.002	0.477	0.634
AUDIT	−0.003	−0.789	0.431
ROA	−0.052	−1.157	0.249
GROWTH	0.000	0.350	0.727
AGE	0.000	−0.050	0.960
SEGMENT	0.000	−0.091	0.927
adjustOCF	−0.004	−0.108	0.914
DA2	−0.274	−3.378	0.001	***
DA2*SOX	0.260	1.649	0.101
R^2		0.146	
調整 R^2		0.058	
F値 (Pr > F)		1.653(<0.048)	

** 5％水準，*** 1％水準で有意。

abnPROD とは正の関連性が観察された。また，会計的裁量行動 (*DA2*) は，SOX 法適用以前の *abnPROD* と負の関連性，SOX 法以降の *abnPROD* と正の関連性が観察されたことから，会計的裁量行動は，*abnOCF* と相互互換的関係にあることが分かる。したがって，仮説 1 については概ね支持する結果が得られたといえる。

5.6.2 仮説 2 の検定結果：SOX 法適用以降における株式市場インセンティブと裁量行動

本節では，仮説 2 の検定を行うために，多変量回帰分析結果における減益回避および赤字回避変数に着目する。図表 5 - 8 パネル A には，会計的裁量行動 *DA2* の決定要因が示されている。*LOSSAVOIDDA1*SOX* の係数は−0.010で負であり，*t* 値は-2.448となっている。5％水準で有意である。*DA1* も *TA1* も

$LOSSAVOID^*SOX$ は，それぞれ係数は-0.007，-0.019，t値は-0.715，-1.594でいずれも負である。SOX法適用以降，会計的裁量行動は，減益回避との間に有意な負の関連性を有する。図表5-8パネルCには，実体的裁量行動の決定要因が示されている。パネルCから実体的裁量行動$abnOCF$について，$LOSSAVOIDDA1$の係数が0.007，0.006，t値がそれぞれ2.190，2.346で有意となっている。$LOSSAVOIDDA2^*SOX$の係数は-0.008，t値は-1.787と負であり，10％水準で有意となっている。$abnPROD$の$LOSSAVOIDDA2^*SOX$の係数は有意ではないが-0.001，t値は-0.150でいずれも負である。この結果から，SOX法適用以前は，損失回避インセンティブが実体的裁量行動を増加させていたこと，SOX法適用以降は，会計的裁量行動だけではなく実体的裁量行動も抑制されるようになったことを示すことができる。これらの結果は，仮説2と整合するとはいえない。

5.6.3 仮説3の検定結果：SOX法適用以降における負債のガバナンス規律と裁量行動

本節では，仮説3の検定を行うために，多変量回帰分析結果における負債レバレッジ変数に焦点を合わせて分析する。図表5-8パネルAでは，$DA1$の決定要因としての$LDEBT^*SOX$の係数は-0.059で負であり，t値は-1.667となっている。10％水準で有意である。$TA1$も$DA2$も$LDEBT^*SOX$は，それぞれ係数は-0.032，-0.021，t値は-0.816，-1.421で有意ではないがいずれも負である。SOX法適用以降，会計的裁量行動は，負債レバレッジとの間に有意な負の関連性を有するという結果である。パネルCには，実体的裁量行動の決定要因が示されている。パネルCの$abnOCF$の決定要因分析結果（$DA1$，$DA2$を投入）から，実体的裁量行動$abnOCF$は，有意ではないが$LDEBT^*SOX$の係数（t値）は-0.029（-1.624），-0.018（-1.152）と負である。また，SOX法適用以前の$LDEBT$の係数（t値）はそれぞれ0.059（3.301），0.036（2.243）でそれぞれ1％，5％で有意である。これは，負債レバレッジがSOX法適用以前において実体的裁量行動の増加にたいして影響を与えていたが，SOX法適用以降，負債レベレッジが会計的裁量行動$DA2$を抑制させているという結果であり，仮説

3 「SOX法適用以降，負債レバレッジは，会計的裁量行動よりも実体的裁量行動に強い影響を与えている」を支持しない。

また，パネルCから，実体的裁量行動 $abnOCF$ が，SOX法適用以前の負債レバレッジとの間に有意な正の関連性があることが分かった。この結果は，負債レバレッジが債務制限条項に抵触しないようにと，経営者が営業活動によるキャッシュ・フローに関連する実体的裁量行動を実施するインセンティブとなっていたと解釈できるのではないだろうか。

会計的裁量行動および実体的裁量行動における負債レバレッジ変数のすべてにおいて有意な結果が得られたとはいえないが，負債レバレッジ変数がSOX法適用以前には実体的裁量行動増加に影響を及ぼし，SOX法適用以降会計的裁量行動の抑制へと影響を及ぼしていることが観察できた。日本企業の特徴としては大口債権者による独自の金融・ガバナンス構造があり，資本関係だけではなく経営にたいするモニタリング的役割を果たしてきたといわれている。本分析の結果，負債レバレッジが依然としてSEC基準適用企業にたいして裁量行動を抑制する規律として機能していることを示す結果を示すことができた。

それでは，裁量行動は何が決定要因となっているであろうか。図表5-8からは，売上高ボラティリティや営業循環など営業活動の特徴が，会計的裁量行動にたいしては抑制に働いていることが分かる。また，ROA や $GROWTH$ など業績に関連する変数は，会計的裁量行動のインセンティブとして働くことが観察できる。しかしながら，営業活動によるキャッシュ・フローが良好である場合は，会計的裁量行動は抑制されることが分かった。一方，図表5-8からは，興味深いことに，実体的裁量行動にたいしては ROA は抑制要因となるが，営業活動によるキャッシュ・フローはインセンティブとなることが分かり，実体的裁量行動は，利益だけではなく営業活動によるキャッシュ・フローに影響を及ぼすので，経営者は，必然的に営業活動によるキャッシュ・フローをみて実体的裁量行動の実施を判断していることが分かる。

5.7 本章の要約

　本章では，まず，SEC基準適用日本企業がSOX法適用前後で裁量行動を変化させたかどうかを検証し，次に，経営者の各裁量行動の決定要因について特に証券市場インセンティブおよび負債レバレッジとの関連性から分析した。

　本章における分析結果は，次のとおりとなる。プロットから会計的裁量行動が減少傾向となる一方で，実体的裁量行動が微増傾向となることが分かったが，回帰分析結果からは，実体的裁量行動の微増しか観察できなかった。会計的裁量行動と実体的裁量行動間の相互互換の関係については多変量回帰分析結果から観察できた。したがって，概ね仮説1は支持されたといえる。しかしながら，仮説2および仮説3については，多変量回帰分析結果から，証券市場モチベーションはSOX法適用以降，会計的裁量行動だけではなく実体的裁量行動の抑制要因になったこと，負債レバレッジは，SOX法適用以前は実体的裁量行動のインセンティブになっていたが，SOX法適用以降は，会計的裁量行動にたいする抑制要因となったことが分かり，仮説2，仮説3ともに支持されなかった。

　以上から，SEC基準適用日本企業は，SOX法適用で，若干裁量行動を実体的裁量行動へシフトさせた傾向がみられるが，SOX法適用以降は，特に証券市場インセンティブや負債レバレッジが裁量行動の抑制する方向へ影響を及ぼしたといえる。また，裁量行動の決定要因分析結果からは，営業活動の特徴や業績が会計的裁量行動に，営業活動によるキャッシュ・フローが実体的裁量行動に影響を与えることが分かった。

　SOX法は，企業にたいして内部統制システムの整備を促進し，財務報告の信頼性向上を目指して制定されたものであるが，本章における検証結果からSOX法適用が企業に実体的裁量行動へのシフトを促した可能性を示唆することができる。この実体的裁量行動へのシフトは，どのようなことを意味するのだろうか。Dechow and Schrand (2004) は，「実体的裁量行動は，その取引を正しく会計処理する限りGAAP違反ではないので，監査報告書も限定付適正意見やSECによ

る強制法執行となるわけではないが，利益の質に重要な影響を及ぼすし，企業の将来業績に著しい影響を与える」と指摘する。須田・花枝（2008, p.62）も，「会計規制の強化は，実体的対応による利益調整を促し，むしろ国民経済にとってはマイナスになる危険性をはらんでいる」と指摘し，経営者の実体的裁量行動へのシフトにたいする負の影響にたいして懸念を示している。Ewert and Wagenhofer（2005）は，内部統制報告規制ではないが会計基準の厳格化は実体的裁量行動を増加させるとともにコストも増加させることを示している。売上高増加目的および短期的な予想利益値達成目的の過激な売上操作は顧客に将来においても同様に値引きを期待させ，将来売上にたいするマージンを低下させるし，過剰生産は次期までの余剰在庫を抱えることになり，企業には在庫保管コストがかかることになる（Roychowdhury 2006, p. 338）。こうして，実体的裁量行動は潜在的に企業にたいして長期的なコストを課すことになる。Roychowdhury（2006, pp. 340-341）は，「実体的裁量行動の増加，売上原価低減するための製造増加，値引増加は，異常営業活動によるキャッシュ・フローに負の影響を及ぼすが，裁量的費用の削減は当期営業活動によるキャッシュ・フローにたいして正の影響を及ぼし，将来的には低いキャッシュ・フローのリスクとなる」ことも示している。

　このような議論に基づくと，裁量行動の変化は，SOX 法適用による1つの経済的影響であるが，同時にこの裁量行動の変化自体が利益の質にも影響を及ぼしている可能性がある。したがって，他の利益の質評価尺度で測定した場合における経済的影響を把握する必要がある。そこで，次章以降でキャッシュ・フロー予測精度および会計発生高の質における SOX 法適用による経済的帰結を検証する。

注
1） Earnings management は，近年日本では利益調整と呼ぶことが多いが，本書では裁量行動としている。裁量行動の定義には，「ある私的な利益を得る意図で，外部財務報告過程における介入」（Schipper 1989, p. 92），「経営者による予想アナリストによる予想に一致させる目的で利益を積極的に操作すること」（Mulford and Comiskey 2002），「GAAP 範囲内の経営者による会計手続き選択によって報告利益を裁量的に測定すること」（須田 2007）がある。本書では，経営者の裁量行動を，「経営者がある意図をもって GAAP 範囲内で利益額を変更すること」と定義することにする。

2) Lobo and Zhou (2006) は，裁量的発生高を検証するために，以下の回帰式を推定している。$DACC=\beta_0+\beta CERTI+\beta_2 AUDIT+\beta_3 SIZE+\beta_4 OCFTALGE+\beta_5 SMDECR+\beta_6 SMLOSS+\beta_7 LEV+\beta_8 SHAREDECR+\beta_9 SHAREINCE+\varepsilon$，$DACC=$ 裁量的発生高，$CERTI$：SOX 法導入以降を1とし，SOX 法導入以前を0とするダミーへ変数と定義する。$AUDIT$：BIG5 監査法人と監査契約のある企業を1とし，BIG5以外の監査法人と監査契約がない企業を0とする。$SIZE$：売上高合計額の対数変換値。$OCFTALGI$：期首全資産でデフレートされる営業活動によるキャッシュ・フロー。$SMDEC$：裁量的発生高控除前当期利益から前期利益を控除したものを期首株価で除したものが（−0.015,0）である場合を1とし，それ以外を0とする，$SMLOSS$：裁量的発生高控除前当期利益を期首株価で除したものが（−0.03,0）である場合を1とし，それ以外を0とする，LEV：長期負債/全資産，$SHAREDECR$：当年度における総発行済株式数が10％以上減少した企業は1とし，それ以外は0とする。$SHAREINCR$：当年度における総発行済株式数が10％以上増加した企業は1とし，それ以外は0とする。ε：誤差項。

3) 岡部（1997, p.6）および須田（2000, p.17）は，「利益数値制御の方法の1つとして会計手続き選択による活動を会計的裁量行動，実際の活動を中止，延期，繰上げすることによってキャッシュ・フローに影響を及ぼす活動」を実体的裁量行動としている。Dechow and Schrand（2004）は，実体的裁量行動を「キャッシュ・フローに影響を与える経営者がとる実際の経済的行動」と示し，Roychowdhury（2006）は，実体的裁量行動を「キャッシュ・フローや会計発生高に影響を及ぼす，経営者が期待利益値を得る目的で実施する，通常の経済活動から逸脱した実際の経済活動」（Roychowdhury 2006, p.336），「利害関係者がある財務報告目標が通常の営業活動において達成されるミスリードする経営者の希望によって動機づけられる通常の営業上の実務からの逸脱」（Roychowdhury 2006, p. 337）と定義している。

4) 本書では，保守的会計，中立的会計，攻撃的会計は，須田（2007, p.20）に依拠して，それぞれ当期の利益を過少に報告する会計，合理的期間計算に基づいて算出される利益を報告する会計，当期の利益を過剰に報告する会計と定義する。

5) 本書第6章では，保守的裁量行動尺度として会計利益のボラティリティ対 OCF ボラティリティ比率（Leuz et al. 2003），中立的裁量行動尺度として営業活動によるキャッシュ・フローの絶対値によって除された会計発生高の絶対値（Leuz et al. 2003；Tucker and Zarowin 2006）を用いているが，この2つの尺度とも Leuz et al.（2003）では利益平準化尺度としている。本章では，ひとまず中立的裁量行動の例として利益平準化を示しておくことにする。

6) 須田（2000）は，債務契約や報酬契約などの契約支援機能が，経営者の裁量行動にどのような影響を与えているかについて米国の先行研究を検討し，米国における検証結果をふまえて契約支援機能が日本の経営者の裁量行動に与える影響を分析している。特に負債比率仮説については須田（2000）の第8章を参照されたい。

7) Bartov（1993）は，経営者が GAAP 範囲内で利益の期待値を伝達する手段として（Barnea et al. 1975），また企業が当期利益の将来への持続性の程度としての情報を証券市場

に伝達する効率的な方法として，あるいは市場の期待値に近い一株あたり利益を創出するため（Hand 1989）に利益平準化を行うという。また，Bartov（1993）は，債務契約における財務制限条項の抵触を最小限にしようとする。したがって，資産売却からの利益と利益の平準化間には有意な相関関係があるという仮説を利益平準化仮説，資産の売却からの利益と負債比率との間には有意な相関関係があるという仮説を負債比率仮説を設定している。

8）Cohen et al.（2008）は，SOX 法導入以前の時期における会計的裁量行動の増加は，株式に基づいた報酬の増加と関連していることを示している。すなわち，Cohen et al.（2008）は，SOX 法導入以前は，オプション報酬が，経営者に利益を上方修正させるインセンティブとなって裁量的発生高を増加させることを示している。

9）Zang（2007）は，会計的裁量行動と実体的裁量行動の同時実行性と連続実行性についても検証し，実体的裁量行動が会計的裁量行動より前に実施されることを示している。

10）SOX 法第302条宣誓書については第 2 章を参照されたい。

11）SOX 法第906条宣誓書についても第 2 章を参照されたい。

12）経営者による減益回避，損失回避などの証券市場インセンティブは，エクイティ・インセンティブなどの証券市場に関する要因および契約に関する要因に動機があることを前提としており，ここでは，経営者の裁量行動の表層的インセンティブとして減益回避，損失回避などの証券市場インセンティブに焦点を合わせる。本分析のサンプルは，SEC 基準適用日本企業であり経営者予想値を入手することができないため，赤字回避，損失回避の 2 つに焦点を合わせている。

13）須田・花枝（2008）によるサーベイ調査結果でも，日本企業は広告費等の支出削減（66.87%），設備投資等を減額（53.78%），会計上の見積もり変更（8.23%），費用計上の繰り延べ（11.46%）と回答しており，米国企業と同様実体的裁量行動を選好することが分かる。

14）1990年後半に起こった銀行危機により，金融機関と企業との関係は，低成長企業あるいは高成長企業間で当該関係は異なるようになる。すなわち，銀行は，前者にたいしては過剰投資やリストラ促進など規律的役割を果たし，後者には資金提供において促進的役割を果たすといった形で関与するようになった。したがって，メインバンクと企業との関係は現在過渡期的移行にあるが，リストラ促進に役立つなどモニタリング的役割は残っているといえる（Arikawa and Miyajima 2007）。

15）企業の負債による資金調達方法には，銀行からの借入と社債発行がある。実際，連結財務諸表注記に記載されている長期負債の内訳をみてみると，「大部分の長短期銀行借入金は，銀行取引約定書に基づいて借入されている」と示され，メインバンクによる借入金であることが分かる企業もあれば，一部社債発行している企業もある。本章における研究では，こうした銀行借入，社債発行を両方含めた長期負債をガバナンス規律変数とおいて分析を行った。

16）最終的にサンプルとして残った「SEC 基準適用日本企業」は次の32社である。日本ハム，ワコールホールディングス，富士フイルムホールディングス，コマツ，クボタ，日立製作所，東芝，三菱電機，マキタ，日本電産，オムロン，パナソニック，ソニー，TDK，三洋電機，

アドバンテスト，京セラ，村田製作所，トヨタ自動車，本田技研工業，リコー，伊藤忠商事，丸紅，三井物産，住友商事，三菱商事，オリックス，日本電信電話，エヌ・ティ・ティ・ドコモ，コナミ，トレンドマイクロ，キヤノンである。本サンプルは，業種（東証）分類に依拠すると食料品1社，繊維製品1社，化学1社，機械3社，電子機器14社，輸送用機器2社，卸売業4社，情報機器3社で電子機器が多いこと，また製造業が多いという属性がある。本サンプルにはこうした業種分布などのバイアスは存在するが，日本公認会計士編（2008，pp.4-5）が「監査報酬が他の日本上場企業と異なり高額となっていること，日本の会計基準等に基づく連結財務諸表の作成とそれにたいする監査手続きが実施されていないことから，日本の上場企業と分析を分ける必要」と示唆するように，日本の上場企業と異なる属性があることは指摘しておく必要がある。

17) インターネットイニシアティブ，NECエレクトリック，ジュピターテレコムは必要なデータが不足しているため，NECおよびパイオニアは米国株式市場を上場廃止しているので除外した。

18) サンプル企業のSOX法適用時期は，キヤノンを除いて2007年3月であるが，2006年から2008年をSOX法適用以降期間としたのは次の理由からである。(1) Suda et al.（2009）によれば，2005年調査時と比較すると，2007年時には内部統制にたいする経営者の意識が高まっている。そのため，日本企業は遅くとも2007年には日本版内部統制報告制度に対応を始め，米国に上場する日本企業の場合は，2006年7月15日以降に適用との規定もあり2006年には準備を始めたと予想できること，(2) 2007-2008年をSOX法適用以降期間として分析も試みたが強い結果は得られなかったことからである。

19) *DECAVOID*および*LOSSAVOID*は，それぞれ推定モデルによって算出した裁量的発生高を加えた当期純利益と前期純利益，裁量的発生高を加えた当期純利益が統計分布の1割ぐらいになるように設定した。

20) 現在の日本における4大監査法人は，世界4大監査法人（BIG4）と現在提携関係にあるあずさ監査法人（KPMG），あらた監査法人（プライスウォーターハウス），新日本有限責任監査法人（アーンスト＆ヤング），トーマツ（デトロイト・トウッシュ・トーマツ）（カッコ内提携関係にある監査法人）であるが，あらた監査法人が加わる前は，みすず監査法人（旧中央青山監査法人）が4大監査法人の1つであった。但し，過年度においては4大監査法人に該当しない場合もあり，監査契約状況が異なるサンプルが混在する可能性もあり，監査の質は，BIGNとして変数名は*AUDIT*としている。

21) Lobo and Zhou（2006）は，「長期負債/総資産×100」で算出している。本分析では，Lobo and Zhou（2006）修正モデルを用いるため，Lobo and Zhou（2006）の式で算出し，経営分析で用いられる負債比率と区別するため，負債レバレッジと呼ぶことにする。

22) TA1は，当期純利益から営業活動によるキャッシュ・フローを差し引いて算出している。

23) 異常営業活動によるキャッシュ・フロー，異常製造費用，異常裁量の支出も，裁量的発生高の推定方法と同様，企業別に時系列推定で測定している。

24) Cohen et al. (2008) は，実体的裁量行動の影響を包括的な尺度でとらえるために，異常営業活動によるキャッシュ・フローと異常製造費用，異常裁量的支出のそれぞれ標準化した値を合計した値を測定しているが，異常営業活動によるキャッシュ・フローと異常製造費用と，裁量的支出の時系列プロットにおいて異なる推移を観察できたため，包括的な尺度を測定せず，それぞれ別の3つの実体的裁量行動尺度として検証している。
25) Cohen et al. (2008) は，経営者が当期において報告利益を増加目的で売上を調整する場合に，裁量的支出のモデルに当期の売上高を独立変数とすると問題が生じる可能性があるとし，前期売上高を独立変数としており，本章でも同様に前期売上高を用いている。

第6章

キャッシュ・フロー予測における内部統制報告制度の影響

6.1 本章の目的

　本章の目的は，まずキャッシュ・フロー予測精度1)がSOX法適用前後で変化したかどうか，次に，会計発生高の質とキャッシュ・フロー予測精度との関係を明らかにし，これをふまえて，裁量的発生高や会計発生高とキャッシュ・フロー予測精度との関連性，経営者の裁量行動（岡部 1997, p.6；須田 2000, p.217)2)とキャッシュ・フロー予測精度との関連性がSOX法適用前後で変化したのかどうかを解明することである。

　本章における研究は，次の点が先行研究と異なる点である。第1には，裁量行動研究の1つとして時系列変化を検証しつつ，裁量行動が機会主義的か情報提供的かを問う方法としてキャッシュ・フロー予測誤差と会計発生高の質との関連性に依拠して明らかにする。第2には，本研究は内部統制とキャッシュ・フローの予測精度間の直接的関連性を分析する研究の1つとなる。第3に，本研究は，実体的裁量行動の変化がキャッシュ・フロー予測精度に与える影響を検証する。本章の残りは，次のような構成となっている。第2節で仮説展開を述べ，第3節ではリサーチ・デザインを提示し，第4節では実証結果を示し，最後に，本章の要

約を述べる。

6.2 仮説展開

　これまでみてきたように，内部統制報告規制は，財務諸表の虚偽記載につながるような誤謬や不正を防止，検出することを目的とし，整備された内部統制は，信頼性の高い財務報告に有効なシステムとなる。具体的には，SOX 法第302条宣誓書では CEO および CFO にたいして財務諸表の適正性と完全網羅性について宣誓させ，第404条宣誓書では CEO および CFO にたいして内部統制の有効性を評価する内部統制報告書を提出することを義務づけている。第906条宣誓書では，SOX 法の規定を満たしていない財務諸表であることを知りながら宣誓することにたいして罰則を科している[3]。こうした厳格な SOX 法に準拠し整備された内部統制の下では，経営者による見積もり誤差は減少し，機会主義的裁量行動が抑制されると予想できる。実際，先行研究では内部統制報告規制によって裁量的発生高が減少したことが示されている（Bedard 2006；Lobo and Zhou 2006；Cohen et al. 2008）。

　これまで，先行研究では内部統制の不備が会計発生高の質との間に有意な関連性があること（Doyle et al. 2007b；Ashbaugh-Skaife et al. 2008），会計発生高の質が予測誤差との間に有意な関連性があること（田澤 2004；海老原 2004）が示されている。これらの実証結果を結びつけると整備された内部統制は会計発生高の質を高め，予測誤差を小さくできると考えられる。しかしながら，裁量行動には，機会主義的裁量行動だけでなく，会計情報の予測能力を改善するための情報提供的（Subramanyam 1996；須田 2000, pp.414-417）裁量行動がある。そのため，会計発生高の質と予測誤差との関係において裁量行動が機会主義的か情報提供的かに関する検討も加える必要がある。SEC 基準適用日本企業は，SOX 法適用以降，良好な内部統制により見積もり誤差や機会主義的裁量行動が抑制され，情報提供的会計的裁量行動が維持され予測精度が高まると予想できる。

　一方，Graham et al.（2005）および須田・花枝（2008）は，サーベイ結果に基

づいて内部統制報告規制導入以降，裁量行動が会計的裁量行動から実体的裁量行動へと変化した可能性を示唆している。実際，Cohen et al.（2008）および第5章は，SOX法導入・適用以降会計的裁量行動が減少し実体的裁量行動が増加したことを示している。Gunny（2005）に基づくと，実体的裁量行動の増加は将来キャッシュ・フローの値に影響を与える可能性があり，予測精度が低下すると予想できる。そこで，総合するとキャッシュ・フロー予測精度はSOX法適用前後で変化しないと予想でき，以下の仮説1を設定する。

仮説1　SEC基準適用日本企業の会計利益のキャッシュ・フロー予測精度は，SOX法適用前後で変化しない。

次に，SOX法適用前後におけるキャッシュ・フロー予測精度の変化の根拠を会計発生高の質，裁量的発生高，実体的裁量行動に焦点を合わせて明らかにするため，以下の仮説2を設定する。

仮説2　SEC基準適用日本企業は，SOX法適用以降，キャッシュ・フロー予測誤差と関連性のある要因が変化した。

この仮説2を検証するために3つの作業仮説を設定する。内部統制に不備があると，権限の分離が行われず経営者の機会主義的な裁量行動を防止，発見できず，結果的に会計発生高に偏向が起こる。Doyle et al.（2007b）は，脆弱な内部統制を有する企業ではDechow and Dichev（2002）（DD）モデルによる会計発生高の質（AQ_DD）だけでなく，McNichols（2002）（MN）モデルによる会計発生高の質（AQ_MN）も低いことから，会計発生高の質が見積もり誤差や機会主義的な裁量行動に伴う偏向のある会計発生高によって低くなると示している。

田澤（2004）は，会計発生高の質が将来キャッシュ・フロー予測における会計発生高の役割と関連していることを明らかにし，会計発生高の質が高いほど利益のキャッシュ・フロー予測誤差が小さくなったことを示している。海老原（2004）は，会計発生高における予測誤差がノイズになって会計発生高の質を低下させ，利益のキャッシュ・フロー予測能力にも影響を与えることを示している。しかしながら，田澤（2004）および海老原（2004）は，SOX法適用以前の期間で

の検証であり，また裁量行動を把握できる AQ_MN を用いてキャッシュ・フロー予測について検証していない。SEC 基準適用日本企業は，SOX 法適用以降，良好な内部統制で見積もり誤差が減少し，機会主義的裁量行動が抑制されて情報提供的裁量行動だけが維持されれば，「裁量行動が意図的な場合は予測誤差が会計発生高の質と関連性を有し，裁量行動が情報提供目的であれば予測誤差は会計発生高の質と関連性は有しない」という Bissesur（2008, pp.3-4）に依拠して，会計発生高の質とキャッシュ・フロー予測精度との関連性はみられないと予想できる。そこで作業仮説1を設定する。

作業仮説1　SOX 法適用以降，キャッシュ・フロー予測誤差は，会計発生高の質との間に有意な関連性がなくなる。

Suda et al.（2009）のサーベイ調査は，2005年と2007年の結果とを比較し日本の上場企業経営者の内部統制にたいする意識が前向きに変化したことを示している。米国市場に上場する日本企業は SOX 法適用の2006年以降には，機会主義的裁量行動を抑制し，内部情報をより前向きに伝達するようになると予想できる。裁量的発生高が機会主義的裁量行動を反映するものなのか内部情報を反映させるものなのかについては，Bissessur（2008）に依拠して裁量的発生高がキャッシュ・フロー予測精度との関連性を有するのかを，裁量的発生高と会計発生高の質との関連性を参考にして分析する。第7章では，SOX 法適用以降，裁量的発生高および会計発生高と AQ_DD, AQ_MN との間に有意な関連性が観察されていない。したがって，裁量的発生高や会計発生高は，SOX 法適用以降，機会主義的目的ではなく情報提供的目的で用いられるようになり，予測誤差との関連性がなくなることが予想される。そこで次の作業仮説2を設定する。

作業仮説2　SOX 法適用以降，経営者は情報提供目的で裁量的発生高や会計発生高を用いるようになり，裁量的発生高や会計発生高はキャッシュ・フロー予測誤差との間に有意な関連性を有しない。

Roychowdhury（2006）によれば，裁量的支出の削減は現金支出を抑制し当期の営業活動によるキャッシュ・フローに正の影響をもたらすが，将来キャッシュ・フローを低下させるリスクがあるという。Gunny（2005）は，研究開発費の削減，一般管理費の削減などの実体的裁量行動が利益やキャッシュ・フローなどの将来の営業業績に負の影響を与えたことを示している。こうした調査結果をふまえると，SOX法適用以降の実体的裁量行動の増加は，会計情報のキャッシュ・フロー予測誤差に影響を与えると予想できる。そこで以下の作業仮説3を設定する。

作業仮説3　SOX法適用以降，キャッシュ・フロー予測誤差は，実体的裁量行動との間に有意な関連性を有するようになる。

6.3　リサーチ・デザイン

6.3.1　キャッシュ・フロー予測モデル

　仮説1を検定するため，企業別時系列データに基づいた推定式から1期先OCFを予測し，実績値との差から予測誤差を算出する。キャッシュ・フロー予測には，吉田（2002）に依拠して時系列推定による利益モデル，会計発生高成分モデルを用いる。

利益モデル　　　　　　$OCF_{t+1} = \varphi_0 + \varphi_1 NI_t$
会計発生高成分モデル　$OCF_{t+1} = \delta_0 + \delta_1 OCF_t + \delta_2 \Delta AR_t + \delta_3 \Delta INV_t + \delta_4 \Delta AP_t + e_t$

但し，OCF_{t+1}：$t+1$期における営業活動によるキャッシュ・フロー
　　　　NI_t：t期における当期純利益

ΔAR_t：t期における売上債権増加額
ΔINV_t：t期における棚卸資産増加額
ΔAP_t：t期における支払債務増加額
e_t：t期における誤差項

キャッシュ・フロー予測方法としては，Lorek and Willinger（1996）に依拠して時系列多変量回帰モデル（multivariate, time-series regression model, MULT）を用いて2000年から2004年までのデータで2005年を予測し，2005年度実績値と比較して予測誤差を算出する。次に，2001年から2005年までのデータで2006年を予測し予測誤差を算出する。同様に，2007年，2008年の予測誤差を算出し，2005-2006年の予測誤差と2007-2008年度の予測誤差を比較する。予測精度[4]は，次の式から算出した平均絶対誤差率（mean absolute percentage error）を用いて測定する。

$$MAPE = \Sigma |e_t|/|Y_t|$$

e_t：t期における予測誤差
Y_t：t期における実績値

6.3.2　会計発生高の質の推定

会計発生高の質[5]を推定するモデルとしては，Dechow and Dichev（2002）（DD），McNichols（2002）（MN）を用いる。DDモデルは経営者による見積もり誤差や企業属性が反映されるものであり，MNモデルはDDモデルとJones（1991）モデルを統合させたモデルであるので，DDモデルによって把握可能な見積もり誤差および企業属性に加えて，MNモデルを通して経営者による裁量行動を把握できる。

$\Delta WC_t = \beta_0 + \beta_1 OCF_{t-1} + \beta_2 OCF_t + \beta_3 OCF_{t+1} + \varepsilon_t$　　　　　（DDモデル）
$\Delta WC_t = \beta_0 + \beta_1 OCF_{t-1} + \beta_2 OCF_t + \beta_3 OCF_{t+1} + \beta_4 \Delta SALES_t + \beta_5 PPE_t + \varepsilon_t$

(MN モデル)

但し， $\varDelta WC_t$：t 期における会計発生高[6]
OCF_t：t 期の営業活動によるキャッシュ・フロー
$\varDelta SALES_t$：t 期の売上高増加額
PPE_t：t 期における有形固定資産
ε_t：t 期における誤差項

6.3.3 裁量行動尺度

会計的裁量行動は，保守的裁量行動（conservative accounting management, C_AM，会計利益のボラティリティ対 OCF ボラティリティ比率，Leuz et al. 2003），中立的裁量行動（neutral accounting management, N_AM，営業活動によるキャッシュ・フローの絶対値によって除された会計発生高の絶対値），攻撃的裁量行動（discretionary accruals, DA，裁量的発生高）[7]の 3 つの指標でみる（Dechow and Skinner 2000, 須田他 2007）[8]。実体的裁量行動の影響をとらえるためには，異常営業活動によるキャッシュ・フロー（abnormal OCF, abnOCF），異常製造費用（abnormal production costs, abnPROD）および異常裁量的支出（abnormal discretionary expenses, abnDE）を推定する[9]。

6.3.4 検定方法

仮説 1 を検定するため，まず利益モデルおよび会計発生高成分モデルによる予測誤差について母平均差分析（t 検定）を行う。次に以下の実証モデルを推定して SOX の係数を観察し，$\theta_1 < 0$ であれば予測誤差は SOX 法適用によって小さくなるとする。仮説 2 を検証するためには，各作業仮説の代理変数を取り上げて以下の実証モデルを推定し，各説明変数の t 値の有意性検定を行う。裁量行動尺度間には多重共線性の問題があること，経営者は戦略に依拠して裁量行動を選択する（Cohen et al. 2008, p.776）ことから，各モデルには裁量行動 1 つを投入する。

コントロール変数として負債比率，企業規模，監査の質を投入する。

$$MAPE = \theta_0 + \theta_1 SOX + \theta_2 \Delta WC_t + \theta_3 \Delta WC_t{}^*SOX + \theta_4 OCF_t + \theta_5 OCF_t{}^*SOX$$
$$+ \theta_6 LDEBT_t + \theta_7 LDEBT_t{}^*SOX + \theta_8 SIZE_t + \theta_9 AUDIT_t$$
$$+ \theta_{10} DECAVOID_t + \theta_{11} LOSSAVOID_t + \theta_{12} DECAVOID_t{}^*SOX$$
$$+ \theta_{13} LOSSAVOID_t{}^*SOX + \theta_{14} AQ_t + \theta_{15} AQ_t{}^*SOX + \varepsilon_{t+1}$$

$$MAPE = \theta_0 + \theta_1 SOX + \theta_2 \Delta WC_t + \theta_3 \Delta WC_t{}^*SOX + \theta_4 OCF_t + \theta_5 OCF_t{}^*SOX$$
$$+ \theta_6 LDEBT_t + \theta_7 LDEBT_t{}^*SOX + \theta_8 SIZE_t + \theta_9 AUDIT_t$$
$$+ \theta_{10} DECAVOID_t + \theta_{11} LOSSAVOID_t + \theta_{12} DECAVOID_t{}^*SOX$$
$$+ \theta_{13} LOSSAVOID_t{}^*SOX + \theta_{14} EM_t + \theta_{15} EM_t{}^*SOX + \varepsilon_{t+1}$$

但し，　　　SOX：SOX 法適用以降を1，SOX 法適用以前を0とするダミー変数
$LDEBT=$ 負債比率：長期借入金/前期資産[10]
$SIZE=$ 企業規模：売上高の対数変換値
$AUDIT=$ 監査の質：監査法人が BIGN の場合を1，そうでない場合を0とする[11]
$DECAVOID$：Jones（1991）モデルを用いて推定された裁量的発生高を加えた当期純利益と前期純利益の差額が -0.00332 から0の場合を1とする
$LOSSAVOID$：Jones（1991）モデルを用いて推定された裁量的発生高を加えた当期純利益が -0.00337 から0の場合を1とする
AQ：会計発生高の質
EM：裁量行動尺度

6.3.5　サンプルデータと基本統計量

本章で実施する分析対象企業は，第5章と同様，2000年から2008年において，

図表 6-1　基本統計量（観測数256）

	平均値	中央値	標準偏差	最小値	最大値	第1四分位	第3四分位
OCF	0.084	0.074	0.060	−0.035	0.306	0.041	0.105
NI	0.039	0.031	0.049	−0.102	0.229	0.010	0.058
ΔWC	0.002	0.002	0.029	−0.167	0.139	−0.010	0.014
ACCRUAL	−0.044	−0.042	0.048	−0.232	0.141	−0.066	−0.014
ΔAR	−0.004	−0.003	0.026	−0.125	0.179	−0.017	0.008
ΔINV	−0.003	−0.003	0.017	−0.080	0.072	−0.010	0.004
ΔAP	0.002	0.003	0.018	−0.085	0.104	−0.005	0.011
PPE	0.229	0.219	0.117	0.011	0.639	0.152	0.277
OCF_{t-1}	0.083	0.071	0.064	−0.035	0.313	0.037	0.107
OCF_{t+1}	0.083	0.073	0.059	−0.035	0.306	0.041	0.105
MAPEni	0.227	0.143	0.251	0.002	1.000	0.067	0.289
MAPEcomponents	0.140	0.072	0.194	0.000	1.000	0.029	0.160
DA2	0.000	0.000	0.020	−0.136	0.075	−0.009	0.009
abnOCF	0.000	0.001	0.021	−0.080	0.127	−0.009	0.009
abnPROD	0.000	0.000	0.015	−0.044	0.063	−0.007	0.006
abnDE	0.000	0.000	0.021	−0.096	0.117	−0.004	0.002
DECAVOIDDA2	0.001	0.002	0.247	−1.688	1.730	−0.013	0.023
LOSSAVOIDDA2	0.040	0.032	0.298	−2.206	2.402	0.007	0.066
SIZE	−0.073	−0.086	0.504	−2.273	0.877	−0.285	0.138
adjustOCF	−0.001	−0.012	0.060	−0.119	0.222	−0.043	0.021
adjustLDEBT	0.003	−0.034	0.124	−0.116	0.370	−0.099	0.061
C_AM	0.686	0.755	0.338	0.013	1.421	0.394	1.000
N_AM	0.360	0.170	0.745	0.000	8.500	0.069	0.363
AQ_DD	0.027	0.023	0.018	0.008	0.123	0.016	0.033
AQ_MN	0.026	0.021	0.024	0.004	0.216	0.013	0.032

注）変数は，次のとおりに定義される。なお，変数はすべて平均資産でデフレートされている。

OCF	営業活動によるキャッシュ・フロー
NI	当期純利益
ΔWC	運転資本の変動 $=\Delta$ 受取債権 $+\Delta$ 棚卸資産 $-\Delta$ 支払債務 $-\Delta$ 税金支出 $+\Delta$ その他の資産（正味）
ACCRUAL	当期純利益から営業活動によるキャッシュ・フローを差し引いた額
ΔAR	売上債権増加額
ΔINV	棚卸資産増加額
ΔAP	支払債務増加額
PPE	有形固定資産額
OCF_{t-1}	前期の営業活動によるキャッシュ・フロー
OCF_{t+1}	1期先の営業活動によるキャッシュ・フロー
MAPEni	利益モデルを用いて推定される予測誤差
MAPEcomponents	会計発生高成分モデルを用いて推定される予測誤差
DA2	Jones（1991）モデルを用いて推定された裁量的発生高（クロスセクショナル）
abnOCF	異常 OCF で，$OCF_t = SALES_t + \Delta SALES_t$ 式を用いて推定された残差
abnPROD	異常製造費用で，製造費用（売上原価 + 棚卸資産増加額）$= SALES_t + \Delta SALES_t + \Delta SALES_{t-1}$ 式を用いて推定された残差
abnDE	異常裁量的支出で，裁量的支出（広告宣伝費 + 研究開発費 + 一般管理費）$= SALES_{t-1}$ 式を用いて推定された残差
DECAVOIDDA2	前年度当期利益：Jones（1991）モデルを用いて推定された裁量的発生高控除前当期利益が（0, −0.00332）である場合は1，そうでない場合は0とする。
LOSSAVOIDDA2	Jones（1991）モデルを用いて推定された裁量的発生高控除前当期利益が（0, −0.00337）である場合は1，そうでない場合は0とする。
SIZE	企業規模：売上高の対数変換値
adjustOCF	OCF から OCF 平均値を控除して調整した OCF
adjustLDEBT	LDEBT（負債比率：長期借入金/前期資産）から LDEBT 平均値を控除して調整した DEBT
C_AM	保守的裁量行動：利益ボラティリティの絶対値/OCF ボラティリティの絶対値
N_AM	中立的裁量行動：運転資本の変動絶対値/OCF の絶対値
AQ_DD	会計発生高の質：Dechow and Dichev（2002）モデルを用いて推定した残差の標準誤差
AQ_MN	会計発生高の質：McNichols（2002）モデルを用いて推定した残差の標準誤差

(1) SEC 基準適用日本企業,(2)一般事業会社(金融・証券・保険を除く),(3)販売費および一般管理費,広告・宣伝費,研究開発費のデータが入手できる,の基準で選択されている。分析には前年度の情報を必要とするため,1999年から2008年度までを対象としている。データは,日本経済新聞デジタルメディアの総合経済データバンク「NEEDS」(連結決算)から収集している。本研究は,キャッシュ・フローの予測精度を SOX 法適用以前期間と SOX 法適用以降期間に分けて分析する。SOX 法適用以前期間は,2000年から2005年まで,SOX 法適用以降期間は2006年から2008年までである。

　図表6-1は各裁量行動,会計発生高の質,予測誤差の基本統計量を示している。裁量行動尺度の符号や大きさは Cohen et al.(2008)と整合的である。裁量的発生高(discretionary accruals, DA)は,Jones(1991)モデルから推定された裁量的会計発生高であるので平均値は構造上 0 となっている(Cohen et al. 2008, p. 769)。

6.4　実証分析の結果

6.4.1　仮説1の検定結果:SOX 法適用前後におけるキャッシュ・フローの予測誤差の変化

　図表6-2は,利益モデルおよび会計発生高成分モデルを用いて算出した2005年,2006年,2007年,2008年の予測誤差($MAPEni, MAPEcomponents$)を示している。$MAPEni$ は2005年から2007年へかけて漸次的に減少しているが2007年から2008年は横ばいである。$MAPEcomponents$ は2005年から2006年で減少し2007年から2008年にかけても減少しているが,両モデルとも2005-2006年と2007-2008年とを比較するとほとんど変化はみられない。つまり,両モデルの予測誤差ともに SOX 法適用前後であまり変化していないといえる。

　図表6-3は,SOX 法適用前後における企業別予測誤差について基本統計量の変化を示している。SOX 法適用前後の差の検討するため,各モデルによる予測

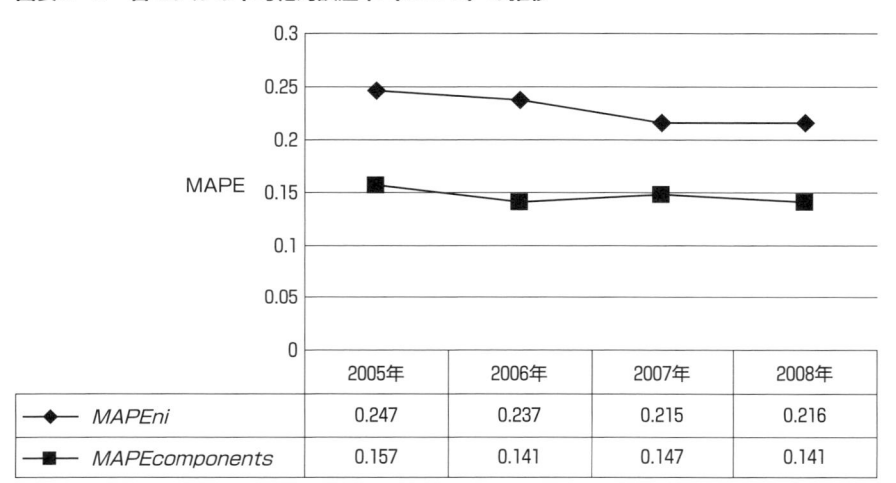

図表6-2　各モデルの平均絶対誤差率（MAPE）の推移

	2005年	2006年	2007年	2008年
◆ MAPEni	0.247	0.237	0.215	0.216
■ MAPEcomponents	0.157	0.141	0.147	0.141

図表6-3　各モデルの予測誤差の基本統計量

	SOX法適用以前			SOX法適用以降				
	N	平均値	標準偏差	N	平均値	標準偏差	t値	有意水準
MAPEni	159	0.237	0.267	62	0.201	0.209	−1.060	0.291
MAPEcomponents	159	0.139	0.195	62	0.142	0.197	0.110	0.913

注）各変数の定義は図表6-1を参照。*10％水準，** 5％水準，*** 1％水準で有意。

誤差について t 検定を行った。その結果，MAPEni および MAPEcomponents の t 値は，それぞれ−1.060，0.110で両モデルとも SOX 法適用前後の差は有意ではなかった。第3の分析結果として，後出の図表6-6の SOX の係数に着目すると，N_AM の SOX の係数は−0.102，t 値は−2.064であり，5％水準で有意であるが，他では，SOX の係数は有意でなく，予測誤差は SOX 法適用前後で変化していないと示唆できる。つまり，時系列推移プロット，母平均差分析および多変量回帰分析結果は，概ね仮説1を支持する結果であった。

6.4.2 仮説2の検定結果：予測誤差の決定要因に関する SOX法適用前後における変化

作業仮説1　予測誤差と会計発生高の質

　図表6-4は，予測誤差と会計発生高の質間の相関係数を示している。相関分析結果から，*MAPEni* と *AQ_DD* 間，*MAPEcomponents* と *AQ_DD* 間，*MAPEni* と *AQ_MN* 間，*MAPEcomponents* と *AQ_MN* 間のピアソン相関係数（スピアマン順位相関係数）は，それぞれ0.229（0.134），0.205（0.073），0.153（0.063），0.275（0.282）であり，いずれも有意であることが観察された。

　図表6-5は，予測誤差の決定要因について分析した多変量回帰分析結果を示している。SOX法適用以前の *AQ_DD* および *AQ_MN* の係数（t値）はそれぞれ6.090（5.015），5.276（4.207）で有意である。予測誤差と会計発生高の質と間に

図表6-4　予測誤差と会計発生高の質との相関係数（観測数244）

	OCF_{t+1}	SOX	AQ_DD	AQ_MN	MAPEni	MAPEcomponents
OCF_{t+1}	1.000	0.008	0.451	0.471	−0.357	−0.326
	.	0.904	0.000	0.000	0.000	0.000
			***	***	***	***
SOX	0.050	1.000	0.011	0.051	−0.063	0.007
	0.453	.	0.866	0.412	0.347	0.920
AQ_DD	0.510	0.016	1.000	0.721	0.229	0.205
	0.000	0.804	.	0.000	0.001	0.002
	***			***	***	***
AQ_MN	0.395	0.073	0.593	1.000	0.153	0.275
	0.000	0.246	0.000	.	0.022	0.000
	***		***		**	***
MAPEni	−0.318	−0.025	0.134	0.063	1.000	0.557
	0.000	0.707	0.045	0.350	.	0.000
	***		**			***
MAPEcomponents	−0.287	−0.010	0.073	0.282	0.303	1.000
	0.000	0.876	0.279	0.000	0.000	.
	***			***	***	

注）右上はピアソン相関係数，左下はスピアマン順位相関係数である。各変数の定義は，図表6-1を参照。各二段目は White（1980）の共分散推定に基づく t 値である。*10％水準，** 5％水準，*** 1％水準で有意。

図表6-5　予測誤差と会計発生高の質との関連性

パネル：MAPEni	AQ_DD				AQ_MN			
	B	t値	有意確率		B	t値	有意確率	
(Constant)	0.101	1.598	0.112		0.085	1.269	0.206	
SOX	0.036	0.410	0.682		−0.004	−0.052	0.959	
ΔWC	0.723	1.125	0.262		0.551	0.846	0.399	
ΔWC*SOX	−3.143	−1.818	0.071		−2.672	−1.511	0.132	
OCF	−1.696	−4.439	0.000	***	−1.632	−4.210	0.000	***
OCF*SOX	0.230	0.278	0.781		0.377	0.465	0.642	
DEBT	0.013	0.062	0.951		−0.110	−0.546	0.586	
LDEBT*SOX	−0.051	−0.148	0.883		0.054	0.152	0.879	
SIZE	0.014	0.397	0.692		0.032	0.873	0.384	
AUDIT	−0.045	−0.790	0.430		0.013	0.225	0.822	
DECAVOIDDA2	0.215	2.521	0.013	**	0.233	2.699	0.008	***
DECAVOIDDA2*SOX	−0.014	−0.083	0.934		−0.025	−0.151	0.880	
LOSSAVOIDDA2	0.001	0.033	0.974		0.009	0.204	0.839	
LOSSAVOIDDA2*SOX	0.061	0.692	0.490		0.075	0.831	0.407	
AQ	6.090	5.015	0.000	***	5.276	4.207	0.000	***
AQ*SOX	−2.946	−1.005	0.316		−1.846	−0.619	0.537	
R^2		0.251				0.225		
調整R^2		0.194				0.166		
F値 (Pr > F)		4.401(<0.0001)				3.822(<0.0001)		

注）各変数の定義は，図表6-1を参照。*10％水準，** 5％水準，*** 1％水準で有意。

おける正の相関も有意であり，作業仮説1を支持している。つまり，SOX法適用以前において，予測誤差は会計発生高の質によって影響を受け，利益の予測に見積もり誤差や機会主義的裁量行動が反映している可能性を示唆できる。一方，SOX法適用以降，予測誤差は会計発生高の質と有意な関連性を有しておらず，利益の予測に機会主義的裁量行動が反映していないことが示唆できる。

作業仮説2　裁量的発生高・会計発生高と予測誤差

図表6-6パネルAおよびBは，独立変数に裁量行動を挿入して分析した多変量回帰分析の結果である。SOX法適用以降のΔWCの係数（t値）は，−2.945（−1.575），−2.563（−1.335），−2.635（−1.292），−3.276（−1.436），−3.186（−1.528），−3.556（−1.498）で有意ではなく，SOX法適用前後におけるDAの係数（t値）はそれぞれ0.057（1.082），−0.119（−0.816）でそれぞれ有意ではなく，作業仮説2を支持している。つまり，予測誤差はSOX法適用以降会計

図表 6-6　予測誤差（MAPEni）と裁量行動

パネル A：予測誤差（MAPEni）と会計的裁量行動

	C_AM					N_AM			
	B	t値	有意確率			B	t値	有意確率	
(Constant)	0.265	3.794	0.000	***	(Constant)	0.185	3.346	0.001	***
SOX	0.009	0.093	0.926		SOX	−0.102	−2.064	0.040	**
ΔWC	0.049	0.076	0.940		ΔWC	−0.015	−0.023	0.981	
ΔWC*SOX	−2.945	−1.575	0.117		ΔWC*SOX	−2.563	−1.335	0.183	
OCF	−1.273	−3.686	0.000	***	OCF	−1.129	−3.328	0.001	***
OCF*SOX	−0.195	−0.236	0.813		OCF*SOX	0.747	0.882	0.379	
DEBT	−0.295	−1.528	0.128		DEBT	−0.337	−1.804	0.073	*
LDEBT*SOX	−0.112	−0.302	0.763		LDEBT*SOX	0.216	0.651	0.516	
SIZE	0.000	0.002	0.999		SIZE	0.002	0.046	0.963	
AUDIT	0.013	0.235	0.815		AUDIT	0.050	0.909	0.364	
DECAVOIDDA2	0.252	2.803	0.005	***	DECAVOIDDA2	0.216	2.402	0.017	**
DECAVOIDDA2*SOX	−0.043	−0.250	0.803		DECAVOIDDA2*SOX	0.016	0.092	0.927	
LOSSAVOIDDA2	−0.047	−1.105	0.270		LOSSAVOIDDA2	−0.040	−0.969	0.334	
LOSSAVOIDDA2*SOX	0.071	0.755	0.451		LOSSAVOIDDA2*SOX	0.120	1.315	0.190	
C_AM	−0.043	−0.745	0.457		N_AM	0.041	1.669	0.096	*
C_AM*SOX	−0.105	−0.895	0.372		N_AM*SOX	0.059	0.865	0.388	
R^2			0.142		R^2			0.158	
調整 R^2			0.850		調整 R^2			0.102	
F値 (Pr > F)			2.506(<0.002)		F値 (Pr > F)			2.833(<0.0001)	

パネル B：予測誤差（MAPEni）と実体的裁量行動

	abnOCF					abnPROD			
	B	t値	有意確率			B	t値	有意確率	
(Constant)	0.234	4.204	0.000	***	(Constant)	0.240	3.956	0.000	***
SOX	−0.062	−1.336	0.183		SOX	−0.054	−1.110	0.268	
ΔWC	0.151	0.184	0.854		ΔWC	−0.076	−0.096	0.923	
ΔWC*SOX	−3.276	−1.436	0.152		ΔWC*SOX	−3.186	−1.528	0.128	
OCF	−1.254	−3.259	0.001	***	OCF	−2.060	−3.903	0.000	***
OCF*SOX	−0.050	−0.059	0.953		OCF*SOX	0.067	0.068	0.946	
DEBT	−0.276	−1.431	0.154		DEBT	−0.404	−1.856	0.065	*
LDEBT*SOX	0.122	0.354	0.724		LDEBT*SOX	0.197	0.562	0.575	
SIZE	0.000	−0.005	0.996		SIZE	0.004	0.101	0.920	
AUDIT	0.013	0.242	0.809		AUDIT	−0.020	−0.334	0.739	
DECAVOIDDA2	0.253	2.790	0.006	***	DECAVOIDDA2	0.227	2.497	0.013	**
DECAVOIDDA2*SOX	−0.028	−0.162	0.871		DECAVOIDDA2*SOX	0.013	0.077	0.939	
LOSSAVOIDDA2	−0.045	−1.049	0.295		LOSSAVOIDDA2	−0.036	−0.761	0.448	
LOSSAVOIDDA2*SOX	0.085	0.906	0.366		LOSSAVOIDDA2*SOX	0.084	0.881	0.379	
abnOCF	0.149	0.127	0.899		abnPROD	−2.316	−1.774	0.078	*
abnOCF*SOX	−0.904	−0.362	0.718		abnPROD*SOX	5.971	2.354	0.020	**
R^2			0.132		R^2			0.198	
調整 R^2			0.075		調整 R^2			0.134	
F値 (Pr > F)			2.315(<0.004)		F値 (Pr > F)			3.094(<0.000)	

注）各変数の定義は図表 6-1 を参照。従属変数は，利益モデルによる平均絶対誤差率（MAPEni）である。変数 *SOX は，各
*** 1％水準で有意。

	DA			
	B	t値	有意確率	
(Constant)	0.201	3.243	0.001	***
SOX	−0.024	−0.418	0.676	
⊿WC	0.273	0.405	0.686	
⊿WC*SOX	−2.635	−1.292	0.198	
OCF	−1.142	−3.233	0.001	***
OCF*SOX	−0.185	−0.222	0.825	
DEBT	−0.278	−1.439	0.152	
LDEBT*SOX	0.101	0.301	0.764	
SIZE	−0.001	−0.021	0.984	
AUDIT	0.019	0.335	0.738	
DECAVOIDDA2	0.260	2.861	0.005	***
DECAVOIDDA2*SOX	−0.024	−0.135	0.892	
LOSSAVOIDDA2	−0.046	−1.085	0.279	
LOSSAVOIDDA2*SOX	0.099	1.002	0.317	
DA	0.057	1.082	0.280	
DA*SOX	−0.119	−0.816	0.415	
R^2		0.137		
調整 R^2		0.079		
F値 (Pr > F)		2.382(<0.003)		

	abnDE			
	B	t値	有意確率	
(Constant)	0.255	3.453	0.001	***
SOX	−0.039	−0.578	0.565	
⊿WC	0.090	0.072	0.943	
⊿WC*SOX	−3.566	−1.498	0.137	
OCF	−1.410	−2.516	0.013	**
OCF*SOX	−0.083	−0.085	0.932	
DEBT	−0.377	−0.912	0.364	
LDEBT*SOX	−0.308	−0.394	0.694	
SIZE	0.039	0.458	0.648	
AUDIT	−0.047	−0.709	0.480	
DECAVOIDDA2	0.126	0.896	0.372	
DECAVOIDDA2*SOX	0.482	1.633	0.105	
LOSSAVOIDDA2	0.038	0.656	0.513	
LOSSAVOIDDA2*SOX	−0.034	−0.276	0.783	
abnDE	−0.010	−0.010	0.992	
abnDE*SOX	−0.901	−0.345	0.731	
R^2		0.187		
調整 R^2		0.083		
F値 (Pr > F)		1.792(<0.044)		

変数のSOXにたいする交差項である。*10％水準，**5％水準，

図表 6 - 7　予測誤差と裁量行動との相関係数（観測数256）

	SOX	OCF_{t+1}	MAPEni	MAPEcomponents	C_AM	N_AM	DA2	abnOCF	abnPROD	abnDE
SOX	1.000	0.008	−0.063	0.007	−0.081	−0.048	0.142	−0.002	0.010	−0.030
	.	0.904	0.347	0.920	0.196	0.451	0.023 **	0.971	0.877	0.634
OCF_{t+1}	0.050	1.000	−0.357	−0.326	0.060	−0.244	−0.069	0.008	0.045	0.025
	0.453	.	0.000 ***	0.000 ***	0.369	0.000 ***	0.302	0.907	0.504	0.708
MAPEni	−0.025	−0.318	1.000	0.557	−0.030	0.204	0.115	−0.089	−0.103	−0.017
	0.707	0.000 ***	.	0.000 ***	0.658	0.002 ***	0.088 *	0.186	0.125	0.801
MAPEcomponents	−0.010	−0.287	0.303	1.000	−0.019	0.219	0.075	−0.059	−0.003	−0.071
	0.876	0.000 ***	0.000 ***	.	0.781	0.001 ***	0.262	0.382	0.961	0.293
C_AM	−0.074	0.137	−0.079	0.070	1.000	−0.185	0.116	−0.134	−0.005	0.077
	0.236	0.040 **	0.242	0.301	.	0.003 ***	0.063 *	0.032 **	0.938	0.222
N_AM	−0.135	−0.313	0.126	0.159	−0.041	1.000	0.112	−0.162	0.010	−0.017
	0.032 **	0.000 ***	0.063 *	0.018 **	0.515	.	0.076 *	0.010 **	0.879	0.793
DA2	0.117	−0.076	0.038	−0.063	0.094	0.179	1.000	−0.719	−0.214	−0.152
	0.062 *	0.257	0.572	0.353	0.132	0.004 ***	.	0.000 ***	0.001 ***	0.015 **
abnOCF	0.038	0.036	−0.074	0.049	−0.145	−0.322	−0.619	1.000	0.020	0.039
	0.549	0.594	0.271	0.463	0.020 **	0.000 ***	0.000 ***	.	0.751	0.534
abnPROD	−0.011	0.086	−0.090	0.018	−0.001	0.085	−0.175	−0.112	1.000	−0.098
	0.865	0.198	0.180	0.790	0.992	0.180	0.005 ***	0.074 *		0.119
abnDE	0.029	0.013	−0.022	−0.084	0.067	0.021	−0.071	0.009	−0.102	1.000
	0.648	0.847	0.742	0.213	0.289	0.742	0.259	0.881	0.103	

注）右上はピアソン相関係数，左下はスピアマン順位相関係数である。各変数の定義は図表 6 - 1 を参照。各二段目は White (1980) の共分散推定に基づく t 値である。* 両側10％水準，** 5 ％水準，*** 1 ％水準で有意。

発生高，裁量的発生高との間に有意な関連性が観察されない。第 7 章図表 7 - 6 において AQ_DD, AQ_MN は SOX 法適用以降 ΔWC との間に，SOX 法適用前後とも DA との間に有意な関連性がないことを検討に入れると，SOX 法適用以降，会計発生高および裁量的発生高には機会主義的裁量行動が反映されておらず，経営者の情報提供的裁量行動が反映しているといえる。

作業仮説 3 ：経営者の裁量行動と予測誤差

図表 6 - 7 は，予測誤差と各裁量行動との相関係数を示している。相関分析結果から，MAPEni と N_AM, MAPEcomponents と N_AM 間のピアソン相関係

数（スピアマン順位相関係数）は，それぞれ0.204（0.126），0.219（0.159）であり，有意であることが観察された。

図表6-6パネルAは，SOX法適用以前のN_AMの係数（t値）は0.041（1.669）で10％水準で有意であり，SOX法適用前後の$abnPROD$の係数（t値）はそれぞれ-2.316（-1.774），5.971（2.354）で10％水準，5％水準で有意であり，作業仮説3を支持している。予測誤差はSOX法適用以降N_AMと間に有意な関連性はないが，SOX法適用前後において$abnPROD$との間に有意な関連性がある。第7章における図表7-6のパネルBおよびパネルEによれば，SOX法適用前後ともAQ_MNはN_AMとの間に有意な関連性がなく，$abnPROD$との間に有意な関連性がある。この結果に基づくと，SOX法適用以降，N_AMは機会主義的裁量行動を反映していないが，$abnPROD$が機会主義的裁量行動を反映している可能性を示唆できる。本節では作業仮説1，2，3を支持する証拠が示され，総合すれば概ね仮説2は支持される。

6.5 本章の要約

本章では，まず，SOX法適用前後で会計利益のキャッシュ・フロー予測精度に変化があったかどうかを検証した。次に，会計発生高の質，会計発生高や裁量的発生高，経営者の裁量行動のキャッシュ・フロー予測誤差と関連性がSOX法適用前後において変化したのかどうかを分析した。

本分析結果を要約すると次のとおりとなる。第1に，利益モデル，会計発生高成分モデルとも，SOX法適用前後における予測誤差は変化していないことが観察できた。

第2に，SOX法適用以前において，予測誤差は会計発生高の質と有意な関連性を有していたが，SOX法適用以降予測誤差は会計発生高の質との関連性を有しない結果が析出された。予測誤差が会計発生高の質と関連性を有する場合，機会主義的裁量行動が反映されているというBissessur（2008）に依拠すれば，この結果はSOX法適用以前には内部統制が整備されておらず，利益の予測に見積

もり誤差や経営者の機会主義的裁量行動が反映していたが，SOX法適用以降は内部統制効果により利益の予測に機会主義的裁量行動が反映しなくなったと示唆できる。

第3に，予測誤差はSOX法適用前後ともΔWCやDAと有意な関連性を有していなかった。つまり，この結果は，会計発生高や裁量的発生高には裁量行動が反映せず，経営者の内部情報を反映していると示唆できるものである。さらに，予測誤差はSOX法適用以降のN_AMと間に関連性はないこと，$abnPROD$とは有意な関連性を有していることが析出された。この結果から，SOX法適用以降N_AMに機会主義的裁量行動は反映されなくなったが，$abnPROD$に機会主義的裁量行動が反映している可能性を示唆できる。

SEC基準適用日本企業は，SOX法適用以降，内部統制の整備によって，機会主義的な会計的裁量行動が抑制され，情報提供的な会計的裁量行動が維持されるようになり予測精度が高まった可能性がある。しかし一方で，SOX法適用以降，実体的裁量行動，特に製造費用が増加したことによって予測精度が低下し，総じてSOX法適用以降予測精度には変化がみられなかったと考えられる。もし財務報告の質の向上を目指すとするならば，企業にたいして実体的裁量行動は将来的には企業にとってコスト負担になることを示し，実体的裁量行動を自粛させる方向へ導くことが必要と考える。

本章における検証には残された課題がある。本分析では検証していない，会計発生高の質の水準に応じた裁量行動と予測誤差の関係の変化を分析することによって今回の結果を頑強にできるであろう。また，裁量的発生高や実体的裁量行動尺度を推定するモデルの精緻化も検討しなければならない。

注
1) 第1章で示したように，利益の質の定義は多岐にわたり，利益の質を評価する視点も幾つかあり，各利益の質評価視点ごとに利益の質評価尺度も異なる。本書は，Dechow and Schrand (2004, p.12), Francis et al. (2008c, p.3) の財務分析視点に依拠し利益の質を財務報告の質の要約的指標と定義し，利益の質が各利益の質評価尺度で測定される多面的な概念であるという意味で用いている。Francis et al. (2008c) が示す会計に基づく利益の質評価尺度の1つに予測可能性（predictability）があり，本章では予測可能性として，Dechow and

Schrand (2004) に依拠しキャッシュ・フロー予測精度を用いている。
2) 裁量行動には，利益数値制御の方法の1つとして会計手続き選択による会計的裁量行動と，実際の活動を中止，延期，繰上げすることによってキャッシュ・フローに影響を及ぼす実体的裁量行動がある（岡部 1997, p.6；須田 2000, p.217）。本章においても第5章と同様に，経営者がある意図をもって GAAP 範囲内における会計手続きを施して利益額を変更する活動を会計的裁量行動，経営者が実際の経済活動によって利益額を操作し，結果的にキャッシュ・フローに影響を与える活動を実体的裁量行動とそれぞれ定義する。
3) SOX 法の第302条，第404条，第906条の各宣誓書規定に関する詳細は，第2章を参照されたい。
4) 予測精度を測定する尺度には，MAPE の他に，平均絶対誤差 MAE (mean absolute error)，平均平方誤差 MSE (mean square error)，平方根 平均誤差 RMSE (root mean square error)，Theil's U があるが，本分析では Loreck and Willinger (1996) に依拠して MAPE を用いている。
5) Dechow and Dichev (2002) に依拠して会計発生高の質を会計発生高が有するキャッシュ・フローを見積もる精度と定義し，DD モデル，MN モデルの各回帰式から推定される残差の標準誤差を会計発生高の質とする。
6) 本分析では，ΔWC は Δ 受取債権 $+\Delta$ 棚卸資産 $-\Delta$ 支払債務 $-\Delta$ 税金支出 $+\Delta$ その他の資産（正味）から算出し，運転資本会計発生高を意味し，断りがなければ，本分析での会計発生高は，運転資本会計発生高を指す。$ACCRUAL$ は当期純利益から営業活動によるキャッシュ・フローを差し引いた額の全会計発生高を意味し，運転資本会計発生高（ΔWC）と区別している。
7) 攻撃的裁量行動尺度として裁量的発生高（DA）を推定する。DA の推定は，Jones (1991) モデルでクロスセクショナルすなわち2000年から2008年までの各年度で推定し，その回帰係数を用いて各年度各企業の DA を算出している。Jones (1991) モデルの推定式は次のとおりである。$\Delta WC_t = \beta_0 + \beta_1 \Delta SALES_t + \beta_2 PPE_t + \varepsilon_t$ この回帰式で推定された非裁量的発生高の期待値を会計発生高から控除して裁量的発生高を測定する。
8) 保守的裁量行動には，引当金や準備金の過大計上，研究開発費の過大計上，再構築費用および減損損失の過大表示（会計的裁量行動），販売のための出荷の遅延や研究開発費支出を早めること（実体的裁量行動）がある。攻撃的裁量行動には不良債権の引当金の過小評価，過度な方法での引当金や準備金の引き下げ（会計的裁量行動），研究開発費等の支払いを遅らせたり，販売による出荷を早めたりすること（実体的裁量行動）がある（Dechow and Skinner 2000, p.239；須田他 2007, p.21）。
9) Roychowdhury (2006) および Cohen et al. (2008) に依拠して，異常営業活動によるキャッシュ・フローは，$OCF_t = \alpha_0 + \alpha_1 Sales_t + \alpha_2 \Delta Sales_t + \varepsilon_t$ から推定された営業活動によるキャッシュ・フローの残差とする。異常製造費用は，売上原価および棚卸資産増減額の合計額とし $PROD_t = \beta_0 + \beta_1 Sales_t + \beta_2 \Delta Sales_t + \beta_3 \Delta Sales_{t-1} + \varepsilon_t$ から推定された製造費用の残差とする。

異常裁量的支出は,広告宣伝費,研究開発費,一般管理費の合計額で,$Discretionary\ Expenses(DE)_t = \beta_0 + \beta_1 Sales_{t-1} + \varepsilon_t$から推定された裁量的支出の残差とする。

10) 本分析では,営業活動によるキャッシュ・フローと負債比率については時系列の変動を調整するため,吉田（2005）の調整方法に依拠してSEC基準適用日本企業32社の平均値を引いた変数を用いる。

11) 監査の質は,第5章と同様,BIGNとして変数名は$AUDIT$としている。BIG4については,第5章注20を参照されたい。Becker et al. (1998) は,非BIG6を監査法人とする企業の裁量的発生高が高めであるという結果を析出し,BIG6は監査の質が高いこと,また,監査の質における差異をコントロールすると裁量的発生高に関わる検証が頑強性を高めることを示している。SOX法適用以降,BIG4が機会主義的裁量行動の抑制へ影響を及ぼす可能性があり,監査の質をコントロール変数とする。

付記 本章は,中島真澄（2010b）「キャッシュ・フロー予測における内部統制報告制度の影響—SEC基準適用日本企業に基づく実証研究—」『年報経営分析研究』第26号,pp.62-73の掲載論文を加筆修正したものである。

第7章

会計発生高の質の決定要因分析

7.1 本章の目的

　本書の第5章および第6章では，財務報告の質としてそれぞれ裁量的発生高，キャッシュ・フロー予測精度に焦点を合わせて内部統制報告制度適用前後における変化を検証した。第5章では実体的裁量行動が増加した可能性を示唆し，第6章では，内部統制報告制度適用前後における見積もり誤差および裁量行動の変化によって，SOX法適用前後においてキャッシュ・フロー予測精度には変化がみられなかったことを示した。

　本章における研究の目的は，第5章および第6章で示した内部統制報告制度適用による財務報告の質の変化が会計発生高の質に影響を及ぼしたかどうかを解明することである。本章における検証は，本書の中核をなす3つめの実証分析である。具体的には，本章における研究では，会計発生高の質が内部統制報告制度適用前後で変化したかどうか，そしてその変化は，会計発生高の質を決定づける要因の変化によって影響を受けたものなのかを解明する。会計発生高の質の決定要因としては，(1)営業活動の特徴，(2)内部統制への投資，(3)企業属性，(4)経営者の裁量行動，(5)監査の質に焦点を合わせる。

先行研究にたいする本章における研究の特徴は，(1) SEC 基準適用日本企業のデータを用いて内部統制報告制度適用前後における会計発生高の質の変化の証拠を提示していること，(2)経営者の裁量行動[1]，特に実体的裁量行動と会計発生高の質との関連性を示していることがあげられる。すなわち，内部統制報告制度によって変化した可能性のある経営者の裁量行動[2]が会計発生高の質にたいしてどのような影響を及ぼすかを示すことは，内部統制報告制度のコスト・ベネフィットを検討する1つの手かがりとなる。

本章の構成は，次のとおりである。第2節で先行研究を示し，第3節で仮説展開を示す。第4節でリサーチ・デザインを提示する。第5節で実証分析の結果を示す。最後に，本章の要約を述べる。

7.2 会計発生高の質の決定要因に関する先行研究

先行研究レヴューはすでに第3章で行った。本章では，会計発生高の質の決定要因を検証した先行研究に関する概略を示す。

会計発生高の質に関する先駆的研究である Dechow and Dichev (2002) は，観察可能な企業属性と観察不可能な見積もり誤差との間の関係を認識することは重要であるとし，どの企業属性が会計発生高の質を決定する要因であるか検証し，営業循環，企業規模，売上高ボラティリティ，OCF ボラティリティ，会計発生高の大きさが会計発生高の質の決定要因であることを示している。

Doyle et al. (2007b) は，重大な欠陥を開示した企業のサンプルを用いて内部統制の質と会計発生高の質との関係を調査し，重大な欠陥開示企業のほうが統制企業よりも会計発生高の質が低いことを示している。重大な内部統制の不備がある企業は，赤字報告，小規模，創業年数が短い，事業の複雑性，急成長，事業再編中などの企業属性を有することを示している。Doyle et al. (2007b, p.15) は，これらの企業特性が直接会計発生高の質に影響を及ぼしているが，内部統制上の脆弱性が企業属性以上に会計発生高の質を低下させることを示唆している。

Ashbaugh-Skaife et al. (2008) は，会計発生高の質の決定要因が，内部統制の

不備，企業属性や営業活動の特徴，内部統制にたいする投資，GAAP による会計手続き選択，保守主義，監査の質のうちの何であるかについて分析している。その結果，棚卸資産比率，OCF ボラティリティ，売上高ボラティリティなどの営業活動の特徴や成長性，保守主義が会計発生高の質の決定要因であることを示している。

7.3　仮説展開

　内部統制は，財務諸表作成過程および報告過程における不正や誤謬の予防や発見を目的とし，良好な内部統制は，結果として信頼性の高い財務情報を導くことが期待される。Suda et al.（2009）のサーベイ調査は，日本の上場企業経営者の内部統制にたいする意識が前向きに変化したことを示している。この調査結果から，SEC 基準適用日本企業は，SOX 法に対応するため日本の上場企業に先駆けて内部統制を整備したと思われる。したがって，SOX 法適用以降，良好な内部統制によって経営者の見積もり誤差や機会主義的な会計的裁量行動が減少し，会計発生高の質が高まると予想できる。一方，本書第 5 章では，SOX 法適用以降，実体的裁量行動が増加したこと，第 6 章では，裁量的発生高が予測誤差と有意な関係を有していないが実体的裁量行動が予測誤差と有意な関係を有していることが示されている。この結果は，実体的裁量行動が機会主義的裁量行動を反映している可能性を示唆している。「会計情報が（機会主義的）裁量行動を反映していれば，将来キャッシュ・フロー予測能力は会計発生高の質によって影響を受ける」という Bissessur（2008）に依拠すれば，SOX 法適用以降における実体的裁量行動の増加は，会計発生高の質の低下に影響を及ぼすと予想できる。総合すると，SOX 法適用前後において会計発生高の質に変化はみられないと予想できる。そこで，次の仮説 1 を設定し，検証する。

仮説 1　SEC 基準適用日本企業の会計発生高の質は，SOX 法適用前後で変化しない。

　Palepu et al.（2004, 3-4-3-5）によれば，会計情報の質を決定するファクターの1つに経営者による見積もり誤差があり，その見積もりの正確性は企業環境などによって異なるという。Dechow and Dichev（2002, p.36）は，会計発生高の質が，体系的に企業属性や産業特徴に関連することを示している。利益の質は，経営者による裁量行動および意思決定だけでなく，ビジネスモデルや営業環境など企業がもつ本来の属性によって決定される（Francis et al. 2004, p. 968）。すなわち，利益の質は，企業属性ファクターと裁量ファクターの2つの決定要因に影響を受けているという（Francis et al. 2008c）。そこで，本章では，利益の質の評価尺度として会計発生高の質に焦点を合わせ，会計発生高の質が企業属性ファクターと裁量ファクターの決定要因を有しているかどうかを解明するため，次の仮説2を設定して検証する。

仮説 2　会計発生高の質には，企業属性や裁量行動などの決定要因が存在する。

　この仮説2を検証するために，本章では，以下に示す次の5つの作業仮説を設定して会計発生高の質と関連していると思われる要因を分析する。

営業活動の特徴

　Dechow and Dichev（2002）は，ボラティリティが大きい営業環境では，見積もり数自体が増え見積もり誤差が大きくなるため会計発生高の質が低下することを示している。本書第4章では，Dechow and Dichev（2002）モデルによる会計発生高の質が，売上高ボラティリティ，運転資本会計発生高ボラティリティと有意な正の関連性を有していることを示している。Doyle et al.（2007b）およびAshbaugh-Skaife et al.（2008）は，重大な欠陥開示企業に売上高ボラティリティやOCFボラティリティが高いという共通の企業属性がある結果を示している。また，重大な欠陥開示企業をサンプルとした多変量回帰分析という結果からは，会計発生高の質が，重大な欠陥とともに売上高ボラティリティやOCFボラティ

リティと有意な正な関連性を有していることを示している。

こうした，ボラティリティと利益の質の関係を Dechow and Schrand（2004, p.7）が次のようにとらえていて興味深い。「発生主義会計が正当に実施されれば，営業活動上の基礎である経済的変動を反映する利益となるが，機会主義的にOCF ボラティリティを平準化すると基礎となる業績の変動を反映しない。すなわち，経営者が会計発生高によって価値関連性のない OCF ボラティリティや負の自己相関を減少させて平準化すれば利益の質は改良されるが，会計発生高を価値関連性の高いキャッシュ・フローの変動を隠すのに用いる場合には利益の質は減じる」という。この論拠に基づくと，裁量行動が OCF ボラティリティと関連性を有する場合に会計発生高の質に影響を及ぼすことになると考えられる。

Dechow（1994, p.11）によれば，営業循環が長いとある一定の営業活動を維持するためには多額の運転資本が必要となる。したがって，長めの営業循環を有する企業は，営業活動が変動的で，運転資本も変動するので，営業循環の長さは運転資本会計発生高ボラティリティの決定要因であるという。Dechow and Dichev（2002）は，営業循環が長いほど不確実性が高まり，見積もり自体も増えるとともに見積もり誤差も増え，結果として，会計発生高の質は低くなることを示している。Doyle et al.（2007b）は，重大な欠陥開示が長い営業循環と間に正の関連性を有することを示している。そこで，本分析では，会計発生高の質に影響を及ぼす可能性があると予想される営業活動の特徴として売上高ボラティリティ，OCF ボラティリティ，営業循環を代理変数として次の作業仮説 1 を設定して検証する。

作業仮説 1　会計発生高の質を決定するのは，営業活動の特徴である。

内部統制への投資

企業規模が会計発生高の質の決定要因であることは，次の論拠から予想できる。大規模企業は，営業活動も安定し営業活動上の予測も容易であるので誤差が小さくなるし，多角化経営の事業部あるいはセクター間ポートフォリオ効果によって予想誤差の相対的影響を削減できる（Dechow and Dichev 2002；Gu et al. 2005）。したがって，多くの人的，物的資源を内部監査人やコンサルタント費用に充当でき

る（Ge and McVay 2005）という意味で，本分析では企業規模を内部統制への投資の代理変数とする。こうして企業規模は，内部統制への投資水準に影響を与える変数であり，内部統制への投資水準は会計発生高の質にたいして影響を及ぼすと予想し，次の作業仮説2を設定して検証する。

作業仮説2　会計発生高の質を決定するのは，内部統制への投資である。

企業属性（設立年数および増収率）

　Doyle et al.（2007b）は内部統制の不備と企業属性との関係を検証し，内部統制の不備がある企業は，赤字報告頻度が高め，企業規模が小さめ，創業年数が短め，事業が複雑，成長性が急激，事業再編成中などの企業属性を有していることを示している。創業年数と内部統制の不備との関係に関しては，Ge and McVay（2005）も，創業年数が短い企業は，内部統制手続きがうまく設定されていなかったり，従業員が経験不足であったりする場合が多く重大な欠陥を開示する傾向にあることを示している。Ashbaugh-Skaife et al.（2008）によれば，急成長企業は，将来の売上を見積もる際の棚卸資産の設定において，利益にたいする全部原価計算（absorption-costing）に誤差が生じノイズのある会計発生高を有する傾向があるという。したがって，増収率や創業年数などの企業属性が会計発生高の質の決定要因であることが予想でき，次の作業仮説3を設定して検証する。

作業仮説3　会計発生高の質を決定するのは，創業年数や増収率などの企業属性である。

経営者の裁量行動

　内部統制に不備があると，権限の分離が行われず経営者による機会主義的な裁量行動を防止，発見できず，結果的に会計発生高に偏向が起こる。Bissessur（2008）は，「裁量的発生高が機会主義的な裁量行動を反映するものであるとするならば，裁量的発生高のキャッシュ・フロー予測能力は会計発生高の質に反映されてくる。しかしながら，裁量的発生高が将来業績に関する内部情報を反映させるために用いられる場合，裁量的発生高のキャッシュ・フロー予測能力は会計発

生高の質に影響しない」という仮説を設定し，裁量的発生高のキャッシュ・フロー予測能力と会計発生高の質との関連性を検証し，裁量的発生高は，裁量行動よりはむしろ経営者のキャッシュ・フローに関する内部情報を反映させることを示している。

第6章では，SOX法適用以前におけるDechow and Dichev（2002）モデルによる会計発生高の質とMcNichols（2002）モデルによる会計発生高の質と予測誤差との間に有意な正の関連性があったが，SOX法適用以降は，会計発生高の質と予測誤差との間に関連性は観察できなかった。また，第6章では，裁量的発生高は予測誤差とSOX法適用前後とも有意な関係を有していなかったが，実体的裁量行動は予測誤差とSOX法適用前後とも有意な関係を有していることが示された。これは，裁量的発生高には機会主義的裁量行動ではなく経営者の内部情報が反映されているが，異常製造費用は機会主義的裁量行動が反映されている可能性が高いためと考えられる。そこで，実体的裁量行動が会計発生高の質にたいして影響することが予想され，次の作業仮説4を設定して検証する。

作業仮説4　会計発生高の質を決定するのは，経営者の実体的裁量行動である。

監査の質

監査の質と財務報告の質との関連性について検証した研究が幾つかある（Becker et al. 1998；Lobo and Zhou 2006；Ashbaugh-Skaife et al. 2008）[3]。Becker et al.（1998）は，BIG6以外を監査法人とする企業の裁量的発生高が，BIG6を監査法人とする企業の裁量的発生高よりも高いことを示している。Lobo and Zhou（2006）も，SOX法導入以降，監査の質が高いほど，経営者の裁量行動が抑制され，裁量的発生高が低くなることを示している。Ashbaugh-Skaife et al.（2008）では，監査の質と会計発生高の質と間に負の関連性があることが示されている。そこで，監査の質が高ければ，見積もり誤差や裁量行動が抑制され，会計発生高の質が高まることが予想でき，次の作業仮説5を設定する。

作業仮説5　会計発生高の質を決定するのは，監査の質である。

7.4 リサーチ・デザイン

7.4.1 会計発生高の質の推定

　本分析では，Dechow and Dichev (2002) (DD) に依拠して[4]，会計発生高が有するキャッシュ・フローを見積もる精度を会計発生高の質と定義し，運転資本の前期，当期，1期先営業活動によるキャッシュ・フローの企業別回帰からの残差の標準偏差で表す尺度を用いる。McNichols (2002) (MN) は，近接期間における会計発生高とキャッシュ・フロー実現との関係が経済環境，経営者の見積もりに関する熟練度，経営者の裁量行動によって影響を受けることを示している。こうしたことから，McNichols (2002, p.61) は，DDモデルとJones (1991) モデルとを統合させることによって，DDモデルから測定される見積もり誤差尺度とJones (1991) モデルの裁量的発生高尺度の両方からの誤差を測定できるモデルを構築している。本分析においても，会計発生高の質を以下のDDおよびMNモデルを用いて推定する[5]。本章における研究では，まず企業別に2000-2004年のデータを用いて2005年の残差の標準誤差を測定して会計発生高の質を推定する。同様にして2001-2005年，2002-2006年，2003-2007年のデータを用いてそれぞれ2006年，2007年，2008年の4つの会計発生高の質を推定する。

$$\Delta WC_t = \beta_0 + \beta_1 OCF_{t-1} + \beta_2 OCF_t + \beta_3 OCF_{t+1} + \varepsilon_t \quad \text{(DDモデル)}$$

$$\Delta WC_t = \beta_0 + \beta_1 OCF_{t-1} + \beta_2 OCF_t + \beta_3 OCF_{t+1} + \beta_4 \Delta SALES_t + \beta_5 PPE_t + \varepsilon_t$$
$$\text{(MNモデル)}$$

7.4.2　仮説検定モデル

　仮説1を検定するため，まず会計発生高の質の時系列プロットを観察する。次に，DDおよびMNモデルによる会計発生高の質についてt検定による平均差分析を行う。さらに，以下の実証モデルを推定してSOXの係数を観察し，θ_1が負であれば会計発生高の質はSOX法適用によって高まったとする。仮説2を検証するためには，各作業仮説の代理変数を取り上げて以下の実証モデルを推定し，各説明変数のt値の有意性検定を行う。裁量行動尺度間には多重共線性の問題があること，経営者は戦略に依拠して裁量行動を選択する（Cohen et al. 2008, p.776）ことから，各モデルには裁量行動1つを投入する。

$$
\begin{aligned}
AQ_{i,t} =\ & \theta_0 + \theta_1 SOX + \theta_2 \Delta WC + \theta_3 \Delta WC^*SOX + \theta_4 OCF + \theta_5 OCF^*SOX \\
& + \theta_6 LDEBT + \theta_7 LDEBT^*SOX + \theta_8 DECAVOID \\
& + \theta_9 DECAVOID^*SOX + \theta_{10} LOSSAVOID + \theta_{11} LOSSAVOID^*SOX \\
& + \theta_{12} SALESvolatility + \theta_{13} OCFvolatility + \theta_{14} OC + \theta_{15} ROA \\
& + \theta_{16} SEGMENT + \theta_{17} SIZE + \theta_{18} GROWTH + \theta_{19} AGE \\
& + \theta_{20} AUDIT + \theta_{21} EM + \theta_{22} EM^*SOX + \varepsilon_t
\end{aligned}
$$

但し，
- AQ：会計発生高の質
- SOX：SOX法適用以降の期間（2006-2008年）を1，SOX法適用以前（2000-2005年）を0とするダミー変数
- ΔWC：会計発生高[6]：Δ 受取債権 ＋Δ 棚卸資産 －Δ 支払債務 －Δ 税金支出 ＋Δ その他の資産（正味）
- OCF[7]：営業活動によるキャッシュ・フロー／前期資産
- $LDEBT$：負債比率：長期負債／前期資産
- $DECAVOID$：Jones（1991）モデルを用いて推定された裁量的発生高を加えた当期純利益と前期純利益の差額が－0.00332から0の場合を1，それ以外を0とするダミー変数

$LOSSAVOID$：Jones（1991）モデルを用いて推定された裁量的発生高を加えた当期純利益が－0.00337から0の場合を1，それ以外を0とするダミー変数

$SALESvolatility$：売上高ボラティリティ：売上高の標準誤差

$OCFvolatility$：営業活動によるキャッシュ・フローボラティリティ：OCFの標準誤差

OC：営業循環：{(360/売上高/売掛金期首期末平均値)}＋(360/売上原価/棚卸資産期首期末平均値) の対数変換値

ROA：利益率：当期純利益/平均資産

$SEGMENT$：総セグメント数の対数変換値

$SIZE$：企業規模：売上高の対数変換値

$GROWTH$：増収率：前期売上高にたいする当期売上高の増加率

AGE：実質設立年数

$AUDIT$：企業の監査法人が4大監査法人（BIGN）であれば1，そうでなければ0とする[8]

EM：裁量行動尺度，会計的裁量行動としては，保守的裁量行動（C_AM），中立的裁量行動（N_AM），攻撃的裁量行動（$DA2$），実体的裁量行動としては異常営業活動によるキャッシュ・フロー（$abnOCF$），異常製造費用（$abnPROD$），異常裁量的支出（$abnDE$）をモデルに投入する[9]

7.4.3 サンプルデータと基本統計量

本章のサンプルは，第5章および第6章と同様，2000年から2008年までで，(1) SEC基準適用日本企業，(2)一般事業会社（金融・証券・保険を除く），(3)販売費および一般管理費，広告・宣伝費，研究開発費のデータが入手できる，の基準で選択されている。分析には前年度の情報を必要とするため，1999年から2008年度ま

でを対象としている。データは，日本経済新聞デジタルメディアの総合経済データバンク「NEEDS」（連結決算）から収集している[10]。2000-2005年を SOX 法適用前期間，2006-2008年を SOX 法適用以降期間とする[11]。

図表7-1は，分析する変数に関する基本統計量を示している。本サンプルの Dechow and Dichev（2002）による会計発生高の質および McNichols（2002）による会計発生高の質の平均値（中央値）は，それぞれ0.027（0.023），0.026（0.021）で，Dechow and Dichev（2002），田澤（2004）Francis et al.（2004），Doyle et al.（2007b），Ashbaugh-Skaife et al.（2008）の会計発生高の平均値（中央値）は，それぞれ0.028（0.020），0.015（0.013），0.026（0.019），0.057（0.042），0.049（0.039）であり[12]，本分析の Dechow and Dichev（2002）の会計発生高の質は，Dechow and Dichev（2002）に，McNichols（2002）による会計発生高の質は Francis et al.（2004）に近似値であり，SEC 基準適用日本企業の会計発生高の質は米国の上場企業の会計発生高の質に近く，日本の上場企業の会計発生高の質よりも高くなっていることが分かる。

図表7-2は，会計発生高の質および営業活動の特徴，企業属性，内部統制への投資，監査の質と間のピアソン相関係数ならびにスピアマン順位相関係数を示している。AQ_DD は，OCF ボラティリティ，営業循環，ROA と正の相関，売上高ボラティリティ，セグメント数，創業年数，企業規模とは負の相関が観察された。Dechow and Dichev（2002）は，OCF ボラティリティ，売上高ボラティリティ，営業循環とは正の相関，企業規模とは負の相関を示していたので，本分析結果は，Dechow and Dichev（2002）と整合する結果であった。AQ_MN は，営業循環，成長性，ROA との間に有意な正の相関，売上高ボラティリティ，セグメント，創業年数，企業規模とは有意な負の相関が観察できた。

重大な欠陥報告企業をサンプルとした Doyle et al.（2007b）および Ashbaugh-Skaife et al.（2008）では，AQ_MN が OCF ボラティリティや売上高ボラティリティがともに正の相関を有していた。本分析結果と異なるのは，Doyle et al.（2007b）や Ashbaugh-Skaife et al.（2008）の分析対象が重大な欠陥報告企業であるためと思われる。経営者が営業活動によるキャッシュ・フローにある価値関連的なボラティリティを隠すために裁量行動を実施し，この裁量行動が反映される

図表 7-1　基本統計量（観測数256）

	平均値	中央値	標準偏差	最小値	最大値	第1四分位	第3四分位
OCF	0.084	0.074	0.060	−0.035	0.306	0.041	0.105
ROA	0.039	0.031	0.049	−0.102	0.229	0.010	0.058
ΔINV	−0.003	−0.003	0.017	−0.080	0.072	−0.010	0.004
ΔWC	0.002	0.002	0.029	−0.167	0.139	−0.010	0.014
ACCRUAL	−0.044	−0.042	0.048	−0.232	0.141	−0.066	−0.014
PPE	0.229	0.219	0.117	0.011	0.639	0.152	0.277
SALES	1.040	0.923	0.472	0.103	2.403	0.754	1.148
OC	4.873	4.835	0.353	4.240	6.060	4.620	5.128
$\Delta SALES$	0.048	0.042	0.107	−0.414	0.686	0.001	0.089
COG	0.789	0.647	0.523	0.036	2.214	0.495	0.854
GROWTH	6.020	4.880	13.738	−63.680	79.950	0.255	9.540
SGA	0.216	0.192	0.133	0.035	1.082	0.124	0.283
AD	0.011	0.006	0.015	0.000	0.077	0.000	0.016
RD	0.036	0.034	0.029	0.000	0.150	0.004	0.057
AGE	61.469	59.500	19.070	17.000	104.000	54.500	72.750
SEGMENT	2.055	2.079	0.316	1.609	2.833	1.792	2.250
OCF_{t-1}	0.083	0.071	0.064	−0.035	0.313	0.037	0.107
ΔWC_{t-1}	0.000	0.001	0.029	−0.167	0.139	−0.014	0.012
$ACCRUAL_{t-1}$	−0.045	−0.046	0.049	−0.232	0.141	−0.066	−0.014
$\Delta SALES_{t-1}$	0.060	0.038	0.156	−0.414	0.859	−0.003	0.088
$SALES_{t-1}$	1.011	0.908	0.492	−0.050	2.403	0.727	1.143
OCF_{t+1}	0.083	0.073	0.059	−0.035	0.306	0.041	0.105
AQ_DD	0.027	0.023	0.018	0.008	0.123	0.016	0.033
AQ_MN	0.026	0.021	0.024	0.004	0.216	0.013	0.032
DA2	0.000	0.000	0.020	−0.136	0.075	−0.009	0.009
abnOCF	0.000	0.001	0.021	−0.080	0.127	−0.009	0.009
abnPROD	0.000	0.000	0.015	−0.044	0.063	−0.007	0.006
abnDE	0.000	0.000	0.021	−0.096	0.117	−0.004	0.002
DECAVOIDDA2	0.001	0.002	0.247	−1.688	1.730	−0.013	0.023
LOSSAVOIDDA2	0.040	0.032	0.298	−2.206	2.402	0.007	0.066
adjustOCF	−0.001	−0.012	0.060	−0.119	0.222	−0.043	0.021
adjustLDEBT	0.003	−0.034	0.124	−0.116	0.370	−0.099	0.061
OCFvolatility	0.031	0.024	0.028	0.001	0.157	0.012	0.043
SALESvolatility	0.249	0.182	0.222	0.001	0.969	0.081	0.338
SIZE	−0.073	−0.086	0.504	−2.273	0.877	−0.285	0.138
C_AM	0.686	0.755	0.338	0.013	1.421	0.394	1.000
N_AM	0.360	0.170	0.745	0.000	8.500	0.069	0.363

注）変数は，次のとおりに定義される。
OCF　　　　　　営業活動によるキャッシュ・フロー
ROA　　　　　　利益率：当期純利益/平均資産
ΔINV　　　　　　棚卸資産の変動
ΔWC　　　　　　運転資本の変動 =Δ受取債権 +Δ棚卸資産 −Δ支払債務 −Δ税金支出 +Δその他の資産（正味）
ACCRUAL　　　 全会計発生高：利益マイナス営業活動によるキャッシュ・フロー
PPE　　　　　　有形固定資産
SALES　　　　　売上高

OC	営業循環＝{(360/売上高/売掛金期首期末平均値)}＋(360/売上原価/棚卸資産期首期末平均値)の対数変換値
$\Delta SALES$	売上高の変動
COG	売上原価
GROWTH	増収率：前期売上高にたいする当期売上高の増加率
SGA	一般管理費
AD	広告宣伝費
RD	研究開発費
AGE	実質設立年数
SEGMENT	総セグメント数の対数変換値
ΔAR	売上債権増加額
ΔAP	支払債権増加額
Ni_{t-1}	前年度の当期純利益
OCF_{t-1}	前年度における営業活動によるキャッシュ・フロー
OCF_{t+1}	1期先の営業活動によるキャッシュ・フロー
$\Delta SALES_{t-1}$	前年度における売上高の変動額
$SALES_{t-1}$	前年度における売上高
AQ_DD	会計発生高の質：Dechow and Dichev（2002）モデルを用いて推定される残差の標準誤差
AQ_MN	会計発生高の質：McNichols（2002）モデルを用いて推定される残差の標準誤差
DA2	裁量的発生高：Jones（1991）モデルを用いて推定された裁量的発生高（クロスセクショナル）
abnOCF	異常OCF：$OCF_t = SALES_t + \Delta SALES_t$式から推定された残差
abnPROD	異常製造費用：製造費用（$COG + \Delta INV$）＝$SALES_t + \Delta SALES_t + \Delta SALES_{t-1}$式から推定された残差
abnDE	異常裁量的支出：裁量的支出（$AD + RD + SGA$）＝$SALES_{t-1}$式から推定された残差
DECAVOIDDA2	前年度当期利益-Jones（1991）モデルを用いて推定される裁量的発生高控除前当期利益が（0，－0.00332）である場合は1，そうでない場合は0とする．
LOSSAVOIDDA2	Jones（1991）モデルを用いて推定される裁量的発生高控除前当期利益が（0，－0.00337）である場合は1，そうでない場合は0とする．
adjustOCF	OCFからOCF平均値を控除して調整したOCF
adjustLDEBT	LDEBT（負債比率：長期借入金/前期資産）からLDEBT平均値を控除して調整したDEBT
OCFvolatility	営業活動によるキャッシュ・フローボラティリティ：OCFの標準偏差
SALESvolatility	売上高ボラティリティ：売上高の標準編差
SIZE	企業規模：売上高の対数変換値
C_AM	保守的裁量行動：利益ボラティリティの絶対値/OCFボラティリティの絶対値
N_AM	中立的裁量行動：運転資本の変動の絶対値/OCFの絶対値

図表 7 - 2　相関係数（観測数256）

	SOX	AQ_DD	AQ_MN	OCFvolatility	SALESvolatility
SOX	1.000	0.011	0.051	−0.051	0.007
	.	0.866	0.412	0.418	0.907
	***				
AQ_DD	0.016	1.000	0.721	0.326	−0.114
	0.804	.	0.000	0.000	0.070
			***	***	*
AQ_MN	0.073	0.593	1.000	0.340	−0.149
	0.246	0.000	.	0.000	0.017
		***		***	**
OCFvolatility	−0.062	0.077	−0.044	1.000	0.220
	0.324	0.220	0.487	.	0.000
					***
SALESvolatility	−0.013	−0.174	−0.225	0.417	1.000
	0.838	0.005	0.000	0.000	.
		***	***	***	
OC	−0.057	0.164	0.289	−0.049	−0.358
	0.376	0.011	0.000	0.447	0.000
		**	***		***
GROWTH	0.204	0.015	0.092	−0.068	−0.187
	0.001	0.813	0.151	0.287	0.003
	***				***
SEGMENT	0.013	−0.530	−0.528	0.071	0.210
	0.842	0.000	0.000	0.257	0.001
		***	***		***
AGE	0.000	−0.190	−0.195	−0.250	−0.258
	1.000	0.002	0.002	0.000	0.000
		***	***	**	***
SIZE	0.060	−0.309	−0.456	−0.013	−0.021
	0.339	0.000	0.000	0.836	0.742
		***	***		
AUDIT	0.036	0.029	−0.199	0.095	0.116
	0.567	0.646	0.001	0.130	0.064
			***		*
ROA	0.279	0.326	0.335	0.005	−0.194
	0.000	0.000	0.000	0.939	0.002
	***	***	***		***

注）右上はピアソン相関係数，左下はスピアマン順位相関係数である。各変数の定義は図表 7 - 1 を参照。各二

OC	GROWTH	SEGMENT	AGE	SIZE	AUDIT	ROA
−0.081	0.039	0.020	0.000	0.042	0.036	0.179
0.213	0.548	0.755	1.000	0.499	0.567	0.004 ***
0.291	0.086	−0.444	−0.231	−0.209	0.085	0.333
0.000 ***	0.182	0.000 ***	0.000 ***	0.001 ***	0.176	0.000 ***
0.317	0.158	−0.498	−0.355	−0.305	−0.049	0.434
0.000 ***	0.013 **	0.000 ***	0.000 ***	0.000 ***	0.436	0.000 ***
0.097	0.076	−0.078	−0.436	−0.058	0.101	0.294
0.134	0.237	0.215	0.000 ***	0.358	0.106	0.000 ***
−0.386	−0.123	0.388	−0.115	0.166	0.136	−0.189
0.000 ***	0.054 *	0.000 ***	0.065 *	0.008 ***	0.029 **	0.002 ***
1.000	0.078	−0.177	0.084	−0.400	−0.188	0.074
.	0.237	0.006 ***	0.195	0.000 ***	0.003 ***	0.254
0.051	1.000	−0.132	−0.183	0.048	−0.120	0.542
0.444	.	0.038 **	0.004 ***	0.454	0.061 *	0.000 ***
−0.126	−0.102	1.000	0.206	0.371	−0.062	−0.405
0.052 *	0.111	.	0.001 ***	0.000 ***	0.324	0.000 ***
0.119	−0.077	0.166	1.000	0.244	0.243	−0.375
0.065 *	0.228	0.008 ***	.	0.000 ***	0.000 ***	0.000 ***
−0.339	0.115	0.488	0.287	1.000	0.037	−0.042
0.000 ***	0.072 *	0.000 ***	0.000 ***	.	0.560	0.508
−0.209	−0.085	−0.110	0.313	0.054	1.000	0.005
0.001 ***	0.185	0.078 *	0.000 ***	0.388	.	0.940
0.046	0.506	−0.423	−0.270	−0.109	−0.034	1.000
0.476	0.000 ***	0.000 ***	0.000 ***	0.082 *	0.589	.

段目は White（1980）の共分散推定に基づく t 値である。* 両側10％水準，** 5％水準，*** 1％水準で有意。

図表 7-3　相関係数（観測数256）

	SOX	AQ_DD	AQ_MN	DA2	abnOCF	abnPROD	abnDE
SOX	1.000	0.011	0.051	0.142	−0.002	0.010	−0.030
	.	0.866	0.412	0.023 **	0.971	0.877	0.634
AQ_DD	0.016	1.000	0.721	−0.029	−0.024	0.001	−0.002
	0.804	.	0.000 ***	0.648	0.707	0.985	0.973
AQ_MN	0.073	0.593	1.000	−0.078	0.026	−0.001	−0.023
	0.246	0.000 ***	.	0.215	0.677	0.989	0.717
DA2	0.117	−0.001	0.007	1.000	−0.719	−0.214	−0.152
	0.062 *	0.993	0.905	.	0.000 ***	0.001 ***	0.015 **
abnOCF	0.038	−0.028	−0.045	−0.619	1.000	0.020	0.039
	0.549	0.659	0.474	0.000 ***	.	0.751	0.534
abnPROD	−0.011	−0.016	−0.026	−0.175	−0.112	1.000	−0.098
	0.865	0.797	0.680	0.005 ***	0.074 *	.	0.119
abnDE	0.029	−0.075	−0.001	−0.071	0.009	−0.102	1.000
	0.648	0.233	0.984	0.259	0.881	0.103	.

注）右上はピアソン相関係数，左下はスピアマン順位相関係数である。各変数の定義は図表7-1を参照。各二段目は White（1980）の共分散推定に基づく t 値である。* 両側10％水準，** 5％水準，*** 1％水準で有意。

と，会計発生高の質と OCF ボラティリティは正の相関となると考えられる。Dechow and Schrand（2004, p.7）によれば，経営者が営業活動によるキャッシュ・フローにある非価値関連的なボラティリティを平準化する裁量行動を実施すれば利益の質は向上するが，営業活動によるキャッシュ・フローにある価値関連的なボラティリティを隠すために裁量行動を実施すると利益の質は減少するのである。このことから会計発生高の質と OCF ボラティリティとの関連性も裁量行動を見抜く視点といえる。

　図表7-3は，会計発生高の質と裁量行動間の相関係数を示している。会計発生高の質と裁量行動間に有意な相関関係は観察されなかった。Dechow and Dichev（2002）による会計発生高の質と攻撃的裁量行動，異常営業活動によるキ

ャッシュ・フロー，異常製造費用，異常裁量的支出とのピアソン相関係数（スピアマン順位相関係数）はそれぞれ，−0.029，0.024，0.001，−0.002（−0.001，−0.028，−0.016，−0.075）であり，McNichols（2002）による会計発生高の質と攻撃的裁量行動，異常OCF，異常製造費用，異常裁量的支出とのピアソン相関係数（スピアマン順位相関係数）はそれぞれ，−0.078，0.0026，−0.001，−0.023（0.007，−0.045，−0.026，−0.001）であるが，有意ではなかった。

7.5 実証分析の結果

7.5.1 仮説1の検定結果：内部統制報告制度適用前後における会計発生高の質の変化

図表7-4はDechow and Dichev（2002）モデルおよびMcNichols（2002）モデ

図表7-4　Dechow and Dichev（2002）およびMcNichols（2002）モデルを用いて推定した会計発生高の質の時系列推移

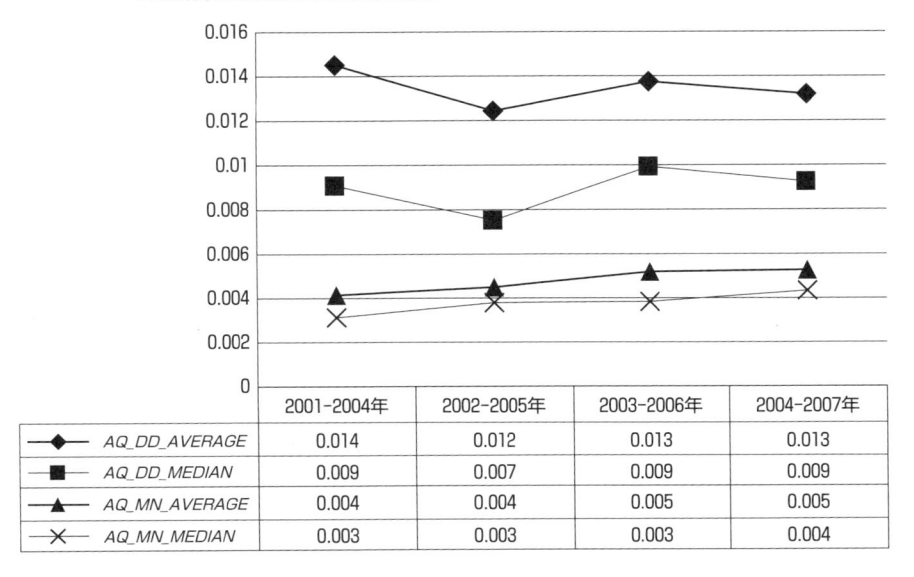

	2001-2004年	2002-2005年	2003-2006年	2004-2007年
◆ AQ_DD_AVERAGE	0.014	0.012	0.013	0.013
■ AQ_DD_MEDIAN	0.009	0.007	0.009	0.009
▲ AQ_MN_AVERAGE	0.004	0.004	0.005	0.005
✕ AQ_MN_MEDIAN	0.003	0.003	0.003	0.004

図表 7-5 母平均差分析

	SOX法適用以前			SOX法適用以降			t値	有意水準
	N	平均値	標準偏差	N	平均値	標準偏差		
AQ_DD	32	0.014	0.023	96	0.013	0.013	−0.401	0.689
AQ_MN	32	0.004	0.004	96	0.005	0.005	0.905	0.367

注）各定義は図表7-1を参照。*10％水準，** 5％水準，*** 1％水準で有意。

ルを用いて推定した2001-2004年，2002-2005年，2003-2006年，2004-2007年の会計発生高の質の時系列推移を示している。Dechow and Dichev（2002）モデルの会計発生高の質（AQ_DD）（平均値および中央値）は，SOX法適用期間以降の2003-2006年から2004-2007年かけて減少しているものの，McNichols（2002）モデルの会計発生高の質（AQ_MN）（平均値および中央値）は，SOX法適用期間前後，2001-2004年，2002-2005年，2003-2006年，2004-2007年と横ばいである。すなわち，Dechow and Dichev（2002）モデルによる会計発生高の質は，SOX法適用以降若干向上したが，McNichols（2002）モデルによる会計発生高の質はほとんど変化はみられなかったといえる。

図表7-5は，Dechow and Dichev（2002）モデルによる会計発生高の質およびMcNichols（2002）モデルによる会計発生高の質について基本統計量の変化を示している。SOX法適用前後の差の検討するため，各モデルによる会計発生高の質についてt検定を行った。その結果，SOX法適用以前のDechow and Dichev（2002）モデルから推定された平均値（標準偏差）は0.014（0.023）で，SOX法適用以降のDechow and Dichev（2002）モデルから推定された会計発生高の質の平均値（標準偏差）は0.013（0.013）で若干向上しているが，SOX法適用以前のMcNichols（2002）モデルから推定された会計発生高の質の平均値（標準偏差）は0.004（0.004）で，SOX法適用以降のMcNichols（2002）モデルから推定された会計発生高の質の平均値（標準偏差）は0.005（0.005）で低下している。しかしながら，AQ_DDおよびAQ_MNのt値は，それぞれ−0.401，0.905で両モデルともSOX法適用前後の差は有意ではなく，仮説1を支持する結果であった。第3の分析結果として，図表7-6のSOXの係数に着目すると，SOXの係数は有意でないことが分かり，会計発生高の質はSOX法適用前後で変化し

ていないと示唆できる。つまり，時系列プロット，母平均差分析および多変量回帰分析結果は，概ね仮説1を支持する結果であった。

7.5.2 仮説2の検定結果：会計発生高の質の決定要因

図表7-6は，会計発生高の質の決定要因を分析した結果を示している。パネルA，B，Cは，各モデルにそれぞれ保守的裁量行動（C_AM），中立的裁量行動（N_AM），攻撃的裁量行動（裁量的発生高DA2）を，パネルD，E，Fは，実体的裁量行動の影響をとらえるに，それぞれ異常営業活動によるキャッシュ・フロー（abnOCF），異常製造費用（abnPROD），異常裁量的支出（abnDE）を投入して分析した結果を示している。各パネルの左列はDechow and Dichev（2002）による会計発生高の質を従属変数，各パネルの右列はMcNichols（2002）による会計発生高の質を従属変数にしている。

営業活動の特徴

パネルA，C，DのAQ_DDの結果から，OCFボラティリティの係数（t値）はそれぞれ0.192（3.436），0.124（2.264），0.114（2.073），0.140（2.665）と正で有意となっている。パネルA，B，C，D，E，FのAQ_DDの結果から，売上高ボラティリティの係数（t値）はそれぞれ0.036（4.773），0.031（4.162），0.003（4.380），0.033（4.449），0.032（4.390），0.037（4.517）と正で1％水準で有意となっている。パネルA，B，C，D，E，FのAQ_MNの結果から，営業循環OCの係数（t値）はそれぞれ0.007（2.191），0.007（2.210），0.008（2.317），0.008（2.413），0.009（2.717），0.010（2.909）と正で有意となっている。パネルB，C，D，E，FのAQ_MNの結果から，ROAの係数（t値）はそれぞれ0.137（3.137），0.117（2.746），0.121（2.831），0.134（3.233），0.100（2.216）と正で1％水準で有意であり，仮説2(1)を支持している。McNichols（2002）による会計発生高の質は，営業循環やROAと有意な正の関係を有していることが観察できた。営業循環やROAが会計発生高の質を低下させる要因の1つであることが示唆できるが，AQ_MNがOCFボラティリティと有意な関係を有してい

ないことから，会計的裁量行動には機会主義的な裁量行動が反映していないと示すことができる。

内部統制への投資

パネルA，B，C，D，E，FのAQ_MNの結果から，企業規模$SIZE$の係数（t値）はそれぞれ-0.016（-3.888），-0.017（-4.129），-0.017（-3.924），-0.016（-3.732），-0.016（-3.807），-0.016（-3.542）と負で1％水準で有意であり，仮説2(2)を支持している。会計発生高の質は，すべてのパネルにおいて企業規模と有意な負の関係を有していることが観察された。この結果から，人員や資源を内部統制システム整備に豊富に投入することが会計発生高の質を高まることにつながることを示唆することができる。

企業属性

パネルA，B，C，D，E，FのAQ_MNの結果から，増収率$GROWTH$の係数（t値）はそれぞれ0.000（2.916），0.000（3.448），0.000（2.911），0.000（2.404），0.000（3.477），0.000（3.085）と正で1％水準で有意であり，仮説2(3)を支持している。図表7-6のすべてのパネルにおいて，会計発生高の質が増収率と正の関係を有していることが観察できた。これは，売上高が急増している場合在庫設定の際に見積もり誤差が発生しやすく，会計発生高の質が低下することが考えられる。この結果から，増収率が会計発生高の質を低下させる要因の1つであることを示すことができる。

経営者の裁量行動

パネルBから，SOX法適用以前のN_AMの係数（t値）は0.001（0.718）（AQ_MN）と正であり有意ではない。SOX法適用以降のN_AMの係数（t値）は0.000（-0.019）（AQ_DD）と負で有意ではない。パネルCから，SOX法適用以前の$DA2$の係数（t値）は-0.074（-0.814）（AQ_MN）と負であり有意ではない。SOX法適用以降の裁量的発生高$DA2$の係数（t値）は0.050（0.225）（AQ_MN）と正で有意ではない。パネルEから，SOX法適用以前の異常製造費用の係

数はそれぞれ－0.209（*AQ_DD*），－0.202（*AQ_MN*）と負であり，*t* 値はそれぞれ－2.743（*AQ_DD*），－2.778（*AQ_MN*）となっており 1 ％水準で有意となっている。SOX 法適用以降の異常製造費用の係数はそれぞれ 0.478（*AQ_DD*），0.466（*AQ_MN*）と正であり，*t* 値はそれぞれ 3.556（*AQ_DD*），3.621（*AQ_MN*）となっており，1 ％水準で有意であり，仮説 2 (4)を支持している。この結果は，会計発生高の質が SOX 法適用期間前後とも異常製造費用と有意な関係があることを示し，特に，SOX 法適用以前の異常製造費用は，会計発生高の質を向上させていたが，SOX 法適用以降の会計発生高の質の低下に影響を及ぼしていることが分かった。

　また，会計発生高の質が会計的裁量行動である *N_AM* および *DA2* と有意な関係がなく，異常製造費用と有意な関連性を有していたことに関連して，回帰モデルに会計的裁量行動を挿入する場合 *AQ_MN* は OCF ボラティリティと有意な関係を有しない（パネル B および C）が，実体的裁量行動を挿入すると *AQ_MN* はボラティリティと有意な関連性を有するようになることに気がつく（パネル E）。これは，経営者が非価値関連的ボラティリティを削減する目的で会計的裁量行動 *N_AM*，*DA2* で平準化を行うことによって *AQ_MN* と OCF ボラティリティとの間に関連性がなくなるが，一方，実体的裁量行動によって価値関連的な OCF ボラティリティが隠されると，結果として *AQ_MN* と OCF ボラティリティとの間に関連性を有するようになると考えられる。この結果は，Dechow and Schrand（2004, p.7）の論拠とも整合し，OCF ボラティリティと会計発生高の質との間の有意な関連性によって，機会主義的裁量行動の可能性を示唆できるといえよう。

監査の質

　すべてのパネルにおいて *AQ_MN* の係数は正で，*AQ_MN* の係数は負であるが，有意でなく，仮説 2 (5)を支持しない。SEC 基準適用日本企業の場合の会計発生高の質は，監査の質と有意な関連性が観察されず，監査の質は会計発生高の質の決定要因ではない可能性が高いと示唆することができる。

図表 7-6　会計発生高の決定要因分析

パネル A：

	予想符号	AQ_DD				AQ_MN			
		B	t	有意確率		B	t	有意確率	
(Constant)		−0.032	−1.737	0.084	*	−0.016	−0.890	0.375	
SOX	−	0.003	0.636	0.526		0.000	0.080	0.937	
ΔWC	?	−0.174	−2.705	0.007	***	−0.204	−3.274	0.001	***
ΔWC*SOX	?	0.152	1.528	0.128		0.066	0.680	0.497	
OCF	?	−0.036	−0.811	0.418		−0.079	−1.808	0.072	*
OCF*SOX	?	0.015	0.290	0.772		−0.044	−0.882	0.379	
DEBT	−	−0.079	−4.410	0.000	***	−0.014	−0.783	0.435	
LDEBT*SOX	−	0.017	0.877	0.381		−0.004	−0.221	0.825	
DECAVOIDDA2	−	0.007	1.289	0.199		0.002	0.397	0.691	
DECAVIDDA2*SOX	−	−0.004	−1.318	0.189		−0.004	−1.500	0.135	
LOSSAVOIDDA2	−	−0.009	−1.052	0.294		−0.005	−0.566	0.572	
LOSSAVOIDDA2*SOX	−	0.003	0.688	0.492		0.005	1.158	0.249	
営業活動の特徴									
OCFvolatility	+	0.192	3.436	0.001	***	0.139	2.572	0.011	**
SALESvolatility	+	0.036	4.773	0.000	***	0.014	1.857	0.065	
OC	+	0.006	1.821	0.070	*	0.007	2.191	0.030	**
ROA	+	0.100	2.331	0.021	**	0.118	2.821	0.005	
内部統制への投資									
SEGMENT	−	−0.005	−1.212	0.227		−0.006	−1.363	0.175	
SIZE	−	−0.006	−1.443	0.151		−0.016	−3.888	0.000	***
企業属性									
GROWTH	+	0.000	1.683	0.094	*	0.000	2.916	0.004	***
AGE	+	0.000	1.364	0.174		0.000	0.183	0.855	
監査の質									
AUDIT	−	0.006	1.620	0.107		−0.004	−1.214	0.226	
裁量行動									
C_AM	+	0.014	3.266	0.001	***	0.009	2.333	0.021	**
C_AM*SOX	−	−0.005	−0.857	0.392		0.000	0.007	0.994	
R^2		0.452				0.437			
調整 R^2		0.384				0.367			
F値 ($Pr > F$)		6.7060(<0.000)				6.304(<0.000)			

注) 各モデルの従属変数は，Dechow and Dichev (2002) による会計発生高の質（左列）か McNichols (2002) による会計発生高の質（右列）である。各定義は図表 7-1 を参照。*10％水準，** 5％水準，*** 1％水準で有意。

パネル B：

	予想符号	AQ_DD				AQ_MN			
		B	t	有意確率		B	t	有意確率	
(Constant)		−0.022	−1.174	0.242		−0.013	−0.734	0.464	
SOX	−	−0.003	−1.241	0.216		−0.001	−0.197	0.844	
ΔWC	?	−0.238	−3.659	0.000	***	−0.251	−3.933	0.000	***
ΔWC*SOX	?	0.097	0.913	0.363		0.108	1.034	0.303	
OCF	?	−0.060	−1.304	0.194		−0.099	−2.182	0.030	**
OCF*SOX	?	0.080	1.456	0.147		−0.009	−0.173	0.862	
DEBT	−	−0.074	−4.174	0.000	***	−0.013	−0.725	0.469	
LDEBT*SOX	−	0.008	0.416	0.678		−0.010	−0.538	0.591	
DECAVOIDDA2	−	0.007	1.248	0.214		0.001	0.260	0.795	
DECAVIDDA2*SOX	−	−0.005	−1.666	0.097		−0.005	−1.694	0.092	*
LOSSAVOIDDA2	−	−0.008	−0.920	0.359		−0.004	−0.429	0.668	
LOSSAVOIDDA2*SOX	−	0.004	0.967	0.335		0.005	1.173	0.242	
営業活動の特徴									
OCFvolatility	+	0.058	1.018	0.310		0.050	0.902	0.368	
SALESvolatility	+	0.031	4.162	0.000	***	0.011	1.474	0.142	
OC	+	0.006	1.782	0.077	*	0.007	2.210	0.028	**
ROA	+	0.108	2.427	0.016	**	0.137	3.137	0.002	***
内部統制への投資									
SEGMENT	−	−0.004	−0.868	0.387		−0.004	−0.998	0.319	
SIZE	−	−0.008	−1.848	0.066	*	−0.017	−4.129	0.000	***
企業属性									
GROWTH	+	0.000	2.655	0.009	***	0.000	3.448	0.001	***
AGE	+	0.000	1.176	0.241		0.000	0.312	0.756	
監査の質									
AUDIT	−	0.008	2.114	0.036		−0.002	−0.665	0.507	
裁量行動									
N_AM	+	0.001	0.698	0.486		0.001	0.718	0.474	
N_AM*SOX	−	0.009	2.709	0.007	***	0.000	−0.019	0.985	
R^2		0.454				0.418			
調整 R^2		0.386				0.347			
F 値（$Pr > F$）		6.725(<0.000)				5.823(<0.000)			

パネル C：

	予想符号	AQ_DD				AQ_MN			
		B	t	有意確率		B	t	有意確率	
(Constant)		−0.024	−1.234	0.219		−0.013	−0.713	0.477	
SOX	−	−0.001	−0.232	0.817		0.000	−0.018	0.986	
⊿WC	?	−0.250	−3.034	0.003	***	−0.187	−2.357	0.019	**
⊿WC*SOX	?	0.049	0.314	0.754		0.062	0.415	0.679	
OCF	?	−0.048	−1.024	0.307		−0.102	−2.242	0.026	**
OCF*SOX	?	0.030	0.532	0.595		−0.020	−0.367	0.714	
DEBT	−	−0.076	−4.205	0.000	***	−0.012	−0.682	0.496	
LDEBT*SOX	−	0.016	0.820	0.414		−0.012	−0.608	0.544	
DECAVOIDDA2	−	0.008	1.386	0.168		0.002	0.378	0.706	
DECAVIDDA2*SOX	−	−0.005	−1.659	0.099	*	−0.005	−1.849	0.066	*
LOSSAVOIDDA2	−	−0.010	−1.141	0.255		−0.004	−0.481	0.631	
LOSSAVOIDDA2*SOX	−	0.004	0.739	0.461		0.005	1.038	0.301	
営業活動の特徴									
OCFvolatility	+	0.124	2.264	0.025	**	0.078	1.478	0.141	
SALESvolatility	+	0.033	4.380	0.000	***	0.009	1.304	0.194	
OC	+	0.006	1.809	0.072	*	0.008	2.317	0.022	**
ROA	+	0.093	2.103	0.037	**	0.117	2.746	0.007	***
内部統制への投資									
SEGMENT	−	−0.004	−0.966	0.335		−0.004	−1.034	0.303	
SIZE	−	−0.007	−1.637	0.103		−0.017	−3.924	0.000	***
企業属性									
GROWTH	+	0.000	2.584	0.011	**	0.000	2.911	0.004	**
AGE	+	0.000	1.485	0.139		0.000	0.203	0.839	
監査の質									
AUDIT	−	0.006	1.603	0.111		−0.004	−1.003	0.317	
裁量行動									
DA2	+	0.072	0.765	0.445		−0.074	−0.814	0.417	
DA2*SOX	−	0.232	1.009	0.315		0.050	0.225	0.823	
R^2		0.422				0.413			
調整 R^2		0.351				0.341			
F値 (Pr > F)		5.947(<0.000)				5.734(<0.000)			

パネルD：

	予想符号	AQ_DD				AQ_MN			
		B	t	有意確率		B	t	有意確率	
(Constant)		−0.024	−1.266	0.207		−0.014	−0.757	0.450	
SOX	−	0.000	0.039	0.969		0.000	−0.058	0.954	
ΔWC	?	−0.241	−3.302	0.001	***	−0.189	−2.676	0.008	***
ΔWC*SOX	?	0.117	1.002	0.318		0.029	0.256	0.798	
OCF	?	−0.027	−0.508	0.612		−0.123	−2.417	0.017	**
OCF*SOX	?	0.028	0.463	0.644		0.004	0.074	0.941	
DEBT	−	−0.073	−3.866	0.000	***	−0.017	−0.923	0.357	
LDEBT*SOX	−	0.010	0.496	0.621		−0.006	−0.330	0.742	
DECAVOIDDA2	−	0.008	1.446	0.150		0.002	0.340	0.734	
DECAVIDDA2*SOX	−	−0.004	−1.391	0.166		−0.006	−2.040	0.043	**
LOSSAVOIDDA2	−	−0.008	−0.902	0.368		−0.004	−0.460	0.646	
LOSSAVOIDDA2*SOX	−	0.002	0.424	0.672		0.006	1.209	0.228	
営業活動の特徴									
OCFvolatility	+	0.114	2.073	0.040	**	0.072	1.351	0.178	
SALESvolatility	+	0.033	4.449	0.000	***	0.009	1.284	0.201	
OC	+	0.006	1.783	0.076	*	0.008	2.413	0.017	**
ROA	+	0.095	2.142	0.034	**	0.121	2.831	0.005	***
内部統制への投資									
SEGMENT	−	−0.004	−0.864	0.389		−0.004	−1.006	0.316	
SIZE	−	−0.008	−1.705	0.090	*	−0.016	−3.732	0.000	***
企業属性									
GROWTH	+	0.000	2.404	0.017	**	0.000	3.032	0.003	***
AGE	+	0.000	1.554	0.122		0.000	0.010	0.992	
監査の質									
AUDIT	−	0.006	1.517	0.131		−0.004	−0.988	0.324	
裁量行動									
abnOCF	+	−0.096	−1.041	0.299		0.105	1.175	0.241	
abnOCF*SOX	+	−0.125	−0.832	0.406		−0.145	−0.997	0.320	
R^2			0.431				0.416		
調整 R^2			0.361				0.344		
F 値 ($Pr>F$)			6.165(<0.000)				5.796(<0.000)		

第7章 会計発生高の質の決定要因分析

パネルE：	予想符号	AQ_DD				AQ_MN			
		B	t	有意確率		B	t	有意確率	
(Constant)		−0.034	−1.845	0.067		−0.018	−1.041	0.299	
SOX	−	−0.001	−0.458	0.647		0.000	−0.032	0.974	
ΔWC	?	−0.255	−3.873	0.000	***	−0.277	−4.396	0.000	***
ΔWC*SOX	?	0.205	2.052	0.042		0.109	1.139	0.256	
OCF	?	−0.068	−1.521	0.130		−0.105	−2.465	0.015	**
OCF*SOX	?	0.032	0.626	0.532		−0.032	−0.644	0.521	
DEBT	−	−0.080	−4.572	0.000	***	−0.012	−0.717	0.475	
LDEBT*SOX	−	0.010	0.516	0.607		−0.014	−0.812	0.418	
DECAVOIDDA2	−	0.005	0.952	0.342		0.000	0.064	0.949	
DECAVIDDA2*SOX	−	−0.005	−1.762	0.080	*	−0.005	−1.814	0.071	*
LOSSAVOIDDA2	−	−0.005	−0.604	0.547		−0.001	−0.094	0.925	
LOSSAVOIDDA2*SOX	−	0.003	0.726	0.469		0.005	1.092	0.277	
営業活動の特徴									
OCFvolatility	+	0.140	2.665	0.008	***	0.099	1.957	0.052	*
SALESvolatility	+	0.032	4.390	0.000	***	0.009	1.288	0.199	
OC	+	0.008	2.333	0.021	**	0.009	2.717	0.007	***
ROA	+	0.115	2.652	0.009	***	0.134	3.233	0.001	***
内部統制への投資									
SEGMENT	−	−0.003	−0.678	0.498		−0.004	−1.028	0.305	
SIZE	−	−0.006	−1.404	0.162		−0.016	−3.807	0.000	***
企業属性									
GROWTH	+	0.000	2.364	0.019	**	0.000	3.477	0.001	***
AGE	+	0.000	1.456	0.147		0.000	0.165	0.869	
監査の質									
AUDIT	−	0.005	1.506	0.134		−0.005	−1.377	0.170	
裁量行動									
abnPROD	+	−0.209	−2.743	0.007	***	−0.202	−2.778	0.006	***
abnPROD*SOX	+	0.478	3.556	0.000	***	0.466	3.621	0.000	***
R^2			0.455				0.454		
調整 R^2			0.389				0.386		
F値（$Pr > F$）			6.806(<0.000)				6.756(<0.000)		

パネルF：

	予想符号	AQ_DD				AQ_MN			
		B	t	有意確率		B	t	有意確率	
(Constant)		−0.030	−1.606	0.110		−0.027	−1.444	0.151	
SOX	−	−0.001	−0.423	0.673		0.000	−0.118	0.906	
ΔWC	?	−0.197	−3.105	0.002	***	−0.183	−2.878	0.005	***
ΔWC*SOX	?	0.271	2.158	0.032	**	0.026	0.205	0.838	
OCF	?	−0.040	−0.910	0.364		−0.066	−1.474	0.142	
OCF*SOX	?	−0.006	−0.110	0.913		−0.116	−2.041	0.043	**
DEBT	−	−0.080	−4.372	0.000	***	−0.021	−1.136	0.258	
LDEBT*SOX	−	0.042	1.192	0.235		0.001	0.022	0.982	
DECAVOIDDA2	−	0.007	1.457	0.147		0.003	0.557	0.579	
DECAVIDDA2*SOX	−	−0.005	−1.915	0.057	*	−0.006	−2.141	0.034	**
LOSSAVOIDDA2	−	0.002	0.166	0.869		−0.004	−0.335	0.738	
LOSSAVOIDDA2*SOX	−	0.006	1.242	0.216		0.006	1.184	0.238	
営業活動の特徴									
OCFvolatility	+	0.078	1.433	0.154		0.046	0.843	0.401	
SALESvolatility	+	0.037	4.517	0.000	***	0.020	2.446	0.016	**
OC	+	0.007	2.022	0.045	**	0.010	2.909	0.004	***
ROA	+	0.084	1.877	0.062	*	0.100	2.216	0.028	**
内部統制への投資									
SEGMENT	−	−0.003	−0.589	0.557		−0.003	−0.679	0.498	
SIZE	−	−0.008	−1.655	0.100		−0.016	−3.542	0.001	***
企業属性									
GROWTH	+	0.000	2.868	0.005	***	0.000	3.085	0.002	***
AGE	+	0.000	1.843	0.067	*	0.000	0.375	0.708	
監査の質									
AUDIT	−	0.005	1.502	0.135		−0.004	−1.077	0.283	
裁量行動									
abnDE	+	−0.056	−0.937	0.350		0.030	0.490	0.625	
abnDE*SOX	+	0.063	0.576	0.565		−0.108	−0.987	0.325	
R^2			0.451				0.437		
調整 R^2			0.372				0.356		
F値 $(Pr > F)$		5.746(<0.000)				5.424(<0.000)			

本多変量回帰分析からは，会計発生高の質が，営業循環やROAの営業活動の特徴や増収率の企業属性と有意な正の関係，企業規模である内部統制への投資と有意な負の関係を有していることが分かった。また，会計発生高の質は，実体的裁量行動のうち異常製造費用との間に正の関連性があることも分かった。Bissessur（2008）に依拠すると，この結果は，実体的裁量行動が機会主義的な裁量行動を反映している可能性を示すといえる。

7.6　本章の要約

　本章では，会計発生高の質が内部統制報告制度適用前後で変化したかどうか，そしてその変化は，会計発生高の質を決定要因と予想される営業活動の特徴，内部統制への投資，企業属性，経営者の裁量行動，監査の質の変化によって影響を受けたものなのかを明らかにするため分析を行った。本章での分析結果を要約すると，次のとおりとなる。第1に，母平均分析結果から，Dechow and Dichev（2002）モデルを用いて推定された会計発生高の質が若干高まったものの，McNichols（2002）モデルを用いて推定された会計発生高の質に変化はみられないことが分かった。多変量分析結果からも，内部統制報告制度前後において会計発生高の質は変化していないことが明らかになった。

　第2に，会計発生高の質の決定要因は，営業活動の特徴や企業属性，内部統制への投資，実体的裁量行動であることが分かった。SEC基準適用日本企業は，SOX法適用に伴い，内部統制を整備し，見積もり誤差や会計的裁量行動のうち機会主義的裁量行動を抑制させ，会計発生高の質を若干高めることができたが，一方で，実体的裁量行動，すなわち，製造費用の調整という機会主義的裁量行動を行うことにより，OCFボラティリティに影響を及ぼし，会計発生高の質を低下させてしまったといえる。総合すると，SEC基準適用日本企業の会計発生高の質は，SOX法適用前後であまり変化しなかったという結果であった。

　第3に，本章での分析結果から，回帰モデルにおいて会計的裁量行動を挿入すると，会計発生高の質はOCFボラティリティと有意な関連性を有しないが，実

体的裁量行動を挿入すると会計発生高の質はOCFボラティリティと有意な関連性を有するようになることが分かった。前者は経営者が非価値関連的ボラティリティを削減するために平準化した結果であり，機会主義的裁量行動が反映していない。一方，後者は実体的裁量行動を行い，価値関連的なボラティリティを隠してしまった結果であり，機会主義的な裁量行動の可能性を示唆できる。すなわち，会計発生高の質とOCFボラティリティとの有意な関連性から，裁量行動の目的が機会主義的か情報提供的かを解明できた点は，本分析における発見といえよう。

最後に，本書のリサーチ・クエスチョンである，SECの「SOX法の内部統制に係る規制は，財務報告に係る適正性を高め，高い質の情報を導く」（SEC, 2003）の言明について検討したい。SOX法は企業の内部統制システムを整備し，良好な内部統制のもとで見積もり誤差が少ない適正な財務諸表の作成，開示へと大きく前進させたと解釈できるだろう。しかしながら，会計発生高の質を財務報告の質の1つとして，SOX法が，財務報告の「質」を向上させたかどうかについては肯定できるとはいいがたい。経営者は裁量行動手法を実体的裁量行動にシフトした可能性が高いからである。外部の利害関係者が実体的裁量行動を把握することは難しい。実体的裁量行動の企業価値との関連性を明らかにしていくことによって企業に実体的裁量行動の自粛を促していくことが必要である。

注

1） 裁量行動には，会計的裁量行動と実体的裁量行動がある。裁量行動，会計的裁量行動，実体的裁量行動の各定義については第5章を参照されたい。

2） 本章は，Dechow and Skinner (2000) に依拠して会計的裁量行動としては，保守的裁量行動（conservative accounting management, C_AM），中立的裁量行動（neutral accounting management, N_AM），攻撃的裁量行動（裁量的発生高 discretionary accruals, DA），実体的裁量行動はCohen et al. (2008) に依拠して異常営業活動によるキャッシュ・フロー（abnormal operating cash flows, abnOCF），異常製造費用（abnormal production costs, abnPROD），異常裁量的支出（abnormal discretionary expenses, abnDE）として分析する。各裁量行動尺度の定義については，図表5-3を参照されたい。

3） Becker et al. (1998) は，当時のBIG6，すなわち，Arthur Andersen, Ernst & Young, Coopers & Lybrand, Deloitte & Touche, PeatMarwick Mitchell, Price Waterhouse を監査の質の代理変数としている。Lobo and Zhou (2006) は，2002年にArthur Andersenが業務終了

したため Big5 すなわち Ernst & Young, Coopers & Lybrand, Deloitte & Touche, PeatMarwick Mitchell, Price Waterhouse を監査の質の代理変数としている。Ashbaugh-Skaife et al.（2008）は，PricewaterhouseCoopers, Deloitte & Touche, Ernins & Young, KPMG, Grant Thornton, BDO Seidman. を BIG6 とし，BIG6 と監査契約している場合を1と非 BIG6 と契約している場合を0とするダミー変数を監査の質変数としている。これらの研究は，サンプル企業が当時の $BIGN$，すなわち N 大監査法人に監査されている場合を監査の質としている。

4) Dechow and Dichev（2002）の理論は，発生主義過程において見積もり精度が高ければ，当期の会計発生高と，過去，現在あるいは将来キャッシュ・フローの実現化間の対応関係が強くなるが，不正確で誤謬があって見積もり精度が低ければ，会計発生高にはノイズが発生し，会計発生高のキャッシュ・フローへの実現化間の対応関係が弱くなるというものである。Dechow and Dichev（2002）のモデル展開等は第4章を参照されたい。

5) 本分析では，裁量発生高を Jones（1991）モデルを用いて推定しており整合させるために，見積もり誤差および裁量行動の両者を把握する会計発生高の質推定モデルには，Dechow and Dichev（2002）モデルと Jones（1991）モデルを統合させた McNichols（2002）モデルを用いて，会計発生高の質を推定している。

6) ΔWC は運転資本会計発生高を意味するが，本章においても，第6章と同様会計発生高と呼ぶことにする。

7) 本章の分析においても，営業活動によるキャッシュ・フローと負債比率については吉田（2005）に依拠して，年度間調整を行うためその年度の平均値を引いた変数を用いている。

8) 第5章および第6章と同様，日本における BIG4 を BIGN として用いる。日本の BIG4 に含まれる監査法人については第5章注19を参照されたい。

9) 会計的裁量行動，実体的裁量行動のどちらか1つの尺度をモデルに投入することとする。

10) 最終的にサンプルとして残った「SEC 基準適用日本企業」は，第5章の注15に示しているので，参照されたい。

11) SOX 法適用を2006年から開始したのはキヤノンだけであるが，SEC 基準適用日本企業は，内部統制報告制度準備にたいしては2006年から始めていると予想し，2006年から2008年を SOX 法適用以降と設定した。実際，本研究では，2007年と2008年を SOX 法適用以降とした分析も試みたが平均差は2006年から2008年までを SOX 法適用以降にしたほうが強かった。

12) サンプル期間は，それぞれ Dechow and Dichev（2002）が1989-1999年，田澤（2004）が1975-2002年，Francis et al.（2004）が1975-2001年，Doyle et al.（2007b）が1996-2002年，Ashbaugh-Skaife et al.（2008）が2003-2005年と異なっている。Dechow and Dichev（2002），田澤（2004），Francis et al.（2004）の会計発生高の質は，会計不正事件以前の分析であり，会計発生高の質が高めであるが，Doyle et al.（2007b）および Ashbaugh-Skaife et al.（2008）は会計不正のころの分析で会計発生高の質が低いことが窺える。また，会計発生高の質の推定方法が，Dechow and Dichev（2002），田澤（2004），Francis et al.（2004）が本分析と同様

企業別時系列で行っているが，Ashbaugh-Skaife et al.（2008）は産業別クロスセクショナルで行っていることによる違いもあるであろう。

付記　なお，本章は，中島真澄（2010c）「会計発生高の質の決定要因分析」『會計』第177巻第6号，pp.44-59の掲載論文を加筆修正したものである。

終章

結論と課題

1 本書の概要

　本書は，財務報告の質における内部統制報告制度の影響を分析したものである。具体的には，まず，利益の質分析に関する幾つかの視点を体系的に明確にしたうえで，特に財務分析視点に依拠した各利益の質評価尺度について理論的に考察している。これらをふまえて本書のモチベーションを示した。次に，米国で導入された内部統制報告制度のなかでも特に財務報告の質に影響を及ぼすと予想できる，宣誓書規定に関してその宣誓書規定が導入されるに至った社会的背景および，第302条，第404条，第906条宣誓書それぞれの内容を考察している。また，利益の質評価尺度に焦点を合わせた先行研究や利益の質評価尺度における内部統制報告制度の影響に関する研究を調査している。さらに，SEC基準適用日本企業データを用いてDechow and Dichev（2002）モデルおよびMcNichols（2002）モデルを用いて推定される会計発生高の質に基づく研究が先行研究と整合するかについて確認している。

　本書では，こうした利益の質評価尺度についての理論的考察および先行研究レヴューに基づいて，主要な利益の質評価尺度である，裁量的発生高，キャッシ

ュ・フロー予測精度，会計発生高の質に焦点を合わせて，内部統制報告制度による影響を包括的に実証分析している。最後に，本書における分析結果に基づいて明らかになったことをまとめ，将来の研究課題を指摘し提言を行う。

以下では，まず，各章において明らかになったことを総括する。続いて，本書の貢献を述べて，本書で残された研究課題を示す。最後に，各章において解明されたことをに基づいて内部統制報告制度にたいする提言を行う。

2　本書の総括

財務報告の中心的概念である利益が，なぜ質的な局面に焦点を合わせて着目されるようになったのか。序章ではその利益の質が注目されるようになった社会的背景を示している。利益の質は，学術的にはさまざまな利益の質の評価尺度を用いてこれまで分析されてきた。利益が一般的にも質的な側面に焦点を合わせて評価されるようになったのは会計不正事件がきっかけであり，会計不正事件で低下した財務報告の質，利益の質の改良を目的として内部統制報告制度が導入されたわけである。そこで，本書では，財務報告の質の要約的指標である利益の質が内部統制報告制度によって影響を受けたかどうかを解明している。

第1章は，利益の質評価視点，利益の質評価尺度，本研究着想に至ったモチベーションを提示している。利益の質の定義は多岐にわたり，利益の質を分析する視点自体も幾つかあるので，第1章第2節では，利益の質を分析する視点を検討している。すなわち，利益の質を分析する前に，その各利益の質分析視点である，財務分析に基づく視点，意思決定支援機能および契約支援機能に基づく視点，FASB概念フレームワークの質的特徴に基づく視点，会計利益情報とキャッシュ・フロー情報の有用性に基づく視点の4つに焦点を合わせて検討している。本書では，Dechow and Schrand（2004）およびFrancis et al.（2008c）の財務分析の視点に依拠し，利益の質を財務報告の質の要約的指標，各利益の質評価尺度で測定される多面的な概念と定義している。Dechow and Schrand（2004）の財務分析視点に基づいた尺度としては，予測可能性，持続性，ボラティリティ，将来

キャッシュ・フローとの関連性，市場価値との関連性を示すことができる。Francis et al.（2008c）の財務分析視点に基づいた尺度としては，分散や精度の高さを示すことができる。本書では，こうした財務分析視点に依拠した利益の質評価尺度によって導出された要約的な指標を利益の質としているのである。

本書における財務分析の視点に基づいた利益の質分析はビジネスモデルや営業環境が反映される「企業属性ファクター」と，財務報告過程が反映される「財務報告過程ファクター（裁量ファクター）」の2つによって影響を受けるというフレームワークで構築されている。

第1章第3節では，利益の質評価尺度には会計ベースの利益の質評価尺度と，市場ベースの利益の質評価尺度があるが，本書では，会計ベースの利益の質評価尺度に焦点を合わせ，初期的概念，会計発生高の質，裁量的発生高，持続性，予測可能性，平準化，価値関連性の7つを検討している。

本書は，利益の質の決定要因である企業属性ファクターおよび裁量ファクターの上に内部統制報告制度を据え，内部統制報告制度が，企業属性ファクターおよび裁量ファクターに影響を及ぼしたかどうかを財務報告の質の変化に焦点を合わせて検証している。SOX法に織り込まれた宣誓書規定は，経営者に裁量行動を回避させる可能性がある。また，効果的な内部統制システムが整備され，権限の分離が行われれば，経営者の裁量行動自体が抑制されることも予想される。さらに，SOX法適用によって外部監査人および規制当局による精査やモニタリングの強化は裁量行動の抑制要因となる可能性が高い。一方で，SOX法適用以降も，赤字回避，減益回避などの経営者の証券市場インセンティブに基づく裁量行動は形を変化させて維持される可能性もある。こうした内部統制報告制度適用に伴う裁量ファクターの変化がどのような動機要因や抑制要因の組み合わせとなり，裁量的発生高，キャッシュ・フロー予測精度，会計発生高の質に結果として現れてくるのか，こうしたモチベーションが，第5章から第7章における実証分析着想の原点となっている。

内部統制報告制度は，膨大な数の章から構成されているSOX法によって規定された制度である。第2章では，財務報告の質には裁量ファクターが影響を及ぼすことを前提にして特にCEOおよびCFOにたいして影響を及ぼすと考えられ

るSOX法に織り込まれた第302条，第404条および第906条の宣誓書規定を中心に考察した。この3条の宣誓書規定は，SECの指針にたいして法的責任を課した法律である。第302条宣誓書では，SECは上場企業にたいして「開示統制と手続き（disclosure controls and procedures）」を要請している。すなわち，CEOおよびCFOにたいして財務諸表の適正性および完全網羅性を宣誓させ，もし重大な欠陥があればそれを報告するよう規定している。第404条宣誓書は，CEOおよびCFOに，財務報告に係る内部統制の有効性を評価した内部統制報告書の作成・開示を義務づけた規定である。第906条宣誓書では，CEOおよびCFOが不正な宣誓を行った場合の厳しい罰則について規定している。つまり，SOX法の宣誓書規定は，米国企業および米国株式市場に上場する外国企業が当該法規制を遵守することによってコーポレート・ガバナンスを強化し，財務報告の質を高め，資本市場の信頼性回復および発展に貢献することを目的に規定されたものである。

　第3章は，内部統制と財務報告の質に関する研究，各利益の質評価尺度に関する先行研究について調査を行っている。「内部統制と財務報告の質に関する研究」は，「財務報告の質における内部統制報告制度による影響」研究と，「財務報告の質と内部統制の不備との関連性」に関する研究の2つに大きく分類できる。「財務報告の質における内部統制報告制度による影響」研究では，財務報告の質の代理変数として利益の質評価尺度を複数取り上げてその利益の質評価尺度が内部統制報告制度によって改善されたかという証拠を提示している。「財務報告の質における内部統制報告制度による影響」研究については，取り上げた利益の質評価尺度やその推定モデルが多様化されていること，利益の質の変化に関する検証方法も母平均差分析やMoore and Pfeiffer（2004）に依拠した方法など多様化していることが分かった。現時点では，財務報告の質における内部報告制度の影響の測定に関してどの利益の質評価尺度および検証方法が最適かを示唆することはできない。そこで，複数の利益の質評価尺度を用いて，各利益の質評価尺度モデルに改良を加えながら慎重に財務報告の質を検証していくことが重要といえる。

　「財務報告の質と内部統制の不備との関連性」に関する研究では，主に重大な欠陥開示企業に焦点を合わせた分析が主流である。「財務報告の質と内部統制の不備との関連性」に関する研究では，まず，内部統制の不備（あるいは重大な欠

陥）を開示した企業と内部統制の不備開示企業以外の企業をコントロール企業として各企業群における会計発生高の質を比較するという手法がとられている。その次に，重大な欠陥を従属変数としたトビット回帰分析（Tobit regression），あるいは複数の会計発生高の質測定尺度を従属変数としたOLS回帰分析を実施するという手法がとられている。「財務報告の質と内部統制の不備との関連性」に関する先行研究からは，利益の質評価尺度の1つである会計発生高の質が内部統制の不備，ボラティリティなどの営業活動の特徴，企業規模，内部統制システム自体などの企業属性から影響を受けているという結果を導出していることが分かった。

　本書では，財務報告の質における内部統制報告制度の影響を分析する際に，Francis et al.（2008c）の視点に依拠して会計ベースの利益の質評価尺度である，会計発生高の質，裁量的発生高，予測可能性を焦点を合わせるので，各利益の質評価尺度に関する先行研究も併せて検討している。各利益の質評価尺度は，用いられる分析指標自体が類似しているため明確に区別できない尺度も存在する。また，どの利益の質評価尺度が優れているかどうかは一概にはいえない。財務報告の質における内部統制報告制度の影響研究としては，複数の利益の質尺度について分析して総合的に検証していく必要があるといえる。

　第4章では，まずDechow and Dichev（2002）モデルおよびMcNichols（2002）モデルを用いて推定した会計発生高の質について分析している。次に，会計発生高の質の決定要因である企業属性を検証し，会計発生高の質に影響を及ぼしている企業属性は一般的に運転資本会計発生高ボラティリティであることが示され，Dechow and Dichev（2002）の実証結果と整合する結果が得られた。こうした会計発生高の質と企業属性との関連性を明らかにすることによって，企業属性が会計発生高の質を検討する手段として用いることができることを示することができた。さらに，第4章では，利益の構成要素としての会計発生高の持続性が，キャッシュ・フローの持続性よりも低いこと，利益の持続性は会計発生高の大きさに依存することを示すことができた。持続性と会計発生高の質との関連性については有意でなく，この関連性については追加的検証が必要であるが，モデルの適合性や会計発生高の質と企業属性との関連性など，第4章の分析において概ね先行

研究と整合する結果が得られた。

　第5章から第7章では，それぞれ裁量的発生高，キャッシュ・フロー予測精度，会計発生高の質という利益の質評価尺度に焦点を合わせて内部統制報告制度の影響について実証分析を行っている。第5章では内部統制報告制度による裁量的発生高や異常営業活動によるキャッシュ・フローなどに着目して経営者の裁量行動の変化を明らかにしている。第6章，第7章では，第5章で示した裁量行動の変化を含めて，キャッシュ・フロー予測精度，会計発生高の質という各利益の質評価尺度の決定要因を分析している。

　第5章では，裁量的発生高を会計的裁量行動尺度とし，Cohen et al.（2008）やRoychowdhury（2006）に依拠した異常営業活動によるキャッシュ・フローなどを実体的裁量行動尺度として各裁量行動における内部統制報告制度適用前後の変化と，SOX法適用前後における裁量行動の背後にある動機要因および抑制要因の変化を検証している。

　時系列プロットから会計的裁量行動が減少傾向となる一方で，実体の裁量行動が微増傾向となることが分かったが，回帰分析結果からは，実体的裁量行動の微増しか観察できなかった。会計的裁量行動と実体的裁量行動間に相互互換的の関係については多変量回帰分析結果から観察できた。したがって，概ね仮説1は支持されたといえる。仮説2および仮説3については，多変量回帰分析結果から，証券市場インセンティブはSOX法適用以降，会計的裁量行動だけではなく実体的裁量行動の抑制要因になったこと，負債レバレッジは，SOX法適用以前は実体的裁量行動のインセンティブになっていたが，SOX法適用以降は，会計的裁量行動，実体的裁量行動両者にたいする抑制要因となったことが分かり，仮説2，仮説3ともに支持されたとはいいがたい。以上から，SEC基準適用日本企業は，SOX法適用以降，若干実体的裁量行動が増加した傾向がみられるが，SOX法適用以降は，特に証券市場インセンティブや負債レバレッジが裁量行動の抑制する方向へ影響を及ぼしたといえる。裁量行動の決定要因分析結果からは，営業活動の特徴や，業績が会計的裁量行動に，営業活動によるキャッシュ・フローが実体的裁量行動に影響を与えることが分かった。

　第5章での分析結果，実体的裁量行動の増加が財務報告の質にどのような影響

を与えたかを検証したのが，第6章および第7章である。第6章では，まず第1に，SOX法適用前後で，会計利益情報のキャッシュ・フロー予測精度に変化があったかどうかを検証した。その結果，利益モデルによる予測誤差および会計発生高成分モデルによる予測誤差はSOX法適用前後においてあまり変化は観察できなかった。第2に，会計発生高の質，裁量的発生高，および経営者の裁量行動のキャッシュ・フロー予測誤差と関連性がSOX法適用前後において変化したのかどうかを分析した。まず，SOX法適用以前において，予測誤差は会計発生高の質と有意な関連性を有していたが，SOX法適用以降予測誤差は会計発生高の質との関連性を有しない結果が析出された。予測誤差が会計発生高の質と関連性を有する場合，機会主義的裁量行動が反映されているというBissessur（2008）に依拠すれば，この結果はSOX法適用以前には内部統制が整備されておらず，利益の予測に見積もり誤差や機会主義的裁量行動が反映していたが，SOX法適用以降は内部統制効果により利益の予測に機会主義的裁量行動が反映されなくなったと示唆できる。

また，予測誤差は，SOX法適用前後において裁量的発生高や会計発生高と有意な関連性がない結果を示すことができ，この結果は，裁量的発生高や会計発生高には機会主義的な裁量行動が反映せず，経営者の内部情報を反映していると示唆できるものである。さらに，予測誤差はSOX法適用以降の中立的会計的裁量行動 N_AM と間に関連性はないこと，予測誤差はSOX法適用前後とも裁量的発生高 DA と有意な関連性を有していないが，異常製造費用 $abnPROD$ とは有意な関連性を有していることが析出された。この結果から，SOX法適用以降 N_AM，SOX法適用前後とも DA は機会主義的裁量行動を反映していないが，$abnPROD$ は機会主義的裁量行動を反映していると示唆できる。

SOX法適用以降会計的裁量行動が減少し実体的裁量行動が増加し，予測誤差が実体的裁量行動の特に異常製造費用と有意な関連性を有するようになった。すなわち，SOX法適用以降内部統制を整備し，機会主義的会計的裁量行動が抑制され，情報提供的な会計的裁量行動だけが存在するようになり会計発生高の質が高まるとともに予測精度が高まったが，一方で，異常製造費用の実体的裁量行動によって予測精度が低下し，総合すると，SOX法適用以降予測精度には変化が

みらなかったという結果と考えられる。

　第4章において SEC 基準適用日本企業データにおける会計発生高の質推定モデルの適合性や会計発生高の質と企業属性との関連性に関する実証結果が米国企業における先行研究結果と整合したこと，第3章での「財務報告の質における内部統制報告制度の影響」に関する先行研究の調査をふまえて，第7章では，SOX 法適用前後における SEC 基準適用日本企業の会計発生高の質の変化を明らかにするとともに，その会計発生高の質の変化は，会計発生高の質を決定づける要因の変化によって影響を受けたものなのかを解明した。特に，第5章で析出できた実体的裁量行動の増加が会計発生高の質に影響を及ぼすかについて分析した。本分析の結果，時系列推移プロットおよび母平均差分析からは，内部統制報告制度適用前後において，Dechow and Dichev（2002）モデルによる会計発生高の質は向上したが，McNichols（2002）モデルによる会計発生高の質は横ばいであり変化は観察できなかった。本多変量回帰分析からは，営業循環や ROA の営業活動の特徴や増収率の企業属性がそれぞれ会計発生高の質と正の関連性を有していること，企業規模である内部統制への投資が会計発生高の質と有意な負の関連性を有していることが分かった。また，実体的裁量行動のうち，異常製造費用が会計発生高の質との間に正の関連性があることが観察できた。Bissessur（2008）に依拠すると，この結果は，実体的裁量行動が機会主義的裁量行動を反映している可能性を示すことになる。こうして，SEC 基準適用日本企業の会計発生高の質を決定要因は，営業循環や ROA などの営業活動の特徴，増収率などの企業属性，企業規模などの内部統制への投資，実体的裁量行動であることを明らかにすることができた。

　会計発生高の質が会計的裁量行動と有意な関連性がなく，異常製造費用と有意な関連性を有していたことに関連して，会計発生高の質は，回帰モデルに会計的裁量行動を挿入する場合 OCF ボラティリティと関連性を有しないが，実体的裁量行動を挿入する場合 OCF ボラティリティを関連性を有するようになることに分かった。これは，経営者が非価値関連的ボラティリティを削減する目的で会計的裁量行動で平準化を行い，結果として OCF ボラティリティとの関連性がなくなることを示唆している。一方，実体的裁量行動によって価値関連的な OCF ボ

ラティリティが隠されると，結果として OCF ボラティリティとの関連性を有するようになると考えられる。この結果は，Dechow and Schrand（2004, p.7）の論拠とも整合して，OCF ボラティリティと会計発生高の質との間の有意な関連性によって，機会主義的裁量行動の可能性を示すことができる。

　SEC 基準適用日本企業は，SOX 法適用に伴い，内部統制を整備し，見積もり誤差や会計的裁量行動のうち機会主義的な裁量行動を抑制させ，会計発生高の質を若干高めることができたが，一方で，実体的裁量行動，すなわち，製造費用の調整という機会主義的な裁量行動を行うことにより，OCF ボラティリティに影響を及ぼし，会計発生高の質を低下させてしまった。こうした，本書における実証分析結果から導出された結論からインプリケーションを示したい。SEC 基準適用日本企業は，SOX 法適用に伴い，内部統制を整備し，見積もり誤差を削減させ機会主義的な会計的裁量行動を抑制したが，一方で，実体的裁量行動を増加させた可能性があることが分かった。この実体裁量行動の増加は会計情報のボラティリティにも影響を及ぼし，総合的にみると企業のキャッシュ・フロー予測精度や会計発生高の質などの財務報告の質があまり変化しないことにつながることが分かった。本書における検証結果に基づくと，SEC の「SOX 法の内部統制に係る規制は，財務報告に係る適正性を高め，高い質の情報を導く」（SEC, 2003）という言明に関しては，SOX 法は企業の内部統制システムを強化し，財務諸表の適正性の向上という一定のベネフィットがあるとはいえるが，財務報告の「質」向上に結びついたかどうかについては疑問であるといえる。

3　本書の貢献

3.1　利益の質研究における意義

　本書は，利益の質を幾つかの視点に基づいて体系的に解明し，財務分析視点フレームワークのなかで利益の質を複数の利益の質分析尺度で測定し，利益の質に

関する包括的なインプリケーションを提示した。

　本書において，それぞれの利益の質評価尺度の実証分析あるいは複数の利益の質評価尺度の検証に基づいて幾つかの発見事項があった。まず，企業属性ファクターが利益の質の決定要因であることは日米で大きな相違はみられないことが確認できた。利益の質の決定要因には企業属性ファクターと裁量ファクターがあるが，裁量行動に関する実証研究の蓄積と比較すると，企業属性ファクターに関する経験的証拠の蓄積が乏しいわが国においては，企業属性と利益の質との関連性について証拠を提示することができたことは意義があると思われる。

　内部統制報告制度の経済的影響を把握するのに，既存の議論展開に加えて先行研究レヴューを通して明らかになった事項を検討して独自の仮説を導出し，横断的な手法で検証したことは本書の特徴の1つであり，その結果，実体的裁量行動が会計発生高の質の決定要因であることを発見したことはこれまで発見されていないことである。また，SOX法適用以降会計的裁量行動が減少し実体的裁量行動が増加し，機会主義的会計的裁量行動が抑制され，情報提供目的の会計的裁量行動だけが存在するようになったという一次的な経済的危帰結を発見しただけではなく，その裁量行動の変化が会計発生高の質などの他の利益の質評価尺度への副次的な影響を把握できたことも，本書の特徴といえる。

　こうして，内部統制報告制度が経営者の裁量行動に影響を及ぼし，その経済的帰結として利益の質に反映されたことが本書において確認されたのである。本書において包括的な実証分析によって得られた発見事項は，実証会計研究にたいする展開として寄与できると期待される。

3.2　裁量行動研究における意義

　裁量行動に関する経験的証拠は日米両国において豊富な蓄積があるが，実体的裁量行動に焦点を合わせた研究は内部統制報告制度の導入以降の2006年ごろから始まったばかりである。本書は，内部統制報告規制の経済的帰結に主眼を置くため，実体的裁量行動と会計的裁量行動との関係にも焦点を合わせた仮説展開を意識した。この実体的裁量行動と会計的裁量行動の相互互換的関係の可能性につい

ては日本における独自の会計環境を積極的に取り入れ，日本からの経験的証拠の提示を試みた。

　本検証から発見された事項は本書の第2の特徴として示すことができる。それは，内部統制報告制度適用以降における裁量行動の変化を背後にある経営者の目的まで追究して解明することに成功したことである。すなわち，機会主義的な会計的裁量行動が抑制され，情報提供的な会計的裁量行動が維持されたこと，実体的裁量行動が機会主義的裁量行動である可能性が高いことを予測誤差との関連性および会計発生高の質との関連性に基づいて提示した点である。予測誤差，会計発生高の質と裁量行動間のそれぞれの関連性を同時に分析し，予測誤差，会計発生高の質と裁量行動間との有意な関連性に基づいて経営者の裁量行動目的を把握することができたのである。こうして本書において，裁量的発生高，予測誤差，会計発生高の質という複数の利益の質評価尺度を横断的に分析することによって，経営者の各裁量行動が情報提供的か機会主義的かを把握し，内部統制報告規制が経営者の裁量行動の背後にある目的を変化させた可能性を発見できたことは，本書における新知見といえる。

　こうした本書における発見事項は，まだ蓄積がなされていない情報提供目的の裁量行動に焦点を合わせた研究の一展開として寄与できる。また，利益の質の改善を，財務会計の意思決定支援機能を損なわないように会計手続きの無条件統一化ではなく，内部統制報告規制で実施した規制当局にたいして，内部統制報告規制によって機会主義的な会計的裁量行動が抑制され，情報提供的の会計的裁量行動だけが維持されたというインプリケーションは一定の目的達成の証拠として提示できるであろう。

3.3　内部統制報告制度にたいする意義

　本書は，内部統制報告制度が財務報告の質を向上させたかどうかに関してSEC基準適用日本企業データを用いて行った検証であった。本書においてSEC基準適用日本企業を分析対象とした検証を実施することによって，SOX法適用によるADR企業の会計情報の質の変化研究についての1つ証拠を提示すること

になる。SEC 基準適用を通して米国会計基準，米国の規制環境など，企業を取り巻く環境の条件を同じにして分析することによって，SEC 基準適用日本企業は，内部統制やガバナンスについて日本企業特有の独自の行動をしているのか，あるいは SEC 基準に準拠し日本の上場企業とは異なる特徴を有するのかについての証拠となる。本書の発見事項から，内部統制報告規制以降，実体的裁量行動が増加したこと，営業活動の特徴や内部統制への投資が会計発生高の質の決定要因であること，という日米における共通点が確認できた。一方，裁量行動の要因に負債のガバナンス規律など日本特有の会計環境を織り込んで検討した仮説は支持されなかった。こうした本書における発見事項からは，SEC 基準適用日本企業が日本特有の特徴を有するというよりは，日本の上場企業とは異なる可能性が高いことが示唆できる。

　また，財務報告の質における内部統制報告制度の影響を SEC 基準適用日本企業データを用いて行った本書の結果は，日本における内部統制報告研究に関するパイロット・スタディの1つとして提示することができる。日本では，内部統制報告制度が施行されたばかりで現在のところ，財務報告の質における内部統制報告制度の影響に関して本格的な実証研究は蓄積されていない。本書の検証において，内部統制への投資と会計発生高の質，企業属性と会計発生高の質との間に関連性があることが発見できた。こうした発見事項によって，会計発生高の質向上を目指すには，内部統制システムの整備が不可欠であると奨励できるであろう。また，投資者や規制当局による企業評価において，企業属性を会計発生高の質の一判断材料とできることが分かった。こうして，SEC 基準適用日本企業データを用いた財務報告の質における内部統制報告制度による影響に関する1つの証拠を提示したことは，日本企業における内部統制システム整備促進にたいする一助として寄与できたと思われる。

4　今後の研究課題

　本書では，財務報告の質における内部統制報告制度による影響を包括的に検証

してきたが，残された研究課題もある．以下で，内部統制報告制度にたいする課題と，実証分析にたいする課題に分けて述べる．

4.1 日本企業における内部統制報告制度の有効性に関する検証

まず第1に，本分析はSEC基準適用日本企業データを用いてSOX法によるSEC基準適用日本企業にたいする影響を分析している．日本でも，2008年4月に内部統制報告制度が施行され，2008年4月1日以後開始する事業年度から上場企業は内部統制報告書提出が義務づけられ，3月決算期の内部統制報告書が開示されている（金融庁 2009）．そこで，日本の上場企業の財務データを用いて日本における財務報告の質における内部統制報告制度の影響を検証し，日本の内部統制報告制度にたいするコスト・ベネフィットを考慮していくことが必須である．

将来研究としては，内部統制報告制度適用・導入による裁量行動の変化が企業価値にどのような影響を与えたかについても検討しなければならない課題といえよう．特に，本分析結果から実体的裁量行動が会計発生高の質と有意な関連性を有することが分かったことから，将来的には実体的裁量行動が企業価値にどのような影響を及ぼすかについて分析する必要がある．

内部統制の不備と会計発生高の質との関連性については本書では検証していない．2009年後半期には重要な欠陥を開示した日本企業のデータも入手可能であり，重要な欠陥開示企業に焦点を合わせた研究が行われることが期待できる．重要な欠陥を決定している要因は，会計発生高の質，企業属性，監査の質，コーポレート・ガバナンスの指標（監査委員会や社外取締役の数）など何かを明らかにすることは，財務報告の質，利益の質についての更なる解明につながると思われる．また，重要な欠陥を開示した企業群と重要な欠陥を開示していない企業群について，会計発生高の質や企業属性の比較検証を行えば，内部統制報告規制に準拠して内部統制システムを整備することが質の高い財務報告を導くことになる，と内部統制報告制度の1つのベネフィットとして提示することができるであろう．さらに，この開示された「重要な欠陥」情報の内容を精査して，全社レベルの重要な欠陥と勘定科目レベルの重要な欠陥とに分類し，それぞれ財務報告の質との関連性を

検証する必要もある。

4.2　結果の頑強性を高める必要性

　第1に，本書では，市場ベースの利益の質評価尺度に焦点を合わせて実証分析していない。今後は，価値関連性，保守主義，e-loading（Ecker et al. 2006）などの市場ベースの利益の質評価尺度でも実証分析を行うことにより，本書の結果について頑健的な証拠を提示しなければならない。会計発生高の質などの財務報告の質の証券市場にたいする反応を検証して，もし会計発生高の質に証券市場が反応する結果が示されるようであれば，経営者や投資者はおのずと会計発生高の質に注目するようになると予想できる。そうすれば経営者も財務報告の質向上を目指した，財務報告を目指すようになるであろう。すなわち，われわれ研究者は，財務報告の質，利益の質と企業価値との関連性研究を蓄積させ，社会全般に財務報告の質，利益の質に着目していく重要性を訴えていくことが急務といえる。

　第2に，本書は，各利益の質評価尺度が産業によって変化するかどうかについて検討していない。本書で営業循環や営業活動上のボラティリティという企業属性が会計発生高の質に影響を及ぼすという結果が得られた。会計発生高の質は産業によって差異が反映される利益の質評価尺度であると予想し，会計発生高の質と企業属性との関連性が産業によって変化するかどうかを検証し，会計発生高の質と企業属性ファクターの関連性をさらに解明していくことが必要である。

　第3には，本書では，会計発生高を運転資本会計発生高に焦点を合わせて検証し，営業会計発生高と非営業会計発生高に分類して検証していない。Dechow and Schrand（2004, pp.14-15）は，利益の将来キャッシュ・フロー予測能力は，会計発生高が収益認識基準や対応基準に依拠しているかあるいは資産負債価額の調整に依拠しているかに係ると示している。したがって，会計発生高を，非営業会計発生高と営業会計発生高との分類して持続性について検証して，本書における検証結果の頑強性を高める必要がある。また，本書では，利益の持続性がキャッシュ・フローと会計発生高の相対的大きさに依存することを示すことができた。音川（2006）は，巨額な特別損失計上する企業の急増に伴い，日本企業の平均的

会計利益の持続性が低下していること，通常の事業活動から稼得される経常利益や営業利益については顕著な低下はみられないことを示している。Dechow and Ge（2003）および須田・高田（2008）は，会計発生高が小さい企業が利益の持続性が低くそれは特別損益が原因であると示している。そこで，将来研究として，会計発生高の質と利益の持続性との関連性を日本の区分別会計利益情報とからめて検証し，区分損益の状況が会計発生高の質と利益の持続性に与える影響を検証する必要がある。

4.3 裁量行動研究の発展的研究

本分析では，裁量的発生高における内部統制報告制度の影響分析において，負債のガバナンス規律を代理変数としたが，株式所有構造もガバナンス規律として合わせて検討する必要性がある。日本企業の特徴としてはメインバンク制という独自の金融・ガバナンス構造があり，資本関係だけではなく経営にたいするモニタリング的役割をかつては果たしてきたといわれている。日本独自の企業構造であるメインバンク制が，わが国の内部統制報告制度施行前後で変化したのかどうかについて，メインバンク株式保有比率，メインバンク借入金依存度を用いて検証してみるのも興味深い。日本企業においては，金融機関や内部経営者による株式所有は経営者の規律づけに役立つ（小佐野 2005，p.102），株式保有比率が高い株主は，企業の行動をモニタリングする際に重要な役割を果たしている（Ofek 1993, p.26）ことから，株式保有比率はガバナンス規律として働き，メインバンクがガバナンス規律の役割を果たしていれば，裁量行動は抑制されると予想できる。そこで，メインバンクの影響をガバナンス規律の変数として，メインバンク株式保有比率と借入金依存度両者を用いて検証してみる必要がある。

4.4 会計発生高の質および裁量的発生高の推定モデル

本書では，会計発生高の質は，Dechow and Dichev（2002）およびMcNichols（2002）モデルを用いて推定し，裁量的発生高は，企業別時系列推定にDeAngelo

(1986) モデルを，クロスセクショナル型推定には Jones (1991) モデルを用いて推定した。本書では，会計発生高の質と裁量発生高の両尺度を推定する必要があり，特に経営者の裁量行動を把握する裁量的発生高モデルを Jones (1991) を用いて推定し，会計発生高の質は，Dechow and Dichev (2002) と Jones (1991) モデルを統合させた McNichols (2002) を用いて推定して両尺度を整合させた。裁量的発生高を推定するモデルには，Jones (1991) モデルの他に，修正 Jones モデル (Dechow et al. 1995)，OCF 修正 Jones モデル (Kasznik 1999) などがある。須田 (2008) は，Jones (1991) モデルの他に，修正 Jones モデル (Dechow et al. 1995)，OCF 修正 Jones モデル (Kasznik 1999) を用いて裁量的発生高を推定し，OCF 修正 Jones モデルが自由度調整済み決定係数の中央値が大きいことを示している。今後は，裁量的発生高推定に OCF 修正 Jones モデル (Kasznik 1999) を用いて推定を試みる必要がある。その場合は，会計発生高の質推定モデルに，Dechow and Dichev (2002) モデルと OCF 修正 JONES モデルとを統合させたモデル，修正 McNichols モデル（仮名）を用いる必要があるであろう。Ashbaugh-Skaife et al. (2008) は，会計発生高の質の推定に，すでに Dechow and Dichev (2002) と OCF 修正 Jones モデルを統合させたモデルを用いているので，日本の上場企業データを用いてこの修正 McNichols モデルでの推定を行い，整合するかどうか確認する必要がある。

4.5 総合的利益の質評価モデルの構築

本書では，利益の質は，すべての利益の質尺度を網羅する合計的指標でなく，財務報告の質の要約的指標で，各利益の質評価尺度で測定される多面的な概念であると定義したうえで検証してきた。したがって，本書では，幾つかの利益の質評価尺度に焦点を合わせて包括的に実証分析し，総合的な利益の質評価モデルを構築していない。一ノ宮 (2008) は，伝統的な財務分析による業績判断にたいして利益の持続性可能性と会計処理の保守性に基づいた利質分析モデルによる判断を加えるという二段階評価プロセスを構築している。Bellovary et al. (2005) は，利益の質を評価するための定義やモデルが多様化しているのを受けて，利益の質

を評価する統一的な利質評価モデル（earnings quality assessment, EQA モデル）を考案している。この EQA モデルは，利益の質に影響を及ぼす20の各基準について格付け評価していき，企業の安定性や将来利益予測能力をより完全に理解できるようなモデルとなっている。本書で分析した，裁量的発生高，会計発生高の質，キャッシュ・フロー予測精度を含めて各利益の質評価尺度が具体的に企業業績のどの局面を評価するものであるかを吟味し，業績の各局面についてスコアリングして総合的指標を導くような，利用者が容易に理解し適用可能な利益の質評価総合モデルを考案してみなければならない。

5　提言

最後に，日本における内部統制報告制度のあり方について提言を行って本書を締めくくることにする。本書において各財務報告の質に関して実証分析を実施した結果，各財務報告の質は内部統制報告制度適用によって高まったとはいえないというものであった。この結果は，SEC 基準適用日本企業が内部統制報告制度の適用に伴い社内の内部統制システムを整備することによって，企業属性ファクターや経営者の見積もりに伴う誤差を減少させたが，同時に裁量行動を実体的裁量行動へとシフトさせた可能性があるためと示唆できる。

もし財務報告の質の向上を目指すとするならば，企業にたいして実体的裁量行動も裁量行動の１つであることを認識させ，実体的裁量行動は将来的には企業にとってコスト負担になることを示し，実体的裁量行動を自粛させる方向へ導くことが重要である。それは，実体的裁量行動は外部者からは実際の経済活動としか判断できないため，経営者自身による自主性に期待するしかないからである。また，裁量行動全般にたいする罰則強化は，情報提供的な裁量行動にまで影響を及ぼすことになり，財務報告の下方硬直化を招く（須田 2007, p.20）リスクがある。したがって，今後の日本における内部統制報告制度のあり方としては，実体的裁量行動を含めた裁量行動全般にたいする罰則強化を推し進める方向ではなく，整備された効果的な内部統制システムに基づいて，自発的に，投資者の意思決定に

有用な情報を伝達をするような財務報告を目指す経営を奨励するのが望ましい。

内部統制報告制度は，コスト面で議論されることが多い。重大な欠陥開示の回避が，経営者にとって赤字回避，減益回避とともに証券市場にたいするプレッシャーの１つに加わったとすれば，経営者は，内部統制報告制度を負担を増加させた制度であるととらえているかもしれない。しかしながら，内部統制報告制度の導入は，内部統制システムの整備を通して，企業経営のあり方や経営者の倫理観を再認識する機会ととらえるべきであろう。

アナリストなど利用者にたいしては，利益の質を会計的発生高の質，裁量的発生高，キャッシュ・フロー予測精度，平準化など複数の利益の質評価尺度を同時横断的に用いて利益の質の要約的指標を導出することを推奨したい。裁量行動には，機会主義的の会計的裁量行動，情報提供的の会計的裁量行動，実体的裁量行動があり，会計的裁量行動が，機会主義目的か情報提供目的かの区別や，実体的裁量行動を実施しているか否かは単独の利益の質評価尺度からは判断が難しいが，本書が提示した，会計発生高の質と予測誤差の同時横断的分析手法を用いて裁量行動目的を区別してみてほしい。そうした裁量行動目的の区別や，先行研究に依拠したモデルによる実体的裁量行動の把握は，利益の質評価にとって重要となっていくことであろう。

われわれ研究者が早急にすべきことは，財務報告の質，利益の質と，内部統制の有効性と企業価値との関連性研究を蓄積させて「財務報告の質」あるいは「利益の質」概念を内部統制の有効性との関連性とともに投資者をはじめとする利害関係者に浸透させていくことであろう。「利益の質」の啓蒙活動が実を結び，投資者や証券市場が会計発生高の質や実体的裁量行動などの財務報告の質や内部統制の有効性に実際に着目するようになり，経営者側が，投資者や証券市場による財務報告の質と内部統制の有効性への関心を認識するようになれば，おのずと経営者は，整備された内部統制下で会計発生高の質向上や実体的裁量行動抑制を意識した経営をするようになるであろう。こうして，財務報告の質，利益の質と内部統制の有効性への着目を企業関係者と利用者双方に周知させていくなかで，経営者が財務報告の質，利益の質を意識した経営を経営者自身の倫理観に則って行う財務報告，内部統制報告を適正に評価できる成熟した経済社会に展開していく

ことが期待される。

参考文献

AICPA. (2006). *Internal Control over Financial Reporting-Guidance for Smaller Public Companies*, AICPA.

Albereicht, W. D. and F. M. Richardson. (1990). "Income smoothing by economy sector." *Journal of Business Finance & Accounting*, Vol. 17, No. 5, pp. 713-730.

Altamuro J. and A. Beatty. (2006). "Do internal control reforms improve earnings quality?" Working paper, Ohio State University.

Aoki, M., H. Patrick, and P. Sheard. (1994). "The Japanese main bank system: An introductory overview." in M. Aoki and H. Patrick (eds.), *The Japanese Main Bank System-Its Relevance for Developing Transforming Economics*, Oxford University Press, pp. 1-50.

Aoki, M., G. Jackson, and H. Miyajima. (2007). *Corporate Governance in Japan*, Oxford University Press.

Arikawa, Y. and H. Miyajima. (2007). "2. Relationship banking in post-bubble Japan: Coexistence of soft-and hard-budget constraints." in M. Aoki, G. Jackson, and H. Miyajima (eds.), *Corporate Governance in Japan*, Oxford University Press, pp. 51-78.

浅野信博・榎本正博(1998)「会計発生高およびその構成要素の特性を探る」『産業経理』第58巻第1号, pp.116-128。

浅野信博・首藤昭信(2007)「会計操作の検出方法」須田一幸・山本達司・乙政正太編著『会計操作』ダイヤモンド社, pp.86-108。

Ashbaugh-Skaife, H., D. Collins, W. R. Kinney, and R. LaFond. (2008). "The effect of SOX internal control deficiencies and their remediation on accrual quality." *The Accounting Review*, Vol. 83, No. 1, pp. 217-250.

Baber, W. R., P. M. Fairfield, and J. A. Haggard. (1991). "The effect of concern about reported income on discretionary spending decisions: the cost of research and development." *The Accounting Review*, Vol. 66, No. 4, pp. 818-829.

Ball, R. and L. Shivakumar. (2006). "The role of accruals in asymmetrically timely again and loss recognition." *Journal of Accounting Research*, Vol. 44, No. 2, pp. 207-242.

Balsam, S. (1998). "Discretionary accounting choices and CEO compensation." *Contemporary Accounting Research*, Vol. 15, No. 3, pp. 229-252.

Balsam, S., J. Krishnan, and J.S. Yang. (2003). "Auditor industry specialization and earnings quality." *Auditing: A Journal of Practice & Theory*, Vol. 22, No. 2, pp. 71-98.

Bao, B. and D. Bao. (2004). "Income smoothing, earnings quality and firm valuation." *Journal of*

Business Finance & Accounting, Vol. 31, No. 9 & 10, pp. 1525-1557.

Barnea, A., J. Ronen, and S. Sadan. (1975). "The implementation of accounting objectives: An application to extraordinary items." The Accounting Review, Vol. 50, pp. 58-68.

Barnea, A., J. Ronen, and S. Sadan. (1976). "Classificatory smoothing of income with extraordinary items." The Accounting Review, Vol. 52, pp. 110-122.

Barth, M. A., D. P. Cram, and K. Nelson. (2001). "Accruals and the prediction of future cash flows." The Accounting Review, Vol. 76, No1, pp. 27-58.

Barth, M., J. Elliott, and M. Finn. (1999). "Market rewards associated with patterns of increasing earnings." Journal of Accounting Research, Vol. 37, No. 2, pp. 387-413.

Bartov, E. (1993). "The timing of asset sales and earnings manipulation." The Accounting Review, Vol. 68, No. 4, pp. 840-855.

Basu, S. (1997). "The conservatism principle and the asymmetric timeliness of earnings." Journal of Accounting Economics, Vol. 24, No. 1, pp. 3-37.

Beasley, M. S., J. V. Carcello, D. R. Haemanson, and P. D. Lapides. (2000). "Fraudulent financial reporting: consideration of industry traits and corporate governance mechanisms." Accounting Horizons, Vol. 14, No. 4, December, pp. 441-454.

Beaver, W.H. (1998). Financial Reporting an Accounting Revolution, Third edition, Prentice-Hall.

Beaver, W.H. (2002). "Perspectives on recent capital market research." The Accounting Review, Vol. 77, No. 2, pp. 453-474.

Becker, C., M. DeFond, J. Jiambalvo, and K. R. Subramanyam. (1998). "The effect of audit quality on earnings management," Contemporary Accounting Research, Vol. 15, No. 1, pp. 1-24.

Bedard, J. (2006). "Sarbanes Oxley internal control requirements and earnings quality." Working paper, Universitè Laval-École de comptabilitè.

Bellovary, J. L., D. E. Giancomino, and M. D. Akers. (2005). "Earnings quality: It's time to measure and report." The CPA Journal, Vol. 75, No. 11, November, pp. 32-37.

Bens, D. A., V. Nagar, D. J. Skinner, M. H. F. Wong. (2003). "Employee stock options, EPS dilution, and stock repurchases." Journal of Accounting and Economics, Vol. 36, No. 1-3, pp. 51-90.

Bernard, V. and J. Noel. (1991). "Do inventory disclosures predict sales and earnings?" Journal of Accounting, Auditing and Finance, Spring, Vol. 6, No. 2, pp. 145-181.

Bernard, V. L. and D. J. Skinner. (1996). "What motivates managers' choice of discretionary accruals?" Journal of Accounting and Economics, Vol. 22, No. 1-3, pp. 313-325.

Bernard, V. L. and T. L. Stober. (1989). "The nature and amount of information in cash flows and accruals." The Accounting Review, Vol. 64, No. 4, pp. 624-652.

Bernstein L. and J. G. Siegel. (1979). "The concepts of earnings quality." Financial Analysts

Journal, Vol. 35, No. 4, pp. 72-75.

Bhattacharya, U., H. Daouk, and H. M. Welker. (2003). "The world price of earnings opacity." *The Accounting Review*, Vol. 78, No. 3, pp. 641-678.

Bissessur, S. W. (2008). *Earnings Quality and Earnings Management*, VDM Verlag Dr. Muller Akteiengesellschaft.

Botosan, C. A. (1997). "Disclosure level and the cost of equity capital." *The Accounting Review*, Vol. 72, No. 3, pp. 323-349.

Bowen, R. M., D. Burgstahler, and L. A. Daley. (1986). "Evidence on relationships between earnings and various measures of cash flows." *The Accounting Review*, Vol. 61, No. 4, pp. 713-725.

Brown, N. C., C. Pott, and A. Wompener. (2008). "The effect of internal control regulation on earnings quality: Evidence from Germany." Working paper, AAA 2008 Financial Accounting and Reporting Section (FARS) Paper.

Burgstahler, D. and I. D. Dichev. (1997). "Earnings management to avoid earnings decreases and losses." *Journal of Accounting and Economics*, Vol. 24, pp. 99-126.

Bushee, B. (1998). "The influence of institutional investors on myopic R&D investment behavior." *The Accounting Review*, Vol. 73, No. 3, pp. 305-333.

Carlin, W. and C. Mayer. (2003). "Finance, investment, and growth." *Journal of Financial Economics*, Vol. 69, pp. 191-226.

Ceniceros, R. (2003). "Interest in governance drives director scrutiny." *Business Insurance*, January 27.

Chaney, P. K. and C. M. Lewis. (1995). "Earning management and firm valuation under asymmetric information." *Journal of Corporate Finance*, Vol. 1, pp. 319-345.

Chaney, P. K. and C. M. Lewis. (1998). "Income smoothing and underperformance in initial public offering." *Journal of Corporate Finance*, Vol. 4, No. 1, pp. 1-29.

Cheng, C. S. and D. Hollie. (2005). "The persistence of cash flow components into future cash flows." Working paper.

Cheung, J. K., G. V. Krishnan, and C. Min. (1997). "Does interperiod income tax association enhance prediction of cash flows?" *Accounting Horizons*, Vol. 11, No. 4, pp. 1-15.

Clarke, T. (2005). "Accounting for Enron: shareholder value and stakeholder interests." *Corporate Governance: An International Review*, Vol. 13, No. 5, pp. 598-612.

Cohen, D., A. Dey, and T. Lys. (2008). "Real and accrual-based earnings management in the pre- and post-Sarbanes Oxley period." *The Accounting Review*, Vol. 84, No1. 3, pp. 757-787.

Coffee, J. C. (1999). "The future as history: The prospects for global convergence in corporate governance and its implications." *Northwestern Law Review*, Vol. 93, No. 3, pp. 641-708.

Collins, D. W. and P. Hribar. (2002). "Errors in estimating accruals: Implications for empirical research." *Journal of Accounting Reserach*, Vol. 40, No. 1, pp. 105-134.

Collins, D. W., S. P. Kothari, J. S., Shanken, and R. H. Sloan. (1994). "Lack of timeliness and noise as explanations for the low contemporaneous return-earnings association." *Journal of Accounting and Economics*, Vol. 18, pp. 289-324.

Comiskey, E. E. and C. W. Mulford. (2000). *Guide to Financial Reporting and Analysis*, Wiley.

COSO.(1999). *Fraudulent Financial Reporting:1987-1997 An Analysis of U.S. Public Companies*, COSO.

COSO. (2010). *Fraudulent Financial Reporting: 1998-2007 An Analysis of U. S. Public Companies*, COSO.

Cox, C. (2006). Speech by SEC chairman before the U.S. House Committee on Financial services, September 19. "Testimony concerning the impact of the Sarbanes-Oxley Act."

Cunningham, L.A.(2003). "The Sarbanes-Oxley yawn: Heavy rhetoric, light reform (and it just might work)." *Connecticut Law Review*, Vol. 35, pp. 915-988.

DeAngelo, L. (1986). "Accounting numbers as market valuation substitutes: A study of management buyouts of public stockholders." *The Accounting Review*, Vol. 61, No. 3, pp. 400-420.

Dechow, P. M. (1994). "Accounting earnings and cash flows as measures of firm performance: The role of accounting accruals." *Journal of Accounting and Economics*, Vol. 18, No. 1, pp. 3-42.

Dechow, P. M. and I. Dichev. (2002). "The quality of accruals and earnings: The role of accrual estimation errors." *The Accounting Review*, Vol. 77, Supplement, pp. 35-59.

Dechow, P. M. and W. Ge. (2006). "The persistence of earnings and cash flows and the role of special items: Implications for the accruals anomaly." *The Review of Accounting Studies*, Vol. 11, No. 2-3, pp. 253-296.

Dechow, P. M., W. Ge, and C. Schrand. (2009). "Understanding earnings quality: A review of proxies, their determinants and their consequences." Working paper.

Dechow, P. M., S. P. Kothari, and R. L. Watts. (1998). "The relation between earnings and cash flows." *Journal of Accounting and Economics*, Vol. 25, No. 2, pp. 133-168.

Dechow, P. M. and C. M. Schrand. (2004). *Earnings Quality*, The Research Foundation of CFA Institute.

Dechow, P. M. and D. J. Skinner. (2000). "Earnings management: reconciling the views of accounting academics, practitioners, and regulators." *Accounting Horizons*, Vol. 14. No. 2, pp.

235-250.

Dechow, P. M. and R. G. Sloan. (1991). "Executive incentives and the horizon problem: An empirical investigation." *Journal of Accounting and Economics*, Vol. 14, No. 1, pp. 51-89.

Dechow, P. M., R. G. Sloan, and A. P. Sweeney. (1995). "Detecting earnings management." *The Accounting Review*, Vol. 70, No. 2, pp. 193-225.

Dechow, P. M., R. G. Sloan, and A. P. Sweeney. (1996). "Causes and consequences of earnings Manipulation: An Analysis of firms subject to enforcement actions by the SEC." *Contemporary Accounting Research*, Vol. 13, No. 1, pp. 1-36.

DeFond, M. L. and J. Jiambalvo. (1991). "Incidence and circumstances of accounting errors." *The Accounting Review*, Vol. 66, No. 3, pp. 643-655.

DeFond, M. L. and J. Jiambalvo. (1994). "Debt covenant violation and manipulation of accruals." *Journal of Accounting and Economics*, Vol. 17, No. 1-2, pp. 145-176.

DeFond, M. L. and C. W. Park. (1997). "Smoothing income in anticipation of future earnings." *Journal of Accounting and Economics*, Vol. 23, No. 2, pp. 115-139.

Deloitte & Touche LLP. (2002). *Integrity and Quality*.

Demski, J. (1998). "Performance measure manipulation." *Contemporary Accounting Research*, Vol. 15, No. 3, pp. 261-285.

Department of Justice. (2007). "Fact sheet: President's corporate fraud task force marks five years of ensuring corporate integrity."

Doss, M. and G. Jonas. (2004). "Section 404 reports on internal control: Impact on ratings will depend on nature of material weaknesses reported." *Moody's Special Comment*, Moody's Investors Service, October.

Doyle, J., W. Ge, and S. McVay. (2007a). "Determinants of weaknesses in internal control over financial reporting." *Journal of Accounting and Economics*, Vol. 44, pp. 193-223.

Doyle, J., W. Ge, and S. McVay. (2007b). "Accruals quality and internal control over financial reporting." *The Accounting Review*, Vol. 82, No. 5, pp. 1141-1170.

Ducharme, L. L., P. H. Malatesta, and S. E. Sefcik. (2004). "Earnings management, stock issues, and shareholder lawsuits." *Journal of Financial Economics*, Vol. 71, No. 1, pp. 27-49.

海老原崇（2004）「利益の質の尺度としてのキャッシュ・フロー予測能力の分析―発生項目の質が与える影響について―」『産業経営』第36号，pp.53-69。

海老原崇（2005）「発生項目の予測誤差が利益の質に与える影響」『会計プログレス』第6号，pp.71-85。

Ecker, F., J. Francis, I. Kim, P. M. Olsson, and K. Schipper. (2006). "A return-based representation of earnings quality." *The Accounting Review*, Vol. 81, No. 4, pp. 749-780.

Epps, R. W. and C. P. Guthrie. (2008). "Sarbanes-Oxley 404 material weaknesses and discretionary accruals." *Accounting Forum*, Vol. 34, No. 2, pp. 67-75.

Erickson, M., M. Hanlon and E. L. Maydew. (2006). "Is there a link between executive equity incentives and accounting fraud?" *Journal of Accounting Research*, Vol. 44, No. 1, pp. 113-143.

Ewert, R. and A. Wagenhofer. (2005). "Economic effects of tightening accounting standards to restrict earnings management." *The Accounting Review*, Vol. 80, No. 4, pp. 1101-1124.

Fairfield, P. M., J. S. Whisenant, and T. L. Yohn. (2003a). "Accrued Earnings and Growth: Implications for Future Profitability and Market Mispricing." *The Accounting Review*, Vol. 78, No. 1, pp. 353-371.

Fairfield, P. M., J. S. Whisenant, T. L. Yohn. (2003b). "The differential persistence of accruals and cash flows for future operating income versus future profitability." *Review of Accounting Studies*, Vol. 8, No. 2-3, pp. 221-243.

Financial Accounting Standards Board (FASB). (1975). Statement of Financial Accounting Standards No. 5, *Accounting for Contingencies*, March.

Financial Accounting Standard Board (FASB). (1978). Statement of Financial Accounting Concepts No. 1, *Objectives of Financial Reporting by Business Enterprises*, Financial Accounting Standards Board（平松一夫・広瀬義州訳『FASB財務会計の諸概念』中央経済社，1988年）.

Financial Accounting Standards Board (FASB). (1980). Statement of Financial Accounting Concepts No. 2, *Qualitative Characteristics of Accounting Information*, Financial Accounting Standards Board（平松一夫・広瀬義州訳『FASB財務会計の諸概念』中央経済社，1988年）.

Financial Accounting Standards Board (FASB). (1984). Statement of Financial Accounting Concepts No. 5, *Recognition and Measurement in Financial Statements of Business Enterprises*, Financial Accounting Standards Board（平松一夫・広瀬義州訳『FASB財務会計の諸概念』中央経済社，1988年）.

Financial Accounting Standards Board (FASB). (1987). Statement of Financial Accounting Standard No. 95, *Statement of Cash Flows*, Financial Accounting Standards Board.

Financial Accounting Standards Board (FASB). (1998). Statement of Financial Accounting Concepts No. 132, *Employers' Disclosures about Pensions and Other Postretirement Benefits*, Financial Accounting Standards Board.

Financial Accounting Standards Board (FASB). (2000). Statement of Financial Accounting Concepts No. 7, *Using Cash Flow information and Present Value in Accounting*

Measurements, Financial Accounting Standards Board.

Finger, C. A. (1991). *The Relation between Financial Information and Future Cash Flows*, Dissertation, the University of California at Berkeley.

Finger, C. A. (1994). "The ability of earnings to predict future earnings and cash flow." *Journal of Accounting Research*, Vol. 32, No. 2, pp. 210-223.

Fisher, J. and J. Karpf. (2003). "Outside counsel: SEC process officer certifications as exhibits to periodic reports." *New York Law Journal*, Vol. 229, April 7.

Francis, J., A. H. Huan, S. Rajgopal, and A. Y. Zang. (2008a). "CEO reputation and earnings quality." *Contemporary Accounting Research*, Vol. 25, No. 1, pp. 109-147.

Francis, J., R. LaFond, P. Olsson, K. Schipper. (2004). "Costs of equity and accruals attributes." *The Accounting Review*, Vol. 79, No. 4, pp. 967-1010.

Francis, J., R. LaFond, P. Olsson, K. Schipper. (2005). "The market pricing of accruals quality." *Journal of Accounting and Economics*, Vol. 39, No. 2, pp. 295-327.

Francis, J., R. LaFond, K. Schipper, and L. Vincent. (2005). "Earnings and dividend informativeness when cash flow rights are separated from voting rights." *Journal of Accounting and Economics*, Vol. 39, No. 2, pp. 329-360.

Francis, J., E. L. Maydew, and H. C. Sparks. (1999). "The role of big 6 auditors in the credible reporting of accruals." *Auditing: A Journal of Practice & Theory*, Vol. 18, No. 2, pp. 17-34.

Francis, J., D. Nanda, and P. Olsson. (2008b). "Voluntary disclosure, earnings quality and cost of capital." *Journal of Accounting Research*, Vol. 46, No. 1, pp. 53-99.

Francis, J., P. Olsson, K. Schipper. (2008c). *Earnings Quality*, now Publishers.

Francis, J. and K. Schipper.(1999). "Have financial statements lost their relevance?" *Journal of Accounting Research*, Vol. 37, No. 2, pp. 319-352.

Frankel, M., J.F. Johnson, and K.K. Nelson. (2002). "The relations between auditors' fee for nonaudit services and earnings management." *The Accounting Review*, Vol. 77, Supplement, pp. 71-105.

Fudenberg, D. and J. Tirole. (1995). "A theory of income and dividend smoothing based on incumbency rents." *Journal of Political Economy*, Vol. 103, No. 1, pp. 75-93.

G.A.O (United States General Accounting Office). (2002). *Report to the Chairman, Committee on Banking, Housing, and Urban Affairs, U. S. Senate, Financial Statement Restatements Trends Market Impacts, Regulatory Responses, and Remaining Challenges*. October, GAO-03-138.

Gaver, J. J., K. M. Gaver, and J. R. Austin. (1995). "Additional evidence on Bonus plans and income management." *Journal of Accounting and Economics*, Vol. 19, No. 1, pp. 3-28.

Gaynor, P. E. and R. C. Kirkpatrick. (1994). *Introduction to Time-Series Modeling and Forecasting in Business and Economics*. McGraw-Hill.

Ge, W. and S. McVay. (2005) "The disclosure of material weaknesses in internal control after the Sarbanes-Oxley Act." *Accounting Horizons*, Vol. 19. No. 3, pp. 137-158.

Geiger, M. A. and P. L. Taylor III. (2003). "CEO and CFO certifications of financial information." *Accounting Horizons*, Vo. 17, No. 4, pp. 357-368.

Ghosh, A., Z. Gu, and P. C. Jain. (2005). "Sustained earnings and revenue growth, earnings quality, and earnings response coefficients." *Review of Accounting Studies*, Vol. 10, No. 1, pp. 33-57.

Glassman, C. A. (2002). "Sarbanes-Oxley and the idea of "good" governance." Speech by SEC Commissioner, at American Society of Corporate Secretaries, Washington, D.C., September 27.

Gould. W. D. and D. E. Short. (2007). "The Sarbanes-Oxley Act of 2002." in *Accounting and Financial Statements for Lawyers*, Continuing Education of the bar (CEB), pp. 299-325.

Graham, J. R., C. R. Harvey, and R. Rajgopal. (2005). "The economic implications of corporate financial reporting." *Journal of Accounting and Economics*, Vol. 40, No. 1-3, pp. 3-73.

Graziano, C. M. (2002). "Implementing Sarbanes-Oxley: Early feedback." *Financial Executive*, December.

Greene, W. H. (2003). *Econometric Analysis*, Fifth edition, Prentice-Hall (斯波恒正・中妻照雄・浅井学訳『グリーン計量経済分析ⅠⅡ』エコノミスト社, 2003年).

Gu, Z. (2005). "Income smoothing and the prediction of future cash flows." Working paper, Carnegie Mellon University.

Gu, Z., C. J. Lee, and J. G. Rosett. (2005). "What determines the variability of accounting accruals?" *Review of Quantitative Finance and Accounting*, Vol. 24, pp. 313-334.

Guay, W. and B. K. Sidhu. (2001). "The usefulness of long-term accruals." *ABACUS*, Vol. 37, No. 1, pp. 110-131.

Gunny, K.(2005). *What are the consequences of real management?*, Dissertation, University of Colorado at Boulder.

Hand, J. R. 1989. "Did firms undertake debt-equity swaps for an accounting paper profit or true financial gain?" *The Accounting Review*, No. 64, October, pp. 587-623.

八田進二（2006）『内部統制の考え方と実務』日本経済新聞出版社。

Hayn, C. (1995). "The information content of losses." *Journal of Accounting and Economics*, Vol. 20, No. 2, pp. 125-153.

Healy, P. M. (1985). "The effect of bonus schemes on accounting decisions." *Journal of*

Accounting and Economics, Vol. 7, No. 1-3, pp. 85-107.

Healy, P. M. and K. G. Palepu. (2001). "Information asymmetry, corporate disclosure, and the capital markets: A review of the empirical disclosure literature."*Journal of Accounting and Economics*, Vol. 31, pp. 405-440.

Healy, P. M. and J. M. Wahlen. (1999). "A review if the earnings management literature and its implications for standard setting." *Accounting Horizons*, Vol. 13, No. 4, pp. 365-383.

Hicks, J. R. (1939). *Value and Capital, An Inquiry into Some Fundamental Principles of Economic Theory*, Oxford University Press.

Higgins, H. N. (2002). "Analysts' forecasts of Japanese firms' earnings: additional evidence." *The International Journal of Accounting*, Vol. 37, No. 4, pp. 371-394.

Hribar, P. and D. W. Collins. (2002). "Errors in estimating accruals: Implications for empirical research." *Journal of Accounting Research*, Vol. 40, No. 1, pp. 105-134.

Hribar. P. and D. C. Nichols. (2007). "The use of unsigned earnings quality measures in tests of earnings Management." *Journal of Accounting Research*, Vol. 45, No. 5, pp. 1017-1053.

一ノ宮士郎（2004）「利益の質による企業評価―利質分析の理論と基本的枠組み―」『経済経営研究』第24巻第3号，pp.1-111。

一ノ宮士郎（2006）「利益の質と利質分析」『証券アナリストジャーナル』第44巻第5号，pp.18-29。

一ノ宮士郎（2008）『QOE 利益の質分析』中央経済社。

井上達男（2006）「ファンダメンタル・アプローチによる日本企業の実証分析」石塚博司編『実証会計学』中央経済社，pp.275-285。

Institutional Investor. (1999). "Reigning cash." Vol. 33, No. 8, August, p. 28.

Ito, T., H. Patrick, and D. E. Weinstein. (2005). *Reviving Japan's Economy Problems and Prescriptions*, The MIT Press.

Jelinek, K. (2007). "The effect of leverage increases on earnings management." *Journal of Business & Economics Studies*, Vol. 13, No. 2, pp. 24-46.

Jiang, J., K. R. Petroni, and I. Y. Wang. (2008). "CFOs and CEOs: Who has the most influence on earnings management?" *The Journal of Financial Economics*, Vol. 20, pp. 431-460.

Jones, J. (1991). "Earnings management during import relief investigations." *Journal of Accounting Research*, Vol. 29, No. 2, pp. 193-228.

鎌田信夫（1998）「キャッシュ・フローと利益」『企業会計』第50号第8号，pp.4-11。

鎌田信夫（1999）『キャッシュ・フロー会計その理論と適用』税務経理協会。

鎌田信夫（2001）『キャッシュ・フロー会計』税務経理協会。

鎌田信夫（2003）『(新版) キャッシュ・フロー会計の原理』税務経理協会。

鎌田信夫・斎藤孝一（1997）『現金収支分析の新技法』中央経済社。

Kang, S. and K. Sivaramakrishnan. (1995). "Issues in testing earnings management and an instrumental variable approach." *Journal of Accounting Research*, Vol. 33, No. 2, pp. 353-367.

監査人・監査報酬問題研究会（2008）『上場企業監査人・監査報酬白書2009年版』日本公認会計士協会出版局。

Kasznik. R. (1999). "On the association between voluntary disclosure and earnings management." *Journal of Accounting Research*, Vol. 37, No. 1, pp. 57-82.

Kellogg, R. L. (1984). "Accounting activities, security prices, and class actions lawsuits." *Journal of Accounting and Economics*, Vol. 6. No. 3, pp. 185-204.

Key, K. G. (1997). "Political cost incentives for earnings management in the cable television industry." *Journal of Accounting and Economics*, Vol. 23, No. 3, pp. 309-337.

企業会計審議会内部統制部会（2006）『財務報告に係る内部統制の評価及び監査に関する実施基準―公開草案』11月21日。

企業会計審議会（2006）『財務報告に係る内部統制の評価及び監査に関する実施基準の設定について（意見書）』2月15日。

企業会計審議会（2007）『財務報告に係る内部統制の評価及び監査に関する実施基準の設定について（意見書）』の仮訳，4月20日。

Kim, M. and W. Kross. (2005). "The ability of earnings to predict future operating cash flows has been increasing-not decreasing." *Journal of Accounting Research*, Vol. 43, No. 5, pp. 753-780.

木村史彦（2004）「経営者の裁量的会計行動に対する影響要因」『Discussion Papers in Economics』No.393, Society of Economics Nagoya City University.

木村史彦（2006）「ガバナンス構造と利益の質」『証券アナリストジャーナル』第44巻第5号, pp.30-41。

木村史彦・山本達司・辻川尚起（2007）「企業の資金調達と会計操作」須田一幸・山本達司・乙政正太編『会計操作』ダイヤモンド社，pp.109-146。

Kinney, W. R. (2000). "Research Opportunities in internal control quality and quality assurance." *Auditing: Journal of Practice & Theory*, Vol. 19, Supplement, pp. 83-90.

Kinney, W. and L. S. McDaniel. (1989). "Characteristics of firms correcting previously quarterly earnings." *Journal of Accounting and Economics*, Vol. 11, No. 1, pp. 71-93.

金融庁（2002）「財務諸表等の用語，様式及び作成方法に関する規則等の一部を改正する内閣府令案の公表について」9月20日。

金融庁（2004）「ディスクロージャー制度の信頼性確保に向けた対応について」11月16日。

金融庁（2004）「ディスクロージャー制度の信頼性確保に向けた対応について（第2弾）」12月24日。

金融庁（2006）「金融商品取引法」6月。

金融庁（2009）「平成21年3月決算会社に係る内部統制報告書の提出状況について」7月7日。

Kirschenheiter, M. and N. Melumad. (2002). "Can 'big bath' and earnings smoothing co-exist as equilibrium financial reporting strategies?" *Journal of Accounting Research*, Vol. 40, No. 3, pp. 761-796.

Kirschenheiter, M. and N. Melumad. (2005). "Earnings' quality and smoothing." Working paper, Columbia Business School.

北川教央（2009）「組織再編企業の利益調整と株価形成」『会計プログレス』第10号，pp.16-27。

Kormendi, R. and R. Lipe. (1987). "Earnings innovations, earnings persistence, and stock returns." *Journal of Business*, Vol. 60, No. 3, pp. 323-345.

Kothari, S. P., A. J. Leone, and D. E. Wasley. (2005). "Performance and matched discretionary accrual measures." *Journal of Accounting and Economics*, Vol. 39, No. 1, pp. 163-197.

Krishnan, J. (2005). "Audit committee quality and internal control: An empirical analysis." *The Accounting Review*, Vol. 80, No. 2, pp. 649-675.

黒川行治（2007）「利益の質と会計社会の変容」『三田商学研究』第50巻第1号，pp.79-93。

黒川行治編（2009）『実態分析　日本の会計社会　市場の質と利益の質』中央経済社。

Kutner, M. H., C. J. Nachtsheim, J. Neter, and W. Li. (2005). *Applied Linear Statistical Models*, Fifth edition, McGraw Hill.

Lang, M. H., K. V. Lins, and D. P. Miller (2003). "ADRs, analysts, and accuracy: Does listing in the United States improve a firm's information environment and increase market value." *Journal of Accounting Research*, Vol. 41, No. 2, pp. 317-345.

Leggett, D. (2008). "Earnings persistence pre-and post-Sarbanes-Oxley." Working paper, The 2008 AAA Southeastern Regional Meeting (in Alabama).

Leuz, C., D. Nanda, and P. D. Wysocki. (2003). "Earnings management and investor protection: An international comparison," *Journal of Financial Economics*, Vol. 69, pp. 505-527.

Lev, B. (1983). "Some economic determinants of time-series properties of earnings." *Journal of Accounting and Economics*, Vol. 5, No. 1, pp. 31-48.

Lev, B. and R. Thiagarajan. (1993). "Fundamental information analysis." *Journal of Accounting Research*, Vol. 31, No. 2, pp. 190-215.

Levitt, A. (1998). "The numbers game" Speech by SEC Chairman, at New York University Center for Law and Business, New York, N.Y. September 28.

Levitt, A. (1999). "Quality information: The lifeblood of our markets." Speech by SEC Chairman, at Corporate Governance in a Global Arena, October 7.

Lipe, R. C. (1986). "The information contained in the components of earnings." *Journal of*

Accounting Research, Vol. 24, Supplement, pp. 37-68.

Lipe, R. C. (1990). "The Relation between stock returns and accounting earnings given alternative information." *The Accounting Review*, Vol. 65, No. 1, pp. 49-71.

Lobo, G. J. and J. Zhou. (2006). "Did conservatism in financial reporting increase after the Sarbanes-Oxley Act? Initial evidence." *Accounting Horizons*, Vol. 20, No. 1, pp. 57-73.

Lorek, K. S., T. F. Schaefer, and G. L. Willinger. (1993). "Time-series properties and predictive ability of funds flow variables." *The Accounting Review*, Vol. 68, No. 1, pp. 151-163.

Lorek, K. S. and G. L. Willinger. (1996). "A multivariate time-series prediction model cash-flow data." *The Accounting Review*, Vol. 71, No. 1, pp. 81-101.

Machuga, S. and K. Teitel. (2007). "The effect of the Mexican corporate governance code on quality of earnings and its components." *Journal of International Accounting Research*, Vol. 6, No. 1, pp. 37-55.

Marquardt, C. A. and C. I. Wiedman. (2004). "The effect of earnings management on the value relevance of accounting information." *Journal of Business Finance & Accounting*, Vol. 31, No. 3-4, pp. 297-332.

Mattessich, R. (1995). *Critique of Accounting-Examination of the Foundations and Normative Structure of an Applied Discipline*, Quorum Books.

McDaniel, L., R. D. Martin, and L. A. Marines. (2002). "Evaluating financial reporting quality: The effects of financial expertise vs. financial literacy." *The Accounting Review*, Vol. 77, Supplement, pp. 139-167.

McNichols, M. F. (2000). "Research design issues in earnings management studies." *Journal of Accounting and Public Policy*, Vol. 19, No. 4-5, pp. 313-345.

McNichols, M. F. (2002). "Discussion of the quality of accruals and earnings: The role of accrual estimation errors." *The Accounting Review*, Vol. 77, supplement, pp. 61-69.

Minton, B. A. and C. M. Schrand. (1999). "The impact of cash flow volatility on discretionary investment and the cost of debt and equity financing." *Journal of Financial Economics*, Vol. 54, No. 3, pp. 423-460.

Minton, B. A., C. M. Schrand, and B. R. Walther. (2002). "The role of volatility in forecasting." *Review of Accounting Studies*, Vol. 7, pp. 195-215.

Moore, E. A. and R. Pfeiffer. (2004). "The effects of financial statement restatements on firms' financial reporting strategies." Working paper.

森 久 (1997) 『会計利益と時系列分析』森山書店。

Mulford, C. W. and E. E. Comiskey. (2002). *The Financial Number*, Wiley.

Myers, J. M., L. M. Myers, and D. J. Skinner. (2006). "Earnings momentum and earnings management." *Journal of Accounting, Auditing & Finance*, Vol. 22, No. 2, pp. 249-289.

Nagy, A. L. and T. L. Neal. (2001). "An empirical examination of corporate myopic behavior a comparison of Japanese and U.S. companies." *The International Journal of Accounting*, Vol. 36, No. 1, pp. 91-113.

中島真澄(2003)「アメリカにおける将来 CE 予測研究の展開」『産能短期大学紀要』第36号, pp.75-92。

中島真澄(2004)「直接法キャッシュ・フロー情報の予測能力に関する実証研究―わが国企業の検証―」『会計プログレス』第5号, pp.107-128。

中島真澄(2008)「会計発生高の役割としての利益平準化の情報提供的有用性― SEC 基準わが国企業に基づく実証研究―」『會計』第174巻第6号, pp.87-100。

Nakashima, M. (2009). "Does the Sarbanes-Oxley Act impact on accrual and real earnings managements in Japanese firms?" Working paper, AAA 2009 American Accounting Association Annual Meeting (in New York City).

中島真澄(2010a)「キャッシュ・フロー予測における内部統制報告制度の影響― SEC 基準適用日本企業に基づく実証研究―」『年報経営分析研究』第26号, pp.62-73。

中島真澄(2010b)「会計発生高の質の決定要因分析」『會計』第177巻第6号, pp.44-59。

Nakashima, M. and D. A. Ziebart. (2007). "The time-series properties of operating cash flows- Evidence from Japan-." 『国際会計研究年報2006年度』第23号, pp.107-128。

National Commission on Fraudulent Financial Reporting. (1987). *Report of the National Commission on Fraudulent Financial Reporting*, National Commission on Fraudulent Financial Reporting.

Nelson, M., J. Elliott, and R. Tarpley. (2003). "How are earnings managed? examples form auditors." *Accounting Horizons*, Supplement, pp. 17-35.

Neter, J., M. H. Kutner, C. J. Nachtsheim, and W. Wasserman. (1996). *Applied Linear Statistical Model*, WCB/McGraw-Hill.

Newman, P. (1998). "Discussion of performance measure manipulation." *Contemporary Accounting Research*, Vol. 15, No. 3, pp. 287-290.

Newwire. (2003). "BizNet software survey finds CEOs at risk with new accounting legislation." March 11.

日本証券アナリスト協会編, 津村英文・太田八十雄・青山 護・石坂昌美(1996)『基本証券分析用語辞典[第2版]』白桃書房。

日本経済団体連合会(2007)「財務報告に係る内部統制報告制度に関する調査結果概要」11月2日。

日本経済新聞(2006)「内部統制『欠陥』6社が開示, 日立など米上場日本企業, 人材不足など

対応急ぐ」12月15日。

日本公認会計士協会（1997）「会計上の見積もりの監査」『監査基準委員会報告書第13号（中間報告）』日本公認会計士協会，7月23日。

日本公認会計士協会（2002）「経営者による確認書」『監査基準委員会報告書第3号』日本公認会計士協会，5月30日。

日本公認会計士協会（2008）「監査基準委員会報告書第3号「経営者による確認書」の一部改正について」日本公認会計士協会，10月31日。

Nissim. D. (2002). "Discussion of the role of volatility in forecasting." *Review of Accounting Studies*, Vol. 7, No. 2-3, pp. 217-227.

野間幹晴（2004）「利益の持続性と会計発生高の信頼性」『会計プログレス』第5号，pp.77-90。

大日方隆（2002）「利益の概念と情報価値(2)―純利益と包括利益―」斎藤静樹編『会計基準の基礎概念』中央経済社，pp.375-417。

大日方隆（2006）「損益計算書区分表示の意義」『会計制度の設計に関する実証研究』日本会計研究学会課題研究委員会，pp.57-86。

Ofek, E. (1993). "Capital structure and firm response to poor performance." *Journal of Financial Economics*, Vol. 34, No. 1, pp. 3-30.

O'Glove. T. L. (1987). *Quality of Earning, The Investor's Guide to How Much Money A Company Is Really Making*, The Free Press.

岡部孝好（1997）「利害調整会計における意思決定コントロールの役割」『企業会計』第49巻第5号，pp.4-10。

岡部孝好（2004）「裁量的会計行動研究における総発生処理高アプローチ」『神戸大学ディスカッションペーパーシリーズ』第14号，pp.1-43。

岡本治雄（2001）「会計情報の言語分析とその意義」『會計』第159巻第1号，pp.76-88。

奥田真也・髙原利栄子・鈴木健嗣（2007）「IPO企業におけるコーポレートガバナンス構造の決定要因」『経営分析研究』第23号，pp.43-50。

奥田真也・須田一幸・佐々木隆志・中島真澄・中村亮介（2009）「内部統制システムと監査の質の決定要因」報告論文，日本会計研究第68回年次大会（関西学院大学）。

奥村雅史（2002）「運転資本発生項目の推定：推定モデルの比較」『会計プログレス』第3号，pp.45-55。

奥村雅史（2006）「報告利益の裁量的決定―実証的研究の動向と課題―」『証券アナリストジャーナル』第44巻第5号，pp.7-17。

小佐野広（2005）『コーポレートガバナンスの経済学』日本経済新聞社。

太田浩司（2005）「予想利益の精度と価値関連性―I/B/.E/S，四季報，経営者予想の比較―」『現代ファイナンス』第18号，pp.141-159。

太田浩司・西澤賢治（2008）「法人税率変更と企業の利益調整行動」『現代ディスクロージャー研究』第8巻，pp.43-57．

音川和久（1999）『会計方針と株式市場』千倉書房。

音川和久（2006）「損益計算要素の持続性」『会計制度の設計に関する実証研究』日本会計研究学会課題研究委員会，pp.87-118。

音川和久・北川教央（2007）「株式持合と会計利益の質の実証的関連性」『Discussion Papers in Economics』Vol. 38, Graduate School of Business Administration, Kobe University.

Palepu, K. L., P. Healy, and V. Bernard. (2004). *Business Analysis and Valuation*. McGraw-Hill/Irwin（斎藤静樹監訳，筒井知彦・川本　淳・八重倉孝・亀坂安紀子訳『企業分析入門〔第2版〕』東京大学出版会，2001年）．

Pan, C. K. (2009). "Japanese firms' real activities earnings management to avoid losses." *The Journal of Management Accounting, Japan*, Vol. 17, No. 1, pp. 3-23.

Patrick, H. (1994). "The relevance of Japanese finance and its main bank system." in M. Aoki and H. Patrick (eds.), *The Japanese Main Bank System: Its Relevance for Developing Transforming Economics*, Oxford University Press, pp. 353-408.

Penman, S. H. and T. Sougiannis. (1998). "A comparison of dividend, cash flow, and earnings approaches to equity valuation." *Contemporary Accounting Research*, Vol. 15, No. 3, pp. 343-383.

Penman, S. H. and X. Zhang. (2002). "Accounting conservatism, the quality of earnings and stock returns." *The Accounting Review*, Vol. 77, No. 2, pp. 237-264.

Public Company Accounting Oversight Board (PCAOB). (1989). SAS No. 57, Section 342, *Accounting Estimates*.

Public Company Accounting Oversight Board (PCAOB).(2004). Auditing Standard No. 2, *An Audit of Internal Control Over Financial Reporting Performed in Conjunction with an Audit of Financial Statements*.

Public Company Accounting Oversight Board (PCAOB).(2006). Proposed Auditing Standard, *An Audit of Internal Control Over Financial Reporting That is Integrated with an Audit of Financial Statements and Related Other Proposals*. PCAOB Release No. 2006-007.

Public Company Accounting Oversight Board (PCAOB). (2007). Auditing Standard No. 5, *An Audit of Internal Control Over Financial Reporting That Is Integrated with An Audit of Financial Statements*. PCAOB Release No. 2007-005A.

Public Oversight Board (POB). (2000). *The Panel on Audit Effectiveness, Report and Recommendations*. Appendix F-Analysis of SEC Accounting and Auditing Enforcement Releases, http://www.pobauditpanel.org/downloads/appendixf.pdf

Ramos, M. (2004). "Section 404 compliance in the annual report," *Journal of Accountancy*, Vol. 198, No. 4, pp. 43-48.

Rangan, S. (1998). "Earnings management and the performance of seasoned equity offering. *Journal of Financial Economics*, Vol. 50, No. 1, pp. 101-122.

Reichchelstein, S. (2000). "Providing managerial incentives: Cash flows versus accrual accounting." *Journal of Accounting Research*, Vol. 38, No. 2, pp. 243-269.

Revsine, L., D. W. Collins, and W.B. Johnson. (2002). *Financial Reporting & Analysis*, Second edition, Prentice Hall.

Ribstein, L. E. (2002). "Markets vs. regulatory responses to corporate fraud: A critique of the Sarbanes-Oxley Act of 2002." *Journal of Corporate Law*, Vol. 28, No. 1, pp. 1-67.

Richardson, S. A. (2003). "Earnings quality and short sellers." *Accounting Horizons*, Vol. 17 Supplement, pp. 49-61.

Richardson, S. A., R. G. Sloan, M. T. Soliman, and I. Tuna. (2001). "Information in accruals about the quality of earnings." Working paper.

Richardson, S. A., R. G. Sloan, M. T. Soliman, and I. Tuna. (2005). "Accrual reliability, earnings persistence and stock prices." *Journal of Accounting Economics*, Vol. 39, No. 3, pp. 437-485.

Richardson, S. A., I. Tuna, and M. Wu. (2002). "Predicting earnings management: The case of earnings restatements." Working paper.

Ronen, J. and S. Sadan. (1981). *Smoothing Income Numbers, Objectives, Means, and Implications*, Addison-Wesley Publishing Company.

Roychowdhury, S. (2006). "Earnings management though real activities manipulation." *Journal of Accounting and Economics*, Vol. 42, No. 3, pp. 335-370.

Roychowdhury, S. and R. L. Watts. (2007). "Asymmetric timeliness of earnings, market-to-book and conservatism in financial reporting." *Journal of Accounting and Economics*, Vol. 44, No. 1-2, pp. 2-31.

斎藤静樹編（2002）『会計基準の基礎概念』中央経済社。

桜井久勝（1990）『会計利益情報の有用性』千倉書房。

桜井久勝（2002）「会計情報の質的要件」斎藤静樹編『会計基準の基礎概念』中央経済社, pp.81-108。

桜井久勝（2003）「会計情報の質の変化」『企業会計』第55号第9号, pp.25-31。

Sankar, M. R. and K. Subramanyam. (2001). "Reporting discretion and private information communication through earnings." *Journal of Accounting Research*, Vol. 39, No. 2, pp. 365-386.

佐々木隆志・須田一幸・中島真澄・奥田真也（2008）「日米上場企業における内部統制とガバナ

ンスに関する調査研究―2007年12月のサーベイ調査を中心として―」報告論文，日本会計研究第67回大会（立教大学）。
佐藤倫正（1993）「利質分析からみた社会関連情報―社会監査の担い手―」『社会関連会計研究』第5号，pp.19-27。
佐藤倫正（1995）『資金会計論』白桃書房。
佐藤倫正（1999）「キャッシュ・フロー計算書とはなにか」櫻井通晴・佐藤倫正編『キャッシュ・フロー経営と会計』中央経済社，pp.3-14。
Schipper, K. (1989). "Earnings management." *Accounting Horizons*, Vol. 3, No. 4, pp. 91-102.
Schipper. K. and L. Vincent (2003). "Commentary on earnings quality." *Accounting Horizons*, Vol. 17, Supplement, pp. 97-110.
Schrand, C. M. and M. H. F. Wong. (2003). "Earnings management using the valuation allowance of deferred tax assets and SFAS 109." *Contemporary Accounting Research*, Vol. 20, No. 3, pp. 579-611.
Schwartz, B. and J. Freedman. (2002). "Corporate counsel: New certification requirements." *New York Law Journal*, Vol. 228, No. 26, pp. 1-10.
Scott, W. (2006). *Financial Accounting Theory*, Fourth edition, Person Prentice-Hall.
Securities and Exchange Commission (SEC). (1989). Management's discussion and analyses of financial condition and results of operations: Certain investment company disclosure. File No. 34-26831, May 18. Washington, D.C.
Securities and Exchange Commission (SEC). (2002). Final rule: Certification of disclosure in companies' quarterly and annual reports. Release Nos. 33-8124; 34-46427, August 28. Washington, D.C.
Securities and Exchange Commission (SEC). (2003). Final rule: Management's reports on internal control over financial reporting and certification of disclosure in Exchange Act periodic reports. Release Nos. 33-8238; 34-4747986, June 5 Washington, D.C.
Securities and Exchange Commission (SEC). (2004). Public Company Accounting Oversight Board; Order Approving Proposed Auditing Standard No. 2, An Audit of Control Over Financial Reporting Performed in conjunction with an Audit of financial statements. Release No. 34-49884, June 17. Washington, D.C.
Securities and Exchange Commission (SEC). (2006). Further relief from Section 404 compliance for smaller public companies and many foreign private issuers, For immediate release 2006-136. Washington, D.C.
Securities and Exchange Commission (SEC). (2006). Proposed interpretation; Proposed rule: Management's reports on internal control over financial reporting. Release Nos. 33-8762.

Securities and Exchange Commission (SEC). (2007). SEC approves PCAOB auditing standard No. 5 regarding audits of internal control over financial reporting; adopts definition of "significant deficiency," July 25. Washington, D.C.

首藤昭信（2000）「日本企業の利益調整行動」『産業経理』第60巻第1号，pp.128-130。

首藤昭信（2006）「株式所有構造が利益調整および利益の情報量に与える影響」『証券アナリストジャーナル』第44巻第5号，pp.42-56。

首藤昭信（2007）「利益調整の動機分析」『会計プログレス』第8号，pp.76-92。

首藤昭信（2010）『日本企業の利益調整―理論と実証―』中央経済社。

Siegel. J. G. (1991). *How to Analyze Businesses, Financial Statements, and the Quality of Earnings*, Second edition. Prentice Hall.

Skinner, D. J. and S. Srinivasan. (2010). "Audit quality and auditor reputation: Evidence from Japan." *Harvard Business School Accounting & Management Unit Working paper*, No. 10-088.

Sloan, R. G. (2001). "Financial accounting and corporate governance: a discussion." *Journal of Accounting and Economics*, Vol. 32, No. 1-3, pp. 335-347.

Sloan, R. G. (1996). "Do stock prices fully reflect information in accruals and cash flows about future earnings?" *The Accounting Review*, Vol. 71, No. 3, pp. 289-315.

Stein, J. (1989). "Efficient capital markets, inefficient firms: A model for myopic corporate behavior." *The Quarterly Journal of Economics*, Vol. 104, No. 4, pp. 655-669.

Steinberg, S. (2002). "Compliance alert." *The National Law Journal*, August 26-September 2.

Storey R. K. and S. Storey. (1998). *Special Report, The Framework of Financial Accounting Concepts and Standards*, Financial Accounting Standard Board (January).

Subramanyam, K. R. (1996). "The pricing of discretionary accruals." *Journal of Accounting and Economics*, Vol. 22, No. 1-3, pp. 249-281.

須田一幸（2000）『財務会計の機能―理論と実証―』白桃書房。

須田一幸（2003）「ファイナンス論と会計利益」『企業会計』第55巻第9号，pp.32-42。

須田一幸（2004）「ディスクロージャー・レベルの決定要因」『ディスクロージャーの戦略と効果』森山書店，pp.107-122。

須田一幸（2006）「内部統制のシステム構築に関する分析」『会計制度の設計に関する実証研究・最終報告書』（日本会計研究学会課題研究委員会），pp.322-330。

須田一幸（2007）「粉飾決算と会計操作の諸相」須田一幸・山本達司・乙政正太編『会計操作』ダイヤモンド社，pp.2-58。

須田一幸（2008）「利益情報の実際的有用性―異常会計発生高と異常リターンの関係―」『会計学研究』第22号，3月，pp.1-28。

須田一幸編（2008）『会計制度の設計』白桃書房。

須田一幸・花枝英樹（2008）「日本企業の財務報告―サーベイ調査による分析―」『証券アナリストジャーナル』ダイヤモンド社, pp.51-69。

Suda, K., M. Nakashima, T. Sasaki, and S. Okuda. (2009). "Survey research regarding internal controls and auditing: Comparison between the U.S. and Japanese firms." Working paper, AAA 2009 American Accounting Association Annual Meeting (in New York).

須田一幸・佐々木隆志（2005）「監査の質と内部統制に関するアンケート調査」『会計制度の設計に関する実証研究・中間報告書』（日本会計研究学会課題研究委員会）。

須田一幸・佐々木隆志（2006）「内部統制と監査の品質に関する調査」『会計制度の設計に関する実証研究・最終報告書』（日本会計研究学会課題研究委員会）第5部, pp.299-359。

須田一幸・首藤昭信（2004）「経営者の利益予想と裁量的会計行動」須田一幸編著『ディスクロージャーの戦略と効果』森山書店。

Suda, K. and A. Shuto. (2007). "Earnings management to meet earnings benchmarks: Empirical evidence from Japan." in M.H. Neelan (ed), *Focus on Finance and Accounting Research*, Nova Science Publisher, pp. 67-85.

須田一幸・高田知実（2008）「会計発生高の規模と企業属性および将来リターンの関係」『会計情報を活用した企業評価に関する総合的研究―最終報告書―』日本会計研究学会特別委員会, pp.359-382。

須田一幸・山本達司・乙政正太編（2007）『会計操作』ダイヤモンド社。

竹原　均（2006）「異常会計発生高アノマリーと業績予想改訂」『証券アナリストジャーナル』第44号第5号, pp.57-68。

田澤宗裕（2001）「会計利益とキャッシュ・フローとの関係―発生項目の役割を通して―」『産業経理』第61巻第1号, pp.100-114。

田澤宗裕（2004）「発生項目の質とキャッシュ・フロー予測の分析」『現代ディスクロージャー研究』第5号, 9月, pp.11-22。

田澤宗裕（2010）「棚卸資産を通じた報告利益管理―実体的操作と会計的操作の識別―」『現代ディスクロージャー研究』第10号, pp.21-44。

Teets, W. R. (2002). "Quality of earning: an introduction to the issues in accounting education special issue." *Issues in Accounting Education*, Vol. 17, No. 4, pp. 355-360.

Teoh, S. H., I. Welch, and T. J. Wong. (1998). "Earning management and the underperformance of seasoned equity offering." *Journal of Financial Economics*, Vol. 50, No. 1, pp. 63-99.

Thomas, J. K. and H. Zhang. (2002). "Inventory changes and future returns." *Review of Accounting Studies*, Vol. 7, No. 2-3, pp. 163-187.

富田知嗣（2004）『利益平準化のメカニズム』中央経済社。

Tucker J. and P. A. Zarowin. (2005). "Does income smoothing improve earnings informativeness?" *The Accounting Review*, Vol. 81, No. 1, pp. 251-270.

Turner, L. E. (1999). "Implementing continuous improvement in financial reporting." Speech by chlet Accountant, at "the SEC speaks in 1999."

U.S. House of Representatives, Committee on Financial Services. (2002). *Sarbanes-Oxley Act of 2002*, Public Law No. 107-204, Washington D.C., U.S. Government Printing Office, July 30.

Vuolteenaho, T. (2002). "What drives firm-level stock returns." *Journal of Finance*, Vol. 57, No. 1, pp. 233-264.

Watts, R. L. (2003a). "Conservatism in accounting, part I: Explanations and implications." *Accounting Horizons*, Vol. 17, No. 3, pp. 207-221.

Watts, R. L. (2003b). "Conservatism in accounting, part II: Evidence and research opportunities." *Accounting Horizons*, Vol. 17, No. 4, pp. 287-301.

Watt, R. L. and J.L. Zimmerman. (1986). *Positive Accounting Theory*, Prentice Hall（須田一幸訳『実証理論としての会計学』白桃書房，1991年）.

Weinstein, D. E. and Y. Yafeh. (1998). " On the costs of a bank-centered financial system: Evidence from the changing main bank relations in Japan." *The Journal of Finance*, Vol. 53, No. 2, pp. 635-672.

White, H. (1980). "A heteroskedasticity-Consistent covariance matrix estimator and a direct test for heteroskedasticity." *Econometrica*, Vol. 48, No. 4, pp. 817-838.

Wilson, G. P. (1986). "The relative information content of accruals and cash flows; combined evidence at the earnings announcement and annual report release date." *Journal of Accounting Research*, Vol. 24, Supplement, pp. 165-200.

Wilson, G. P. (1987). "The incremental information content of the accrual and funds components of earnings after controlling for earnings." *The Accounting Review*, Vol. 62, pp. 293-322.

Wright, A. and S. Wright. (1996). "The relationship between assessments of internal control strength and error occurrence, impact and cause." *Accounting and Business Research*, Vol. 27, No. 1, pp. 58-71.

Wysocki, P. D. (2008). "Assessing earnings and accruals quality: U.S. and international evidence." Working paper, MIT Sloan School of Management.

Xie, H. (2001). "The mispricing of abnormal accruals." *The Accounting Review*, Vol. 76, No. 3, pp. 357-373.

山口朋康（2008）「利益ベンチマークの達成と実体的裁量行動」『Tohoku MANAGEMENT & ACCOUNTING RESEARCH GROUP Discussion Papers』No.82。

山口朋康（2009）「機会主義的な実体的裁量行動が将来業績に与える影響」『会計プログレス』

第10号，pp.117-137。

山本達司（2009）「株式所有構造と利益マネジメント」『管理会計学』第17巻第2号，pp.3-21。

Yoder, T.R. (2007). "The incremental predictive ability of accrual models with respect to future cash flows." Working paper, University of Nebraska at Omaha.

吉田和生（2002）「わが国におけるキャッシュフロー予測の分析」『現代ディスクロージャー研究』第3号，pp.1-13。

吉田和生（2005）「利益情報と株式リターンの分散分解分析」『会計プログレス』第6号，pp.59-70。

Zang, A. Y. (2007). "Evidence on the tradeoff between real manipulation and accrual manipulation." Working paper, Hong Kong University of Science & Technology.

Zhang, W., G. J. Lobo and J. Zhou. (2006). "The impact of corporate governance on discretionary accrual changes around the Sarbanes-Oxley Act?" Working paper.

索　引

A-Z

A. Levitt　3,155
ADR企業　8
AS2　60,61,78
AS5　56,61
Basu（1997）　46,73
Beaver（1998）　25,47
BIG4　178,200
BIG6　207
Bissessur（2008）　12,102
CEO（最高経営責任者）　53
CFO（最高財務責任者）　53
CFO修正ジョーンズモデル　31
Cohen et al.（2008）　11,151
DeAngelo（1986）モデル　11,31
Dechow and Dichev（2002）モデル　12,31
Dechow and Schrand（2004）　4
e-loading　246
FASB概念フレームワークの質的特徴　18,87
FASB概念フレームワークの質的特徴に基づく視点　18
Federal Deposit Insurance Corporation Improvement Act, FDICIA　73
Francis et al.（2008c）　4
GAAP　147
GAAP違反　57,151
Graham et al.（2005）　2,14,145
Gu（2005）　112
Jeffrey Skilling　53
Jones（1991）モデル　11,31,119
J-SOX法　67
Krishnan（2005）　52

Leuz et al.（2003）　74
Lobo and Zhou（2006）モデル　146
Mann-WhitneyのU検定　167
McNichols（2002）モデル　12,31,120
MD&A　55
Moore and Pfeiffher（2004）　75,236
OCFボラティリティ　122,240
OLS回帰分析　78
P/E比率　37
PCAOB　51,62
Revsine et al.（2002）　36
ROA　98
Roychowdhury（2006）　11
Sarbanes-Oxley Act of 2002（SOX法）　10,13
Schipper and Vincent（2003）　48,87
SEC　51
SEC基準適用日本企業　1,8,14,71,177
SECによる強制法　20
SFAC1　23
SFAC2　23
Sloan（1996）　99,126,140
t値の有意性検定　187,209
Watts and Zimmerman（1986）　25

ア行

アーカイバル研究　76
赤字回避　11,41,146
赤字報告　79
赤字報告頻度　129
アテステーション　56
意見書　13,66,159
意思決定支援機能　21
意思決定支援機能および契約支援機能に基づく視点　18

意思決定有用性（decision usefulness） 23
異常営業活動によるキャッシュ・フロー（異常 OCF） 11, 162, 187
異常会計発生高（abnormal accruals） 28, 31, 36, 48, 74
異常裁量的支出 11, 162, 187
異常製造費用 11, 162, 239
一時的な構成要素 37
一階自己回帰モデル 32
一般に認められた会計原則 2
インセンティブ報酬 151
売上高ボラティリティ 121, 122
運転資本会計発生高 26, 119, 246
運転資本会計発生高ボラティリティ 136, 205
営業活動によるキャッシュ・フローボラティリティ（OCF ボラティリティ） 121
営業活動の特徴 204, 240
営業環境 4, 129
営業業績 4, 19
営業循環 121, 122
永続的な利益（permanent earnings） 19, 20, 43
円卓会議 60
エンロン社 3, 27
親会社に関する情報 65

カ行

回帰係数 β 32
会計基準設定者 45
会計基準の厳格化 175
会計規制の強化 175
会計上の見積もり 48
会計情報の質 48
会計的裁量行動（accruals management） 5, 7, 145, 147
会計手続き選択 5
会計手続きの統一化 3
会計と監査に関する執行措置通牒 69
会計の質の階層（a hierarchy of accounting qualities） 23
会計発生高成分モデル 185
会計発生高の大きさ 11, 33, 127
会計発生高の質 11, 29, 30, 201
会計発生高の質推定モデル 114
会計ファンダメンタル 31
会計不正 3, 68
会計不正事件 1, 234
会計ベースの（accounting-based）利益の質評価尺度 28
会計利益情報とキャッシュ・フロー情報の有用性 25
会計利益情報とキャッシュ・フロー情報の有用性に基づく視点 18
開示の統制および手続き 54
概念フレームワーク第 1 号（SFAC1） 2
確認書 66
価値関連性（value-relavance） 4, 28, 36, 246
価値関連的なボラティリティ 211
カネボウ粉飾決算事件 13
ガバナンス 4, 152
ガバナンス規律 155, 157, 177
株価収益率 38, 39
株式所有構造 247
株式保有比率 247
株式リターンの説明力 36
頑強性 161
監査委員会の質 79
監査基準書第 5 号（AS5） 56, 61
監査基準書第 7 号 48
監査基準書第 2 号（AS2） 60
監査人・監査報酬問題委員会（2008） 9
監査の質 80, 153, 207
監査報酬額 9
監査力 77
完全なる準拠（fully complies） 58
完全網羅性 40, 55
機会主義的会計手続き 4
機会主義的裁量行動 182
機会主義的な会計的裁量行動 243

機会主義的な会計手続き選択　3
機会主義的目的　8,12
期間損益計算　2
企業価値　4,245
企業規模　61,85,123
企業属性　11,85
企業属性ファクター　4,20
企業の理論株価　19
企業評価　19
企業別回帰　30
企業別時系列回帰式　119
企業別時系列データ　185
企業別時系列推定　178
期待外会計発生高（unexpected accruals）77
規模の経済　123
客観性　18,23
キャッシュ・フロー計算書制度　27
キャッシュ・フロー計算書データ　159
キャッシュ・フロー情報　27
キャッシュ・フローの認識時期　24
キャッシュ・フロー予測精度　11,101,181
急成長　79
業績　153
共分散　36
金融商品取引法　13,15,66
金融庁　144
繰延べや見越し計上をする一時的調整　118
クロスセクショナル型推定　104,161,199
経営者意識　76
経営者による確認書　65,69
経営者による財政状態および経営成績の討議と分析　55
経営者の規律づけ　156
経営者の質　50,52
経営者のための解釈指針　60
経営者の見積もりに関する熟練度　120,208
経営者の倫理観　250
経営者報酬　146

経済自由の原則　2
経済的帰結　242
契約支援機能　21
減益回避　11,41
研究開発費　147
権限の分離　76,206
検証可能性（verifiability）　18,23,45
原則主義アプローチ　62
公開会社会計監視委員会（PCAOB）　51,151
攻撃的会計　147
攻撃的裁量行動　147,187
交差項　146
高水準の開示基準　9
効率的会計手続き　4
合理的な期間利益計算　147
合理的な保証　51
コーポレート・ガバナンス　4,9,66,67,156,236
コーポレート・ガバナンスに関する情報　65
コーポレート・ガバナンスの指標　245
国民経済　175
誤差項　118
コスト・ベネフィット　10,245
コスト・ベネフィット分析　95
コントロール変数　97,188

サ行

サーベイ調査　76,145
最高経営責任者（chief executive officer, CEO）　40
最高財務責任者（CFO）　2
財務会計基準書第5号　64
債務契約　21,156
財務制限条項　41,146,156
財務分析アプローチ　6
財務分析視点　1,4,6,13
財務分析に基づく視点　18
財務報告過程ファクター　4,20

財務報告の下方硬直化　249
財務報告の質（financial reporting quality）　14, 20, 44, 52
財務報告の質の要約的指標　1
裁量行動（earnings management）　3, 5, 15
裁量行動研究　99, 109
裁量行動目的　250
裁量的支出　149, 185
裁量的発生高（DA）　11, 22, 30, 31, 97
裁量ファクター　4
産業特徴　129
産業別クロスセクショナル　231
残差　32, 119
残差の標準誤差　77
残差の標準偏差　30
事業再編　79
事業の複雑性　79, 121
シグナリング　5
シグナル　25
時系列推移プロット　12, 240
時系列推定　161
時系列多変量回帰モデル（multivariate, time-series regression model, MULT）　186
試験研究費　157
自己回帰時系列モデル　99
市場価値　19
市場ベースの（market-based）利益の質評価尺度　28
持続性（persistence）　4, 11, 19, 32, 74, 99
持続的な構成要素　37
実体的裁量行動（real management）　5, 7, 145, 147
実態反映的損益計算の意義　2
資本コスト　94
斜辺係数　99
収益認識基準　81
収益の実現基準　25
修正 Jones モデル　98
修正ジョーンズモデル　31
重大な欠陥　63, 64, 71, 77-80, 109

重要性（significance）　64
重要な不備　63
主観性の差異　125
小規模企業　61, 81
証券市場にたいするインセンティブ（証券市場インセンティブ）　11, 41, 146, 154
証券取引法　20
証拠書類（an exhibit）　54
上層部における姿勢（Tone at the Top）　52, 54
情報提供的意義　2
情報提供的会計手続き　4
情報提供的裁量行動　182
情報提供的な会計の裁量行動　243
情報提供的目的　8, 12
情報の質（information quality）　14, 20
情報の非対称性　154
情報量　106
将来キャッシュ・フロー評価　25
将来志向的な性質　25
深刻性（severity）　64
真の収益力　29
信頼性（reliability）　23
須田・花枝（2008）　2, 145
スピアマン順位相関係数　35, 192
精査　5, 41, 85, 150
世界4大監査法人（BIG4）　178
セグメント数　79
全会計発生高　98
宣誓書規定　10, 54, 68
全部原価計算（absorption-costing）　206
創業年数　206
相互互換的な関係　7, 238, 242
増収率　121, 206, 240
損益計算書観　25
損失回避インセンティブ　172
損失の適時認識（timely loss recognition）　74

タ行

第302条宣誓書　　55, 236
第404条宣誓書　　56, 236
第906条宣誓書　　56, 236
対応関係　　230
大規模企業　　81, 123
貸借対照表観　　26
タイミングと対応　　114
ダイレクト・レポーティング　　62, 68
多角化経営　　123
多重共線性　　187, 209
多変量回帰分析　　12, 191, 240
弾力性　　152
弾力性のある会計基準　　2, 4
中立的会計　　147
中立的裁量行動　　147, 187
長期的会計発生高　　121
調整R^2　　135, 137
適時性（timeliness）　　22, 28, 46
適正開示　　54, 57, 58
適正性　　40, 54, 55
透明性　　58
特別な情報の質　　20
特例　　144
トビット回帰分析（Tobit regression）　　78, 237
トレード・オフ　　23, 24, 150
トレッドウェイ委員会支援組織委員会（COSO）　　15

ナ行

内部統制監査　　62, 67
内部統制監査と財務諸表監査との一体的実施　　62
内部統制システム　　4
内部統制の不備　　63, 109
内部統制報告制度　　1, 13
日本公認会計士協会　　49
日本における4大監査法人　　178
日本版SOX法, J-SOX法　　9, 15
年次1階自己相関　　26
年度間調整　　160
ノイズ　　5, 25, 37
ノンパラメトリック　　167

ハ行

パイロット・スタディ　　9, 65, 244
発生可能性（likelihood）　　64
発生可能性（possibility）　　64
発生主義会計　　2
発生主義会計利益情報の有用性　　27
罰則　　151
罰則強化　　249
パブリックコメント　　66
ばらつき（variability）　　28, 111, 123
ピアソン相関係数　　192
非裁量的発生高（NDA）　　30, 31
ビジネスモデル　　4, 129
ヒックス的利益　　32
一株あたり利益（EPS）　　38
非目的適合的な構成要素　　37
表現の忠実性　　46
費用収益対応原則　　25
負債規律　　146, 156
負債のガバナンス規律　　41, 247
負債比率　　157
負債比率仮説　　149, 177
負債レバレッジ　　11, 155, 156, 178, 238
不実な宣誓　　56
負の自己回帰性　　5
不備（deficiency）　　63
粉飾決算　　3, 152
文書作成費用　　9
平均絶対誤差率（mean absolute percentage error, MAPE）　　35, 186
米国企業改革法（Sarbanes-Oxley Act of 2002, SOX法）　　10, 13
米国財務会計基準審議会（FASB）　　2

米国証券取引委員会(SEC) 3
平準化 25,28,35,74
報酬契約 21
ポートフォリオ 127
ポートフォリオ効果 205
保守主義(conservatism) 28,36,73,74,80,94,246
保守的会計 147
保守的会計的裁量行動尺度 50,112
保守的裁量行動 147,187
ボトムラインである利益 26
母平均差分析 12,187,191,236,240
ボラティリティ(volatility) 4,5,15,19,122
ホワイトノイズ 32

マ行

見積もり 5
見積もり株価 34
見積もり精度 30
見積もり誤差 11
メインバンク 177,247
メインバンク制 7,85,156
目的適合性(relevance) 22
目的適合的なキャッシュ・フロー 5
目標利益 149
モデルのあてはまり 135
モニタリング 4,156,177,247

ヤ行

有価証券報告書の記載内容の適正に係る確認書 66
融資契約 21
有用性 25
要約的指標 44
予測価値 18,49
予測可能性(predictability) 5,19,28,33
予測誤差 11,35,185,239,243

ラ行

ランダム・ウォーク 32,104
利益増加型裁量行動 157
利益操作(earnings manipulation) 5,15,77
利益の上方修正 78
利益の期待外部分(earnings innovation) 99
利益の質(earnings quality) 1
利益の質の要約的指標 250
利益の質分析視点 18
利益反応係数 74
利益平準化 49,50,147
利益平準化仮説 177
利益モデル 185
利質評価モデル 249
連結財務諸表制度 144
連邦預金保険公社 110
連邦預金保険公社改善法 73
六大監査法人(BIG6) 152

ワ行

ワールド・コム社 3,27

著者略歴

中 島 真 澄（なかしま ますみ）

1994年　南山大学大学院経営学研究科博士後期課程単位取得
2010年　南山大学より学位（経営学）（論文博士）を取得
2004年　福島学院大学客員研究員
2006年　福島学院大学客員助教授，同大客員准教授を経て
2011年　福島学院大学教授（現在に至る）
2004年　米国コンバース大学客員研究員
2005年　米国コンバース大学兼任講師
2008年　米国コンバース大学兼任教授（現在に至る）

主要業績

論文　「会計発生高の質の決定要因分析」『會計』第177巻第6号，44-59頁。(2010年6月)

論文　「キャッシュ・フロー予測における内部統制報告制度の影響—SEC基準適用日本企業に基づく実証研究—」『年報経営分析研究』第26号，62-73頁。(2010年3月)

論文　「アメリカ株式会社立大学の財務報告ファクターについての実証研究」『年報経営分析研究』第23号，109-123頁。(2007年3月)。

論文　「直接法キャッシュ・フロー情報の予測能力に関する実証研究—わが国企業の検証—」『会計プログレス』第5号，107-128頁。(2004年9月)。

■ **利益の質とコーポレート・ガバナンス**
　　—理論と実証—

■ 発行日──2011年3月31日　初版発行　　　〈検印省略〉

■ 著　者──中島真澄（なかしまますみ）

■ 発行者──大矢栄一郎

■ 発行所──株式会社　白桃書房（はくとうしょぼう）
　　　〒101-0021　東京都千代田区外神田5-1-15
　　　☎03-3836-4781　📠03-3836-9370　振替00100-4-20192
　　　http://www.hakutou.co.jp/

■ 印刷・製本──藤原印刷

© Masumi Nakashima 2010 Printed in Japan
ISBN 978-4-561-36189-3 C3034

[JCOPY] 〈社〉出版者著作権管理機構　委託出版物

本書の無断複写は著作権法上での例外を除き禁じられています。複写される場合は，そのつど事前に，〈社〉出版者著作権管理機構（電話03-3513-6969，FAX03-3513-6979，e-mail：info@jcopy.or.jp）の許諾を得てください。

落丁本・乱丁本はおとりかえいたします。

好 評 書

W.H.ビーバー【著】伊藤邦雄【訳】
財務報告革命【第3版】 本体 3300 円

H.T.ジョンソン・R.S.キャプラン【著】鳥居宏史【訳】
レレバンス・ロスト 本体 3500 円
　―管理会計の盛衰

R.L.ワッツ・J.L.ジマーマン【著】須田一幸【訳】
実証理論としての会計学 本体 6000 円

S.H.ペンマン【著】杉本徳栄・井上達男・梶浦昭友【訳】
財務諸表分析と証券評価 本体 7000 円

三菱UFJ信託銀行FAS研究会【訳】
米国の企業年金会計基準 本体 3800 円

須田一幸【著】
財務会計の機能 本体 6000 円
　―理論と実証

須田一幸【編】
会計制度の設計 本体 6200 円

西山　茂【著】
M&Aを成功に導くBSC活用モデル 本体 4000 円

李　相和【著】
会計国際化の研究 本体 3300 円
　―国際会計制度の変遷とIFASの現状分析

八田進二【編】
21世紀 会計・監査・ガバナンス事典 本体 2381 円

―――――――――――― 東京　白桃書房　神田 ――――――――――――

本広告の価格は本体価格です。別途消費税が加算されます。